दलित चेतना की पहचान

दलित चेतना की पहचान

सम्पादक

डॉ. सूर्यनारायण रणसुभे

वाणी प्रकाशन

वाणी प्रकाशन

4695, 21-ए, दरियागंज, नयी दिल्ली 110 002

शाखा

अशोक राजपथ, पटना 800 004

फ़ोन: +91 11 23273167 फ़ैक्स: +91 11 23275710

www.vaniprakashan.in
vaniprakashan@gmail.com

DALIT CHETANA KI PAHCHAN
Edited by Dr. Suryanarayan Ransubhe

ISBN : 978-93-5072-247-3
Dalit Literature

प्रथम संस्करण 2012

आवृत्ति 2014

मूल्य : ₹ 395.00

हर्ष प्रिंटर्स, दिल्ली-110 093 में मुद्रित

वाणी प्रकाशन का लोगो मक़बूल फ़िदा हुसेन की कूची से

रमणिका गुप्ता
तथा
विमल थोरात को

अनुक्रम

सम्पादक की ओर से

मैं व्यक्तिगत रूप से यह महसूस कर रहा था कि डॉ. शरणकुमार लिंबाले के साहित्य को पढ़कर पाठकों और समीक्षकों के मन में अनेक प्रश्न उठते हैं। इन प्रश्नों के समाधान हेतु डॉ. शरणकुमार का डॉ. गिरीश काशिद को दिए गये साक्षात्कार में साहित्य विषयक अनेक मौलिक प्रश्नों की चर्चा की गयी हैं। प्रा. निशिकांत ठकार ने लिंबाले का साक्षात्कार लिया हैं। इस साक्षात्कार में 'दलित चेतना' पर विस्तृत चर्चा हैं। इन दिनों हिन्दी में तथा अन्य भारतीय भाषाओं के दलित साहित्य के समीक्षकों और पाठकों में 'दलित चेतना' की अवधारणा को लेकर स्पष्टता का अभाव मैंने महसूस किया और इसी कारण यह विचार दृढ़ हुआ कि शरण के दो साक्षात्कार इस ग्रन्थ में दें। ग्रन्थ के आधे से अधिक पृष्ठ तो इन साक्षात्कारों में ही समा गये। इसके अलावा डॉ. शरणकुमार की आत्मकथा पर दो अत्यन्त महत्त्वपूर्ण ऐसे समीक्षात्मक लेख देने का निर्णय भी मैंने लिया। इनमें से एक लेख मराठी के प्रसिद्ध उपन्यासकार तथा श्रेष्ठ समीक्षक भालचन्द्र नेमाडे द्वारा लिखा गया हैं। अक्करमाशी के प्रकाशन के तुरन्त बाद 1986 में उन्होंने यह लेख लिखा था। ठीक इसी तरह मराठी के एक दूसरे समीक्षक, लेखक डॉ. जे. एम. वाघमारे ने भी अक्करमाशी पर एक लेख उन्हीं दिनों लिखा था। हिन्दी में अक्करमाशी पर काफी लिखा गया हैं। वह हिन्दी पाठकों को उपलब्ध हैं ही। मराठी के समीक्षकों से भी वे रूबरू हो जाय, इसी लिए इन दो लेखों को यहाँ दिया गया हैं।

अन्य दलित लेखकों तथा डॉ. शरणकुमार के लेखन में एक अन्तर यह हैं कि इन्होंने विभिन्न विधाओं द्वारा दलित चेतना की अभिव्यक्ति की हैं। उनके कुल चार उपन्यास प्रकाशित हैं। उनमें से तीन उपन्यासों पर यहाँ समीक्षात्मक लेख हैं। उपन्यास विधा के प्रतिष्ठित समीक्षक डॉ. विजय बहादुर सिंह ने 'हिन्दू' उपन्यास पर विस्तृत समीक्षा की हैं। युवा आलोचक डॉ. सतीश यादव ने 'नर वानर' पर लिखा हैं और मैंने 'बहुजन' पर।

डॉ. शरण के एक काव्य संग्रह के बहाने मराठी कविता, दलित कविता और इन

दो के बीच अपनी तेजस्विता को लेकर आयी हुई डॉ. शरण की कविता इस पर मराठी के प्रतिष्ठित कवि और आलोचक यशवंत मनोहर ने विस्तार से लिखा हैं।

आत्मकथा, उपन्यास और कविता के साथ साथ डॉ. शरण एक सफल कहानीकार के रूप में भी प्रसिद्ध हैं। उनके दो कहानी संकलन प्रसिद्ध हैं। उनके चारों उपन्यासों के तथा दोनों कहानी संकलनों के हिन्दी अनुवाद भी प्रकाशित हैं। उनकी कहानियों का विवेचन- विश्लेषण डॉ. निशिकांत ठकार ने किया हैं।

जैसा कि कहा गया कि 'दलित चेतना' की अवधारणा को लेकर दलित तथा सवर्ण लेखकों, समीक्षकों और पाठकों में स्पष्टता की अपेक्षा अस्पष्टता ही अधिक हैं। अगर मैं कहूँ कि इस अवधारणा को लेकर अराजकता की स्थिति हैं तो कोई अतिशयोक्ति नहीं होगी। दलित चेतना सम्बन्धी अतिवादी दृष्टि का एहसास इन दिनों मुझ जैसों को हो रहा हैं। एक वर्ग उनका है जो यह कह रहे हैं कि अब तक के किसी भी भाषा के साहित्य में दलित चेतना की अभिव्यक्ति हुई ही नहीं हैं। जो हुई हैं वह दलित चेतना हैं ही नहीं। हम ही पहली बार उसे व्यक्त कर रहे हैं। दलित चेतना की अभिव्यक्ति जन्म से दलित व्यक्ति के साहित्य में ही हो सकती हैं। सवर्णों के साहित्य में कतई नहीं। यह दृष्टि इतने अतिवाद पर जाती हैं या कहती हैं कि हम अब तक के सभी सवर्ण साहित्य को नकारते हैं। हम उन्हें पढ़ेंगे नहीं। उनका लेखन हमारे लिए बेमतलब का हैं आदि-आदि। इस प्रकार का आक्रोश स्वाभाविक हैं। परन्तु भावना के आवेश से बाहर आकर, ठोस यथार्थ पर आकर जब हम साहित्य की ओर, परम्परा की ओर देखेंगे, तो स्थितियाँ भिन्न होंगी। डॉ. शरण ने अपने एक साक्षात्कार में जो कहा हैं, वह इस दृष्टि से महत्त्वपूर्ण हैं। उन्हें पूछा गया, "शरणकुमार जी, गैर-दलित रचनाकारों ने यदि दलित-जीवन पर डॉ. बाबासाहब या महात्मा फुले पर कुछ नहीं लिखा तो उनपर दलितों की उपेक्षा का आरोप लगाया जाता हैं। उन्हें निन्दा के अर्थ में मध्यवर्गीय, बुर्जुवा, सवर्ण, साम्प्रदायिक, सनातनी, दकियानूसी आदि कहा जाता हैं। यदि वे दलित अनुभव पर लिखते हैं, तो उसे अनअधिकार चेष्टा माना जाता हैं। जिन्होंने लिखा और ईमानदारी से लिखा, अच्छी रचनाएँ लिखी, उन्हें भी भला-बुरा कहा जाता हैं। समय-सन्दर्भ से तोड़कर उन्हें लताड़ा जाता हैं। आप क्या ऐसा ही सोचते हैं?" इस प्रश्न का डॉ. शरण ने जो उत्तर दिया हैं, वह अत्यन्त महत्त्वपूर्ण हैं। उन्होंने कहा, "मैं ऐसा नहीं सोचता, लेकिन यह जरूर कहूँगा कि दलितेतर लेखकों की प्रेरणा दया, सहानुभूति, करुणा और मानवतावाद की प्रेरणा हैं। उनमें अपराध-बोध भी दिखाई देता हैं। उनकी ईमानदारी पर सन्देह नहीं हैं। दलितों को मानवतावाद नहीं, मानवअधिकार चाहिए।" एक अन्य प्रश्न के उत्तर में दलितेतर लेखकों के सम्बन्ध में वे कहते हैं कि 'दलितेतर लेखक अब प्रगतिशील दृष्टि अपनाने लगे हैं। मुझे यह अच्छा लगता हैं बल्कि मेरा तो यह भी कहना हैं कि सामाजिक परिवर्तन की

प्रक्रिया में दलितेतर के इस साहित्य का महत्त्व अनन्य हैं। विशेषतः मराठी के प्रगतिशील ब्राह्मण-लेखकों ने समाज सुधार का जोरदार समर्थन किया हैं। इससे बाकी लोगों को सीखना चाहिए। उनके इस लेखन ने सवर्ण समाज को अन्तर्मुख बना दिया हैं। समाज में सौहार्द पैदा होने लगा हैं। इस साहित्य ने ही विद्रोही दलित साहित्य के प्रवेश के लिए दरवाजे खोल दिए हैं।''

दलित चेतना और दलितेतर दलित चेतना में वे फर्क जरूर करते हैं। उनके अनुसार दलित-चेतना जन्मसिद्ध हैं। दलितेतर चेतना संवेदना और कल्पना पर आधारित हैं। दोनों में मूल्यभाव हैं। दलित लेखन में अपने यथार्थ अनुभव हैं। वेदना हैं। दलितेतर दलित चेतना में सामाजिक प्रतिबद्धता और प्रगतिशीलता हैं। दोनों मिलकर एक नये प्रगतिशील समाज की रचना करेंगे। अपने संकीर्ण जातिगत दायरे से बाहर आने की दोनों को जरूरत हैं। हमे सम्पूर्ण भारतीय समाज का विचार करना चाहिए। एक व्यापक, धर्मनिरपेक्ष, जातिमुक्त, न्याय-प्रतिष्ठित समाज का निर्माण करना हैं, इस दृष्टिकोण को लेकर लिखनेवाले दलितेतर लेखकों की रचनाएँ मेरी नजर में बहुत महत्त्वपूर्ण हैं।

दलित-चेतना की ऐसी सुस्पष्ट और साफ अवधारणा लेकर ही डॉ. शरण लिखते हैं और जीते भी हैं। एक प्रश्न के उत्तर में वे कहते हैं कि ''गाँधी जी की अछूतोद्धार की नीति कृतीशील थी। उसका परिणाम अवश्य हुआ। किसान-मजदूरों-शोषितों का पक्ष लेनेवाला साम्यवाद का भी कुछ असर था।''

प्रस्थापित व्यवस्था के प्रति उनके मन में जबरदस्त चिढ़ हैं, आक्रोश हैं, नकार हैं। परन्तु ऐसी व्यवस्था में भी जो लोग अपनी सीमा में दलित जीवन को लेकर लिख रहे हैं— चाहे वे सवर्ण हों या दलित— उनके प्रति उनके मन में आदर की भावना हैं। इसलिए प्रेमचंद की सीमाओं के साथ वे उन्हें स्वीकारते हैं। प्रगतिशील सवर्ण मानसिकता में कहीं न कहीं विषमता का, उपेक्षा का धीमा स्वर होगा। परन्तु उस धीमे स्वर को ही केन्द्र में रखकर उन्हें नकारना डॉ. शरण को मान्य नहीं हैं। प्रेमचंद की महानता को वे स्वीकारते हैं, उसी समय उनकी सीमाओं को भी वे स्पष्ट करते हैं। ऐसी संतुलित दृष्टि हिन्दी के दलित लेखकों में नहीं मिलती, यह मुझ जैसों का दर्द हैं।

मराठी में दलित चेतना की जो अभिव्यक्ति हुई, उसके मूल मे दलित पैंथर का आन्दोलन हैं इसे भी वे स्पष्ट करते हैं। मराठी के दलित साहित्य के जन्म के मूल में दलित पैंथर और मराठवाड़ा विश्वविद्यालय के नाम विस्तार का आन्दोलन रहा हैं। आन्दोलन ही दलित साहित्य को उर्जा देता रहा हैं, इसे वे स्पष्ट करते हैं। ऐसी स्थिति अन्य भारतीय भाषाओं के दलित साहित्य की नहीं हैं। यह दूसरी बात हैं कि अब महाराष्ट्र में दलित आन्दोलन नहीं के बराबर हैं। परन्तु आरम्भ में वे ही उर्जा स्रोत थे, इसे वे स्पष्ट करते हैं।

यहाँ जो साक्षात्कार दिए गये हैं, उनकी अपनी विशिष्टताएँ हैं। निशिकांत ठकार के साक्षात्कार द्वारा दलित-चेतना को निश्चित करने का प्रयत्न हुआ हैं। इस साक्षात्कार का सीधा सम्बन्ध दलित चेतना की अवधारणा के साथ हैं। भारत की विभिन्न भाषाओं में लिखी गयी दलित चेतना से सम्बन्धित लेखन का परामर्श यहाँ दिया गया हैं। दलित-चेतना की पहचान की दृष्टि से इन दोनों साक्षात्कार का अत्याधिक महत्त्व हैं। डॉ. गिरीश काशिद के साक्षात्कार का सम्बन्ध डॉ. शरण के व्यक्तित्व तथा उनकी रचनाओं के साथ हैं। उनकी रचना प्रक्रिया के साथ हैं। ठीक इसी प्रकार साहित्य विषयक प्रश्नों के साथ हैं। ये साक्षात्कार एक दूसरे के पूरक हैं। इन साक्षात्कारों से एक ओर दलित-चेतना की अवधारणा स्पष्ट होती हैं तो दूसरी ओर लेखक डॉ. शरण जी की लेखन-प्रक्रिया तथा उनके साहित्य-विषयक विचार स्पष्ट होते हैं। डॉ. शरण केवल दलित ही नहीं हैं अपितु वे एक ऐसे प्रतिभासम्पन्न लेखक हैं, जिन्होंने साहित्य की प्रत्येक विधा के अंतर्गत लिखा हैं, और बहुत ही स्तरीय लिखा हैं— इतना ही नहीं अपने साहित्य के माध्यम से उन्होंने इस व्यवस्था के सम्मुख ऐसे ढेरों चुनौतीपूर्ण प्रश्न उपस्थित किए हैं, जो यहाँ के तथाकथित संस्कृति रक्षकों को बेचैन कर देनेवाले हैं। उन्होंने लेखन से सम्बन्धित कई मिथ तोड़े हैं। नयी जमीन तैयार की हैं।

इस देश में एक प्रतिष्ठित साहित्यकार के रूप में राष्ट्रीय स्तर पर किसे मान्यता मिलती हैं? केवल उसके साहित्य के कारण या फिर कुछ और भी साहित्येतर कारण होते हैं? विशेषतः स्वातन्त्र्योत्तर काल में जिस तेजी से अर्थ तथा राजनीति का स्वरूप बदला— क्या इससे साहित्य और साहित्यकार अछूता रह पाया हैं? अंग्रेजी और हिन्दी में लिखनेवाले लेखकों को कम परिश्रम से राष्ट्रीय स्तर पर मान्यता प्राप्त हो जाती हैं। परन्तु जो प्रादेशिक भाषाओं में लिखनेवाले हैं, वे बावजूद अपनी प्रतिभा के क्या राष्ट्रीय स्तर पर अपनी पहचान बना पाते हैं? यह सही हैं कि साहित्य अकादमी प्रत्येक भाषा की श्रेष्ठ रचनओं को प्रत्येक वर्ष पुरस्कृत करती हैं। प्रादेशिक भाषा की रचना को पुरस्कृत करनेवाली (उस भाषा से सम्बन्धित) समिति यह निर्णय लेती हैं। इस समिति का चरित्र क्या हैं? इन सदस्यों का चुनाव कैसे होता हैं? यहाँ बैठे हुए लोग क्या सचमुच अपने वर्ग तथा जातीय चरित्र को लाँघकर रचना की ओर देख पाते हैं? इस देश का बुद्धिजीवी, क्या अपनी जाति या वर्ण के परे जाकर प्रश्नों की ओर देख सकता हैं, न केवल साहित्य अकादमी के पुरस्कारों को लेकर यह प्रश्न हैं, अपितु इस देश में राष्ट्रीय स्तर पर पुरस्कार देनेवाली जितनी भी संस्थाएँ हैं, उनके सम्बन्ध में भी यह प्रश्न हैं। उनकी नीति और उद्देश्य को लेकर किसी भी प्रकार का सन्देह नहीं किया जा सकता। परन्तु उनके द्वारा पुरस्कार देने हेतु जो समितियाँ बनती हैं, उसके चरित्र और उसकी मानसिकता को लेकर, उनकी निर्णय प्रक्रिया को लेकर जरूर प्रश्न उठाए जा सकते

हैं। सच तो यह हैं कि पुरस्कारों से लेखक प्रतिष्ठित नहीं होता, वह तो अपनी रचनाओं की भीतरी उर्जा से प्रतिष्ठित होता हैं, परन्तु इस देश में किसी लेखक की पहचान इस प्रकार के पुरस्कार प्राप्त होने के बाद बनती हैं— यह कैसा दुष्चक्र हैं? आपको फलाँ पुरस्कार इस वक्त नहीं मिला क्योंकि आप किसी गुट में शामिल नहीं हैं, अथवा आप किसी ऐसी जाति में जन्में हैं, जिसकी कोई पहचान नहीं हैं। राष्ट्रीय स्तर पर यदि आपको पुरस्कार प्राप्त नहीं हुआ तो आपकी राष्ट्रीय पहचान भी नहीं।

दूसरी कसौटी यह भी हैं कि प्रादेशिक भाषाओं अथवा हिन्दी में लिखनेवाले लेखकों की कृतियों के अनुवाद अंग्रेजी में हुए हैं या नहीं। केवल अपनी भाषा मे लिख और उसी में छापकर राष्ट्रीय स्तर पर पहचान बनाना मुश्किल हैं। अच्छे अनुवादक प्राप्त हो जाना भी मुश्किल हैं। लेखक की अपनी भाषा में पहचान भी मात्र साहित्यिक कसौटियों पर नहीं बनती। इस देश में अभी भी 'जाति' साहित्य के क्षेत्र में महत्त्वपूर्ण भूमिका निभा रही हैं। सारे प्रसार माध्यमों, साहित्य से सम्बन्धित संस्थाओं पर विशिष्ट जाति के लोग कुंडली मारे बैठे हैं, भले ही वे कितनी भी डींगे क्यों न हाँके कि वे जाति, धर्म के परे जाकर चीजों को देख नहीं पाते हैं। यूँ तो वे अपने लेखन और अपनी अभिव्यक्ति में प्रगतिशील ही होते हैं परन्तु, जब वे निर्णायक के रूप में कहीं होते हैं, तो उनके भीतर की जातीय अस्मिता तेजी से उभर आती हैं। इसका सीधा असर उनके निर्णय पर पड़ता हैं। फलतः संवेदना का क्षेत्र काफी विशाल और अभिव्यक्ति की विलक्षण शक्ति होने के बावजूद नकार दिया जाता हैं। वे यह कहते हैं कि पुरस्कृत रचना और अपुरस्कृत रचना में 19-20 का ही तो अन्तर हैं, परन्तु बात इतनी आसान नहीं होती। वास्तव में अन्तर 19-20 का नहीं होता, अन्तर जाति विशेष का होता हैं। जाति विशिष्टता के कारण एक को राष्ट्रीय पहचान मिल जाती हैं और दूसरा उपेक्षित रह जाता हैं। यह स्थिति केवल सवर्ण मानसिकता की हैं, ऐसी बात नहीं हैं। निरन्तर मनुष्यता की दुहाई देनेवाले दलित साहित्यकार भी, अपनी विशिष्ट जाति या प्रदेश के बाहर आकर, मात्र साहित्यिक निकषों के आधार पर अपनी रचना को नहीं देख पाते। किसी अन्य भारतीय भाषा के दलित लेखक की, जब अधिक चर्चा होने लगती हैं, तब हिन्दी के दलित लेखक बेचैन हो जाते हैं। अन्य भाषा का कोई लेखक मुझसे श्रेष्ठ हैं, इसे स्वीकारने को न सवर्ण हिन्दी लेखक तैयार हैं और न ही दलित हिन्दी लेखक। यहाँ तक कि अन्य भारतीय भाषा के प्रभाव तक को सहने की स्थिति में यहाँ के लेखक और समीक्षक तैयार नहीं हैं। यह बहुत बड़ी वास्तविकता हैं कि मराठी के दलित साहित्य-प्रवाह के परिणामस्वरूप अन्य भारतीय भाषाओं में दलित साहित्य प्रवाह की शुरूआत हुई। परन्तु इधर हिन्दी के कई दलित लेखक इसे भी स्वीकारने को तैयार नहीं हैं। जिस प्रकार राजनीति में प्रादेशिकता और संकीर्णता उभर रही हैं, ठीक यही स्थिति इधर साहित्य तथा संस्कृति के क्षेत्र में भी उभर

रही हैं। दलित साहित्य के अन्तर्गत हम किसी भी गैर-दलित के प्रवेश को स्वीकारेंगे ही नहीं, यह कौन सी मानसिकता हैं? यह मानसिकता डॉ. बाबासाहब आंबेडकर के मानवतावादी विचारों के खिलाफ जाती हैं।

इस प्रकार की मानसिकता के चलते ही इस देश में लेखक की लेखक के रूप में जो भी पहचान बनती या बनाई जाती हैं, मात्र उसकी रचनाओं के आधार पर नहीं बल्कि अन्य कारक भी वहाँ काम करते हैं। ऐसी अवस्था में इस प्रकार के ग्रन्थ हमारी बहुत बड़ी सहायता कर सकते हैं। क्योंकि इनमें उस लेखक की मूल रचनाओं के साथ पाठकों को विविध भाषाओं में उसकी रचनाओं की समीक्षाएँ भी प्राप्त हो जाती हैं। विभिन्न विधाओं में उसकी रचनाएँ पढ़कर पाठक उसकी रचनाशीलता को, उसकी प्रतिभा की ऊँचाई को समझ सकता हैं। डॉ. शरणकुमार लिंबाले पर यह जो ग्रन्थ निकल रहा हैं, वह इस मिथ को तोड़ेगा ऐसा विश्वास हैं। दरअसल या तो लेखक के स्मृतिशेष हो जाने पर अथवा उसकी किसी रचना को राष्ट्रीय स्तर का पुरस्कार प्राप्त हो जाने पर या उसकी जन्मशती पर वह भी तब, जब वह आयु के अन्तिम पड़ाव पर पहुँच जाता हैं। डॉ. शरण के सम्बन्ध में इनमें से एक भी स्थिति नहीं हैं। बावजूद इसके उनके व्यक्तित्व-कृतित्व पर ग्रन्थ निकालने का निर्णय लिया गया। केवल इसलिए नहीं कि शरण किसी दलित जाति में जन्में हैं, या इसलिए कि अन्य किसी भी दलित या भारतीय लेखकों की तुलना में शरण की अनुभूति का क्षेत्र विशाल हैं या कि वे सभी विधाओं में उतनी ही शक्ति के साथ लेखन कर रहे हैं। यह निर्णय इसलिए भी कि डॉ. शरण ही ऐसे पहले भारतीय लेखक हैं, जिन्होंने दलित साहित्य के लिए स्वतन्त्र सौन्दर्यशास्त्र की माँग की। मराठी में लिखी उनकी पुस्तक 'दलित साहित्याचे सौन्दर्यशास्त्र' में उन्होंने ललित साहित्य के सौन्दर्यशास्त्र पर अनेक प्रश्नचिह्न लगाए तथा दलित साहित्य की विशेषताओं को रेखांकित करते हुए, उसके स्वतन्त्र सौन्दर्यशास्त्र की माँग की। इस नये सौन्दर्यशास्त्र का आग्रह तो हिन्दी के प्रख्यात समीक्षक डॉ. मैनेजर पांडेय भी लगातार कर रहे हैं। शरण की इस पुस्तक से रमणिका गुप्ता इतनी प्रभावित हो गयीं कि उन्होंने इस पुस्तक का हिन्दी में अनुवाद कर दिया।

यह भी एक वास्तविकता हैं कि शरण अनुवाद के माध्यम से सर्वाधिक भारतीय भाषाओं में पहुँचे। आज भारत की सभी भाषाओं में उनकी एक स्वतन्त्र पहचान बन गयी हैं। वे केवल 'अक्करमाशी' लिखकर रुके नहीं अपितु कविता, उपन्यास, कहानी, समीक्षा और सम्पादन के क्षेत्र में भी उन्होंने काम किया। इसी कारण उनके लेखन और साहित्य के प्रति भारत की विभिन्न भाषा-भाषी पाठकों में अपार जिज्ञासा हैं। इतनी कम आयु में उन्होंने जो लिखा हैं, उसका ठीक से मूल्यांकन मराठी में नहीं हो पाया हैं, यह मुझ जैसों का दर्द हैं। उनकी रचनाओं अथवा साहित्य विषयक उनके विचारों को लेकर,

जो जिज्ञासा हैं, उसकी पूर्ति शायद इस ग्रन्थ से हो।

भारतीय सवर्ण मानसिकता की एक विशेषता यह हैं कि जो भी दलित या उपेक्षित द्वारा लिखा जाता हैं, वह स्तरीय नहीं होता— यह निर्णय वे उस रचना को पढ़ने के पूर्व ही ले लेते हैं। परिणामतः उस रचना की ओर वे पूर्वग्रह दृष्टि से देखने व सोचने लगते हैं। लेखक किस जाति का हैं, इस आधार पर कृति की श्रेष्ठता या कनिष्ठता निश्चित की जाती हैं। ऐसे लोगों से साहित्यिक बहस या संवाद हो भी तो कैसे? विदेश के किसी रचनाकार की किसी निकृष्ट रचना को अगर कोई अन्तरराष्ट्रीय पुरस्कार (बुकर आदि) प्राप्त हो जाय तो उस निकृष्ट रचना को भी श्रेष्ठ रचना के रूप में पढ़ने की प्रवृत्ति आज भी हममें मौजूद हैं। हमारे यहाँ अगर किसी सवर्ण की रचना में कुछ अश्लील शब्दों का प्रयोग हो, तो वह जायज हैं और अगर दलित की रचना में ऐसे शब्द अनायास आ जाएँ, तो अश्लील! यहाँ निरन्तर दोहरे मानदंडों को प्रयोग किया जाता हैं। इसी कारण पूरी निष्ठा के साथ हमारे बीच जीने वाले किसी व्यक्ति या समूह के जीवन को, पूरी सच्चाई के साथ जब कोई दलित लेखक सशक्त ढंग से व्यक्त करता हैं; तो भी उसे नकार दिया जाता हैं। उस पर बहस भी नहीं की जाती। इसी जीवन को सलमान रश्दी अथवा अन्य कोई ऐसा भारतीय लेखक, जो यूरोप में बसा हैं लिखता हैं, तो उसे सिर-माथे पर बिठाया जाता हैं। इस मानसिकता को क्या कहें?

इस देश में आज भी समीक्षक अपनी भाषा में लिखी रचनाओं को लेखक की जाति को ध्यान में रखकर ही परखता हैं। सामान्य पाठक तो रचना की गुणवत्ता को ही प्रमाण मानकर उसे स्वीकारता अथवा नकारता हैं। परन्तु जो समीक्षक, परीक्षक निर्णायक हैं अथवा जो तथाकथित बुद्धिजीवी हैं, वे अभी तक जातिवादी मानसिकता से बाहर नहीं आ पाए। प्रादेशिक अथवा राष्ट्रीय स्तर पर मान्यता देनेवाली अथवा पहचान बनानेवाली जितनी भी इकाइयाँ या प्रसार माध्यम हैं, क्या वे व्यक्ति अथवा रचना की ओर प्रदेश, भाषा, जाति, धर्म के परे जाकर देख रहे हैं- आज यही यक्ष प्रश्न हमारे सामने हैं।

मैं इस बात को अच्छी तरह से जानता हूँ कि लेखक पर ऐसे ग्रन्थ निकालने से वह प्रतिष्ठित नहीं बनता, उसकी अपनी विशिष्ट पहचान भी नहीं बनती। परन्तु ऐसे ग्रन्थों की एक उपलब्धि यह होती हैं कि उस रचनाकार को विभिन्न आयामों से जाँचने परखने की सामग्री पाठकों को प्राप्त हो जाती हैं। उसके लेखन की वैविध्यता का पता चल जाता हैं। एक बड़े कैनवास पर उसे देखना सम्भव हो जाता हैं।

डॉ. शरणकुमार लिंबाले के लेखन पर बिखरे हुए इन समीक्षात्मक लेखों को इकट्ठे करना, उनका अनुवद करना काफी कष्टप्रद कार्य था। इस कार्य में मुझे सर्वाधिक सहयोग डॉ. शरणकुमार का तथा अनुवादक डॉ. विजय रोडे, प्रो. निशिकांत ठकार तथा गिरिश काशिद से प्राप्त हुआ। उन्हें धन्यवाद देने के बजाय, उनके ऋण में रहना मैं

अधिक उचित समझता हूँ। 'युद्धरत आम आदमी' इस पत्रिका के अंक में छपी सामग्री का उपयोग इस ग्रन्थ में किया गया है। इस कारण इस पत्रिका का और इस पत्रिका की सम्पादिका रमणिका गुप्ता जी का मैं विशेष रूप से आभारी हूँ।

इस ग्रन्थ को आपतक पहुँचाने का कार्य वाणी प्रकाशन ने किया हैं। वाणी प्रकाशन के श्री. अरुण माहेश्वरी ने तो यह घोषित ही किया हैं कि डॉ. शरण के प्रत्येक लेखन का अनुवाद वे छापेंगे। उनके सम्पादित ग्रन्थ के अनुवाद भी छापेंगे। और अब तो उनपर लिखा समीक्षात्मक ग्रन्थ भी वे प्रकाशित कर रहे हैं। उनके प्रति मैं और डॉ. शरण कृतज्ञ हैं।

पाठकों की प्रतिक्रियाओं की प्रतीक्षा में

– सूर्यनारायण रणसुभे

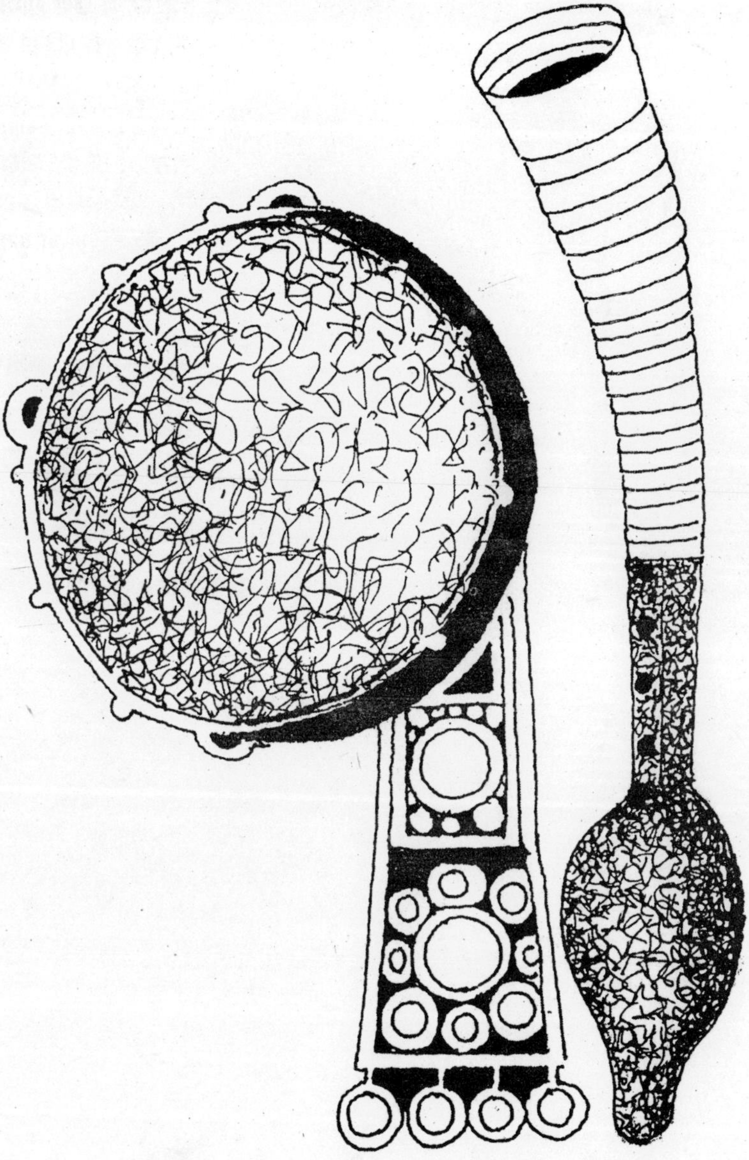

दलित चेतना की पहचान

शरणकुमार लिंबाले से निशिकांत ठकार की बातचीत

ठकार : **शरणकुमार जी, आपके मन में दलित चेतना की जागृति कब और कैसे हुई? यह चेतना शुरू से ही थी या फिर विकसित होती गयी। इस सन्दर्भ में आपके लेखक बनने की प्रक्रिया को जानना दिलचस्प होगा।**

लिंबाले : मैंने कब लिखना शुरू किया इसकी खोज करना चाहता हूँ तो सर, बड़ा अजीब-सा लगता है। मेरे लेखन की बुनियाद मेरे जीवन की स्थितियों में बसी हुई है। मुझे और मेरे लेखन को मेरी स्थितियों ने बनाया, इसलिए मुझे और मेरे लेखन को जानने-समझने के लिए मेरे स्थितियों को जानना बेहद जरूरी है।

मैं पाँचवीं-छठी कक्षा में था तब मैंने लिखना शुरू किया था। उम्र लगभग ग्यारह वर्ष की होगी। इस उम्र में लड़कियाँ भी शायद ऋतु प्राप्त नहीं करतीं। छोटे बच्चे बड़ों का अनुकरण करते हैं, वैसा ही यह लेखन था। प्राथमिक स्कूल का यह लेखन ककहरा लिखने जैसा ही था। मैंने इस उम्र में लिखना शुरू किया, इतनी ही इसकी अहमियत है।

मेरा जन्म देहात में हुआ। प्रतिवर्ष गाँव में मेला लगता था। मेले के अवसर पर पौराणिक नाटक हुआ करते थे। हम इन नाटकों को देखने जाते थे और घर आकर नाटक के प्रसंगों को दोहराते थे। हममें से ही कोई भीम होता था, कोई दुर्योधन, तो कोई द्रौपदी। संवाद जैसे याद रहते थे वैसे बोल देते थे। हमारे इस प्रतिनाटक को देखने हेतु हमसे भी जो छोटे बच्चे होते थे, वही हमारे दर्शक बनते थे। आगे चलकर हम आसपास के गाँव के मेलों में नाटक देखने जाने लगे। इन नाटकों के दृश्यों, गीतों और संवादों का मन पर प्रभाव पड़ा था। हम नाटक-नाटक खेलते थे।

गाँव में मेला लगता था तो हमारी महार बस्ती में भीम जयंती मनाई जाती थी। भीम जयंती का भी मन पर प्रभाव पड़ता था। भीम जयंती कार्यक्रम के लिए आसपास के देहातों से भीमगीत गायन पार्टियाँ आया करती थीं। 'उनमें प्रतियोगिताएँ चलती थीं। भीमगीतों का असर होता था। हमारे महारवाड़े में भीमगीत गायन पार्टी के साथ-साथ मैं भी दूसरे गाँव भीम जयंती के लिए जाने लगा। भीम जयंती के कारण भीम गीतों के छन्द मुँहजबानी याद हो गये। भीम गीत गाने और लिखने का हौसला बढ़ा । मेले में नाटक और भीमजयंती के गीतों से मेरे मन में अक्षरों की पौ फटने लगी। दलित चेतना का बीज मेरे मन में इन गीतों के कारण ही पड़ा होगा।

ठकार : लेकिन मेले के अतिरिक्त गाँव में होनेवाली अन्य गतिविधियों का भी तो कुछ प्रभाव होगा आपके मन पर?

लिंबाले : हाँ, बिल्कुल था। हमारे गाँव में दो दल थे। दोनों में होड़ थी। दोनों में से कोई एक ग्राम पंचायत का चुनाव जीतता था। दोनों ने गाँव के दो मन्दिरों को आपस में बाँट दिया था। एक दल का विठ्ठल मन्दिर तो दूसरे दल का महादेव मन्दिर। दोनों मन्दिरों में पोथी पाठ चलता था। श्रावण के महीने में खासकर, जिस मन्दिर में अच्छा पाठ होता था, हम वहाँ पहुँच जाते थे। रामायण, महाभारत, मार्कंडेय पुराण, नवनाथ कथासार, पांडव प्रताप, शिवलीलामृत भगवत्‌गीता जैसी पोथियाँ पढ़ी जाती थीं। एक व्यक्ति सुर में पाठ पढ़ता था। दूसरा उसका भावार्थ समझा देता था। गाँव के मन्दिरों ने मेरा पुराणों से परिचय करा दिया। कथा के कारण पुराण सुनना अच्छा लगता था। सवर्ण मन्दिर में बैठते थे। हम मन्दिर की सीढ़ियों के पास। आसपास गाँव वालों के जूतों का ढेर। जूतों की और हमारी जगह एक ही थी।

श्रावणमास अच्छा लगता था क्योंकि हर दिन कथा होती थी। फिर मेरा दादा भी कहानियाँ सुनाया करता था। बाद में उसके पाँव दबाने पड़ते थे। काका कहानियाँ सुनाता और बदले में पीठ तुड़वा लेता था। दोनों बार-बार वही कहानियाँ सुनाते थे। मैं नयी कहानियाँ सुनाने का अनुरोध करता था। फिर काका मुझे कथाओं की पुस्तकें देने लगा। वेताल पच्चीसी, सिंहासन बत्तीसी, तौता मैना जैसी कहानियों की पुस्तके पढ़ी । फिर एक बार पुस्तक रूप में उन पुराणों की कहानियाँ पढ़ीं, जिन्हें मन्दिरों में सुना था। ऋग्वेद और सत्यार्थ प्रकाश भी पढ़ने को मिला। आज आश्चर्य लगता है, सातवीं-

आठवीं कक्षा में मुझे इतना सारा पढ़ने को मिला! स्कूल की पढ़ाई से भी अधिक मुझे बाहर का पढ़ना अच्छा लगने लगा। पुराणों को पढ़ने से मेरे बाल मानस पर हिन्दू देवी-देवताओं का बहुत गहरा प्रभाव पड़ा। मेरा मन ईश्वरभक्ति से भर गया। बन में जाएँ, तप करें, ईश्वर को प्रसन्न करें, जैसे खयाल आने लगे। मैं कई बार ईश्वर का नामजप भी करता था। ईश्वर सर्वशक्तिमान है। उसी ने अपनी नियति और समाज व्यवस्था मे स्थान निर्धारित किया है, तब मेरा ऐसा ही विश्वास था।

ठकार : **यह विश्वास कब टूटा?**

लिंबाले : उसके लिए भी मेरी स्थितियाँ कारण हुईं। विश्वास बहुत जल्द ही टूट गया। हमारे गाँव में सातवीं कक्षा तक ही पढ़ाई का प्रबन्ध था। माध्यमिक शिक्षा के लिए मुझे पास ही के दूसरे गाँव जाना पड़ा। मैं कई बार स्कूल नहीं जाता था इसलिए मुझे छात्रावास में रखा गया। छात्रावास मेरे जीवन को बदल डालनेवाला कारखाना बन गया। प्राथमिक स्कूल में मेरे मन पर धर्म के जो संस्कार बने थे, वे छात्रावास की भट्टी में जलकर खाक हो गये। छात्रावास में अनेक गाँवों के, अलग-अलग जातियों के बच्चे रहते थे। हमारे कमरे में मेरे गाँव के सवर्ण छात्र भी रहते थे, इससे हमारे बीच की मानसिक दूरी कम हो गयी। सामाजिक दूरी भी समाप्त हो गयी। छात्रावास में हम एक साथ रहते थे, एक साथ उठते बैठते थे। लेकिन गाँव लौट आने पर फिर विभाजन हो जाता था। गाँव के लोग हमें 'महार के बच्चे' कहकर हिकारत से देखते थे। 'ये क्यों गाँव में घूमते हैं? छुआछूत होगी।' गाँव की औरतें हमें डाँटती थीं। मन में डर लेकर ही हम गाँव में घूमते थे। लोगों की कुत्सित नजरों से व्यथित हुआ करते थे। हम अपनी जाति को लेकर अवमानना महसूस करने लगे। जाति व्यवस्था को हम बुरा कहने लगे, गालियाँ देने लगे। विश्व को ईश्वर ने पैदा किया है और उसी ने हमें अछूत बना दिया है, ऐसी मेरी धारणा बन गयी और मेरे मन से ईश्वर बहिष्कृत हो गया।

ठकार : **किशोर उम्र के भी कुछ तकाजे होंगे ना, शरणकुमार?**

लिंबाले : हाईस्कूल में देवधर्मादि का आकर्षण समाप्त हो चुका था और जैसाकि आपने सही पूछा, किशोर उम्र के तकाजे भी महसूस होने लगे थे। यौन आकर्षण का उद्भव हुआ था। इसी के परिणामस्वरूप एक लड़की से मुझे

प्यार हो गया। उसका आकर्षण बेचैन करने लगा था। लेकिन जल्द ही उसकी शादी हो गयी। साहित्यिक अभिरुचि पर भी प्रभाव पड़ा। आलंकारिक भाषा का साहित्य पढ़ने में मजा आने लगा। मेरा अपना निबन्ध लेखन भी आलंकारिक था। उपन्यास कहानियों के प्रेम और प्रेमभंग का अनुभव तो नहीं आया, लेकिन भिन्न लिंगी आकर्षण स्वाभाविक था। लड़की के प्रेम ने आगे चलकर कई प्रेम कविताएँ लिखने की प्रेरणा दी। सब काल्पनिक था सर, बिल्कुल हवाई!

ठकार : कल्पना के महल कब टूटे? यथार्थ की जमीन पर कब खड़े हुए?

लिंबाले : हाईस्कूल में था तभी महाराष्ट्र में बड़ा अकाल पड़ा था। इस अकाल ने होनी को अनहोनी कर दिया। देहात के गाँव बरबाद हो गये। कइयों को जीने के लिए स्थानांतरण करना पड़ा। मवेशियों की हालत तो मत पूछो। खेती उजड़ गयी। सारा माहौल कब्रस्तानी था। दाने-दाने को मुहताज हो गये थे। खाने के लाले पड़े थे। देहात की समाज व्यवस्था की कमर ही टूट गयी थी। शासन ने अकाल निवारण के लिए बहुत प्रयास किए। गाँवों में अकाल का काम शुरू हो गया। इन कामों पर सभी जातियों के लोग एक साथ काम करने लगे। आज तक जो घर के बाहर नहीं निकले थे, उन्हें सड़क पर आना पड़ा। सभी को एक ही टैंकर से पानी पीना पड़ता था। सभी को खाने के लिए एक ही जैसी 'सुखड़ी' मिलती थी। एक जैसा खानपान, इससे समाज की असमानता को धक्का लगा। प्रस्थापित विषम व्यवस्था को प्रकृतिदत्त अकाल ने ही ठोकर मार दी। गाँव की व्यवस्था चरमरा गयी। हमें खुलकर जीने का मौका मिला। अकाल के कामों में भ्रष्टाचार भी होने लगा। अकाल के परिणामस्वरूप देहातों में गुंडागर्दी, व्यभिचार, दुर्व्यसन आदि ने जोर मारा। व्यवस्थाएँ टूटने लगी।

ठकार : इस अकाल के बारे में कभी लिखा नहीं?

लिंबाले : अकाल बेहद भयावह था। उसको अनुभव भी किया लेकिन उसके बारे में लिखने की प्रेरणा नहीं हुई। मुझे अपनी दरिद्रता और अभावों से बढ़कर अपनी अस्पृश्यता और उसके कारण होनेवाली अवमानना, अपमानजनक लगती थी, वही अधिक चुभती थी।

ठकार : फिर भी आपके मन में पड़ा दलित चेतना का बीज विकसित होने

में कुल कितना समय लगा? महाविद्यालयीन शिक्षा का इसमें कितना योगदान रहा? महाविद्यालय में आप एक लेखक-छात्र के रूप में जाने जाते थे।

लिंबाले : मैं महाविद्यालय में पढ़ने के लिए गया था। हॉस्टल में एडमिशन मिल गया। हमारे हॉस्टल में दलित छात्र अधिक संख्या में थे। दलित छात्रों का अलग संगठन था। महाविद्यालय की गतिविधियों पर दलित छात्रों का वर्चस्व था। यहीं पर डॉ. बाबासाहेब आंबेडकर का साहित्य मुझे उपलब्ध हो गया। दलितों पर होनेवाले अन्याय-अत्याचारों की खबरें सुनकर माथा ठनकने लगा। जाति-व्यवस्था के विरोध में बहस हुआ करती थी। मन में विद्रोह की चेतना जागने लगी थी। लेकिन जैसा कि आपने कहा, कुछ समय और चाहिए था। महाविद्यालयीन शिक्षा के पाठ्यक्रम में जो साहित्य था उसकी दुनिया ही दूसरी थी। मैं मध्यवर्गीय लेखकों की काल्पनिक दुनिया का साहित्य पढ़ रहा था। सफेदपाशों के साहित्य पर मेरा पिंड पोसा जा रहा था। एक तरफ आंबेडकर जी के सोच के तहत मैं कार्यकर्ता बनता जा रहा था, तो दूसरी तरफ काल्पनिक रंजन प्रधान साहित्य मेरे लेखक को आकर्षित कर रहा था। आन्दोलन की अपेक्षा में साहित्यिक जगत में खो जाना पसन्द करता था। महाविद्यालयीन जीवन में मैंने कई काल्पनिक नाटक लिखे। इनका स्वरूप व्यावसायिक रंगमंच के नाटकों जैसा ही था। मध्यवर्गीय साहित्यिक मानसिकता के कोश में मैं बँध गया था। दिमाग मे कल्पनाएँ छाई रहती थी। सोचना, चिन्तन करना और फिर कल्पना करना। इसी प्रक्रिया की आदत पड़ गयी थी। दिमाग से साहित्य झरने लगता था। मैंने तब बहुत लिखा मगर मेरे उस लेखन में न मैं था, न मेरा समाज था, ने मेरी वेदना थी, न मेरे समाज की समस्याएँ थी। मेरे लेखन में कल्पना थी और प्रस्थापित साहित्य से उधार ली हुई शैली थीं। सब नकली था, झूठ था। बेमानी था, लेकिन तब इसका अहसास नहीं था।

ठकार : **दलित कार्यकर्ता और मध्यवर्गीय मानसिकता से प्रभावित रचनाकार की दोहरी जिन्दगी आप कब तक जीते रहे? इसके क्या कारण होंगे? इस विचित्र स्थिति से आपको छुटकारा कब और कैसे मिला?**

लिंबाले : सचमुच दोहरी जिन्दगी जी रहा था लेकिन जैसा कि मैंने कहा, मुझे उसका अहसास नहीं था। इसका प्रधान कारण यही था कि उस समय मराठी

साहित्य संस्कृति में मध्यवर्गीय समीक्षा का बहुत दबाव था। क्या लिखना, कैसे लिखना इसके तयशुदा फार्मूले थे। छापनेवाले, लिखनेवाले, पढ़नेवाले सब के सब यथास्थितिवादी थे और निर्धारित थे। कोई चक्रव्यूह से बाहर निकल नहीं सकता था। मैं भी मध्यवर्गीय लेखकों की साहित्यकृतियों के जादुई जंगल में भटक रहा था। काल्पनिक प्रेम कविताएँ, काल्पनिक नाटक लिख रहा था। लिखने के लिए समीक्षाएँ भी पढ़ रहा था। लेखक, रचनाकार सरस्वती का पुत्र होता है। प्रतिभा उसकी दैवी वरदान है। सपने उसे सामग्री देते हैं। आकाश में बादल छा जाते हैं, मोर नाचने लगता है वन में और रचनाकार की प्रतिभा जाग जाती है। "जे न देखे रवि, वह देखे कवि!' लेखन के लिए चिन्तन जरूरी है, तपश्चर्या चाहिए, तटस्थता चाहिए, कलात्मकता जरूरी हैं। सौन्दर्य तत्व प्रधान है इस तरह की बातें सुन रहा था। सिद्धान्त था कि ऐरा-गैरा लिख नहीं सकता। वह जमाना ही असली अनुभव की अपेक्षा नकली कल्पना को प्रधानता देने वाला था। मैं उसका शिकार बन गया था। मैं अपनी आवाज खो बैठा था।

ठकार : **आपने कहा कि आप समीक्षा की पुस्तकें भी पढ़ते थे। मराठी समीक्षा पर सौन्दर्यवाद का और कलावाद का वर्चस्व अवश्य था लेकिन समीक्षा में अपवाद बिल्कुल ही नहीं थे ऐसा तो नहीं था। जीवनवाद था, यथार्थ था।**

लिंबाले : शुरू में मैंने समीक्षा की कई पुस्तकें पढ़ी थीं। सौन्दर्यशास्त्र की चर्चा में मुझे रुचि नहीं थी। लेकिन समीक्षा में मार्क्सवादी, यथार्थवादी, जीवनवादी जैसी धाराएँ भी थीं और उनका विवेचन अवश्य ही मुझे अपने निकट लगा। कलावाद की अपेक्षा जीवनवाद सही लगने लगा। फिर मैंने जीवनवादी समीक्षा की पुस्तकें पढ़नी शुरू कीं। मैं जीवनवादी लेखकों की रचनाएँ भी पढ़ने लगा। जीवनवाद से मैं प्रभावित हो गया। कलावाद से तलाक ले लिया। जीवनवादी समीक्षक और रचनाकार प्रायः गैर-दलित थे। उच्चवर्गीय थे। इन प्रगतिशील लेखकों के विचार मुझे ठीक लगे। विभावरी शिरूरकर का कथित गुनहगार जमात के सेटलमेंट पर आधारित उपन्यास 'बळी' और गोदावरी परूलेकर की आदिवासी जीवनपर आधारित रचना 'जब आदमी जाग उठा', दो ऐसी रचनाएँ थीं जिन्होंने मेरी साहित्य की भूमिका को आमूलचूल बदल डाला! सवर्ण लेखकों की दलित जीवन पर लिखी रचनाओं को पढ़ने पर मेरे मन में उनके प्रति बेहद आदरभाव जाग उठा।

वे प्रगतिशील लेखक जातिवादियों का निर्भयता से जो मुकाबला कर रहे थे, मुझे क्रान्तिकारी लगते थे। जीवनवादी साहित्य की ओर मेरा आकर्षण दलित चेतना के साकार होने की दिशा में एक कदम था!

ठकार : **दलित चेतना के विकास में दलित पैंथर का बड़ा योगदान था। आप इस आन्दोलन से जुड़े हुए थे। कैसा अनुभव था वह? साहित्य पर उसका क्या परिणाम हुआ?**

लिंबाले : महाविद्यालय में पढ़ रहा था तभी दलित पैंथर संगठन में काम करने लगा। पैंथर अभी नया था। जोश था। दलितों पर अन्याय अत्याचार करनेवालों के खिलाफ हम खड़े हो गये थे। उनके मन में हमने दहशत फैला दी थी। पैंथर के भाषणों की शुरुआत ही देवताओं व धर्मों को गालियाँ देकर होती थी। दलित पैंथर की बैठकें, सभाएँ, मोर्चे और कार्यकर्ताओं के साथ चर्चाएँ होने लगी थीं। इस प्रक्रिया में मेरा मानो नया जन्म हो गया।

दलित साहित्य की चर्चा सुनने में आ रही थी। पुस्तकों की समीक्षाएँ भी समाचार-पत्रों में आने लगी थीं लेकिन रचनाएँ पढ़ने को नहीं मिल रही थीं। मुम्बई, औरंगाबाद और नागपुर जैसे शहर दलित आन्दोलन और साहित्य के सक्रिय केन्द्र बने हुए थे। पंजाब और कश्मीर के आतंकवादियों का आकर्षण लगने लगा था। हम भी हाथों में बन्दूकें लेकर दलितों पर अत्याचार करनेवालों की लाशें गिरा दें, जैसी उग्र भावनाएँ जागने लगी थीं। लगता था कि भारत एक नहीं दो देश हैं। एक भारत और दूसरा बहिष्कृत भारत! हम बहिष्कृतों के लिए स्वतन्त्र 'दलित स्थान' होना चाहिए। इस तरह के उग्र विचार मन में आते थे। दलित पैंथर और दलित साहित्य दलितों के स्वतन्त्र अस्तित्व की जरूरत महसूस कराने लगा था। दलित चेतना के मूल में ऐसे विद्रोह की चेतना थी। मेरी साहित्य की मान्यता पर इसका गहरा असर हुआ। हमारी बस्ती अलग, हमारे नाम अलग, तो फिर हमारा आन्दोलन भी अलग और हमारा साहित्य भी अलग इस तरह अलगाववाद का रसायन मन मे उबलने लगा था। मराठी साहित्य अपना साहित्य नहीं है। वह सवर्णों का साहित्य है। इस साहित्य के इतिहास में दलित का कोई नामोनिशां नहीं है। इस साहित्य का विरोध करना चाहिए। नक्सलवाद का आन्दोलन भी तब शुरू हो रहा था। मैंने नक्सलवाद को समझने की कोशिश की। मार्क्स, लेनिन, एंगल्स, माओ के विचारों से प्रभावित था। सुधीर बेडेकर, शरद पाटील आदि के भाषणों

से मार्क्सवाद की घुट्टी मिल रही थी। यदुनाथ थत्ते समाजवाद के कारण अपने लग रहे थे। दलित युवकों की संगत में मन निडर होने लगा था। दलित-मुक्ति का विचार आंबेडकरी विचार है। इस विचार से प्रेरित दलित आन्दोलन ही अब अपनी साँस है। ऐसी मेरी यह धारणा पक्की हो रही थी। घर में बेहद गरीबी थी। मुझे कमाना चाहिए था। मन अशान्त था। फिर भी काल्पनिक प्रेम-कविताएँ लिख रहा था। महिलाओं की पत्रिका के लिए नारी स्वतंत्रता की कविताएं लिख रहा था। वामपंथी पत्रिकाओं के लिए मजदूरों पर कविताएं लिख रहा था। धीरे-धीरे मेरे लेखन से कल्पना हटती गयी। यथार्थवादी चेतना बलवती होने लगी। इस परिवर्तन में दलित पैंथर का अवश्य ही बड़ा हाथ है।

ठकार : **मराठवाड़ा विश्वविद्यालय को डॉ. बाबासाहब आंबेडकर जी का नाम देने के लिए जो 'नामान्तर आन्दोलन' हुआ उसने महाराष्ट्र में उथल-पुथल मचा दी थी। इस आन्दोलन ने दलित जागरण में तेजी ला दी। आप तब कहाँ थे और क्या कर रहे थे? इस आन्दोलन ने आपके साहित्य को किस तरह से प्रभावित किया?**

लिंबाले : बी. ए. की उपाधि प्राप्त कर मैं भारत सरकार के टेलिफोन विभाग में टेलिफोन ऑपरेटर बन गया था। मराठवाड़ा के अहमदपुर में मुझे ज्वाइन करना था। बचपन मेरा महारबाड़े में गुजरा। आसपास हमारी ही बस्ती थी। फिर होस्टल में रहाँ, वहाँ भी हमारी जाति के छात्रों की तादाद ज्यादा थी। इससे मैं कुछ बेफिक्र बन गया था। लेकिन अब अहमदपुर में मैं अकेला हो गया। दफ्तर में बहुसंख्य सवर्ण थे। मैं जिस बस्ती में किराये पर रह रहा था वह सवर्णों की बस्ती थी। काम के लिए जिन लोगों से सम्पर्क हो रहा था वे सवर्ण थे। मैं चारों तरफ से सवर्णों से घिरा हुआ था। मेरे मन में अल्पसंख्यक लोगों में जो भय, अविश्वास, संशय और असुरक्षा का भाव होता है, वही जागने लगा। मेरे चेहरे पर भय का सिक्का छप गया। इसी वक्त 'नामान्तर' के आन्दोलन ने जोर पकड़ा था। महाराष्ट्र शासन के दोनों सभागृहों में विश्वविद्यालय को डॉ. बाबासाहब आंबेडकर का नाम देने से प्रस्ताव एकमत से पारित हो गया था। शासन के इस निर्णय के विरोध में मराठवाड़ा के बहुसंख्य सवर्ण थे। नामान्तर विरोधक सड़क पर उतर आये। मराठवाड़ा में जातीय दंगा भड़क उठा। दलितों की झोपड़ियाँ जलाई जाने लगीं। दलितों पर अन्याय अत्याचार बढ़ने लगे। नामान्तरवादी इसके

खिलाफ लड़ने लगे। 'नामान्तर आन्दोलन' ने दलित समाज को संगठित किया। सवर्ण समाज आक्रमक हो गया। अहमदपुर में नामातर विरोधियों ने टेलिफोन एक्सचेंज जला दिया। पथराव हुआ। गोलियाँ चली। तीन लोग मारे गये। मैं ऐसे शहर में नौकरी के लिए दाखिल हुआ था। वातावरण ही ऐसा था कि मैंने अपनी जाति का इजहार नहीं किया था। समाचारपत्रों में रोज समाचार आ रहे थे। पढ़कर लोग भड़क उठते थे। मेरा मन तनाव-ग्रस्त था। मेरे साथ सुधीर गव्हाणे आपरेटर थे। वे पढ़ाई भी कर रहे थे, पत्रकार भी थे। इसलिए शहर में सब उन्हें जानते थे। उनके साथ घूमने-फिरने के कारण लोग मुझे भी जानने लगे थे।

मैंने अपने नाटक सुधीर जी को पढ़ने के लिए दिए लेकिन उन्होंने नहीं पढ़े। जाति व्यवस्था की दहशत को मैंने अहमदपुर में अनुभव किया। कोई हमला करे यह जरूरी नहीं, हवा ही ऐसी होती है कि उसके दबाव में अपनी साँसे घुटने लगती हैं। सुधीर जी नामान्तरवादी थे। उनके पास दया पवार का कविता संकलन 'कोंडवाडा' था। मैंने पढ़ने के लिए माँगा तो उन्होंने नहीं दिया। बाद में मैंने उसे पढ़ा मैंने सुधीर जी से कहा, "ऐसी कविताएँ तो मैं भी कर सकता हूँ।" सुधीर जी खिलखिला कर हँस पड़े। बोले, "उसके लिए दलित होना जरूरी होता है।" मैंने झट से कहा, "मैं दलित हूँ।" मेरी जाति का राज सहसा खुल गया। सुधीर जी ने मेरा हौसला बढ़ाया। मैं कविता पढ़ने में संकोच करता तो वे ही मेरी कविताएँ सुना देते। मेरी कविता मेरा आयडेंटिटी कार्ड बन गयी। पारधी लोगों की ढोकी नाम की बस्ती को सवर्णों ने आग लगा दी थी। ढोकी हत्याकांड का बोलबाला हुआ। सुधीर ने इसकी रिपोर्टिंग मुंबई की पत्रिका के लिए की, तो उसमें मेरी कविता की पंक्तियाँ उद्धृत की थीं।

ठकार : कौन सी पंक्तियाँ? याद हैं?

लिंबाले : सुनिए

"साहित्य क्यों कहते हो इन शब्दों को?
यह तो आदमी हैं जलते हुए
चारों ओर से आग लगी झोपड़ी में
झुलसने वाली चीख
चार बदमाशों के चंगुल में
फँसा दमघोंट आक्रोश ऽ

गुंडों के हमले में खोया
करुण रँभाना ऽ
अँजुली भर पानी की खातिर
विकल दुख की पुकारऽ
कहो, कहो, गन्धर्वों,
ये कौन-सी पट्टी के सुर है?''

ठकार : **तो तबसे आपको अपनी कविता का सुर मिल गया! इसका श्रेय सुधीर जी को जाता है?**

लिंबाले : बिल्कुल जाता है। सुधीर जी ने मेरी कविताएँ उनके परिचित के सम्पादकों के पास भेजीं। अस्मितादर्श पत्रिका ने मेरी कविताओं को स्वीकार किया। मैं दलित कविता लिख सकता हूँ, मेरे इस आत्मविश्वास को सुधीर जी ने दृढ़ किया। मैं तेजी से और कविताएँ लिखने लगा। दलित साहित्य का विस्फोट महानगरों में हुआ था। अब वह गाँवों तक पहुँच गया। दलित समाज ज्ञानमार्गी होने लगा था। पुस्तकें खरीदने लगा था। पढ़ने लगा था। कहावत ही बन गयी कि 'महारों ने किताबों और बम्मनों ने मटन को महँगा बना दिया।' न पढ़नेवाले पढ़ने लगे थे। न खानेवाले खाने लगे थे।

ठकार : **दलित साहित्य के उद्‌भव और अभिवृद्धि में 'अस्मितादर्श' पत्रिका का योगदान बड़ा है। दलित साहित्य के कई रचनाकार इसी पत्रिका में पहली बार प्रकाशित हुए हैं। आप भी उनमें से एक हैं।**

लिंबाले : मुझे गर्व है कि मैं 'अस्मितादर्श' परिवार का सदस्य हूँ। इस पत्रिका ने मुझे आत्मविश्वास दिया और अस्मिता भी दी। उस्मानाबाद में 'अस्मितादर्श' के लेखक-पाठकों का स्नेह मिलन था। मैंने पहली बार वहाँ दलित रचनाकारों को निकट से देखा। उनके साथ बोलने की कोशिश की। 'अस्मितादर्श' का समारोह प्रतिवर्ष होता है। मैं उनमें शामिल होने लगा। मेरे लिए ये समारोह कार्यशाला बन गये। डॉ. गंगाधर पानतावणे जी सम्पादक 'अस्मितादर्श' ने मेरी ओर विशेष ध्यान दिया। मेरे लेखक बनने में उनके योगदान को मैं भूल नहीं सकता। मैं अपने खर्च से सम्मेलनों में जाता रहा। कविता पढ़ता रहा। नयी पीढ़ी के दलित कवि के रूप में मेरी पहचान बन रही थी। फिर आकाशवाणी से भी मेरी कविताएँ प्रसारित होने लगीं।

ठकार : **आपकी कविता का पहला पाठक कौन-था? दलित कविता प्रायः पढ़ने के लिए नहीं सुनाने के लिए होती है। आपकी कौन सुनता था?**

लिंबाले : सुधीर के बाद मेरी कविता मेरी पत्नी सुनती थी। कविता में मैं पूरा आंबेडकरमय हो गया था। उनका व्यक्तित्व मुझ पर इतना छा गया था कि एक बार सपने में आंबेडकर जी की मूर्ति आ गयी। मैं जैसे मन्त्रविद्ध हो गया। जाग पड़ा। पत्नी को जगाया। उसकी समझ में कुछ नहीं आया। मैं तेईस-चौबीस का था तो पत्नी की उम्र चौदह पन्द्रह की होगी। वह चौथी कक्षा तक पढ़ी थी। मैं उसे कविताएँ सुनाया करता था। वह कविता सुन लेती थी, कितनी समझती थी, कह नहीं सकता, लेकिन मैं बड़े आवेग से सुनाता था। फिर मैं ही कहा करता था कि कविता बहुत अच्छी बन गयी है।

ठकार : **आपकी कविता की पहली पुस्तक 'उत्पात' 1982 में प्रकाशित हुई और उसने काफी उत्पात मचा दिया। आज उन कविताओं के बारे में आप क्या सोचते हैं?**

लिंबाले : उस जमाने में दलित साहित्य पर जमकर बहसें-चर्चाएँ हो रही थीं। एक ही रचना लिखकर दलित रचनाकार मशहूर हो रहे थे। मेरी कविताएँ यत्र-तत्र प्रकाशित हो रही थीं। प्रकाशित होने पर दिन भर खुशी के समन्दर में तैरता था। दलित-गैर दलित समीक्षा का घमासान चल रहा था। तब महाराष्ट्र राज्य साहित्य संस्कृति मंडल की लेखक की पहली पुस्तक को अनुदान देने की योजना थी। मैंने अपनी पांडुलिपी भेज दी और आश्चर्य, अनुदान प्राप्त हो गया। 'उत्पात' छप गयी। कई समीक्षाएँ छपीं। कई कविताओं के बाद में अनुवाद हुए। कुछ कविताएँ पाठ्यक्रम में शामिल हो गयी।' 'मैं एक आंबेडकर' और 'उत्पात' कविताएँ चर्चा में रहीं। 'उत्पात' की कुछ पंक्तियों पर आपत्तियाँ भी उठाई गयीं।

ठकार : **आत्म-आलोचना आपके साहित्य-विचारों की एक विशेषता रही है। 'उत्पात' में भी उसके दर्शन होते हैं?**

लिंबाले : जी! जो अपनी आलोचना कर सकता है, उसी को दूसरों की आलोचना करने का अधिकार होता है। मैंने दलितों को, दलित आन्दोलन को, कार्यकर्ता और नेताओं को निकट से देखा है। दलितों में जो गुटबाजी है,

स्वार्थ है, धोखेबाजी है, बदमाशी है, उसके खिलाफ उपहास और विरोध मेरी कविताओं में आया है। उसका उद्देश्य सकारात्मक ही था। 'उत्पात' को लेकर जो चर्चाएँ हुईं उन्होने मेरी भूमिका को मजबूत किया। 'उत्पात' में पौराणिक बिम्बों की भरमार थी। आगे चलकर यह प्रवृत्ति कम हो गयी। अपनी खोज करने का समय था। मध्यवर्गीय साहित्य के प्रतिमानों और हिन्दू यथार्थ से मुक्ति पानी थी। म. ना. वानखेड़े जी ने कहा था, "सफेदपोश मूल्यों का त्याग करो।" हम सोचने लगे, कौन से मूल्य? उनको नकारने का मतलब क्या है? बाबूराव बागुल जी ने कहा, "देवता, धर्म और देश से भी मनुष्य महान है।" इस एक वाक्य ने हमारे दिमाग का सर्विसिंग ही कर डाली। जनार्दन वाघमारे जी के अमरीकी नीग्रो साहित्य के लेखों ने हमारा पथप्रदर्शन किया। नामदेव ढसाल की कविताओं ने हमें बेहिचक अभिव्यक्ति के खतरे उठाने की हिम्मत दे दी। 'उत्पात' के बाद मैंने अनुभव किया कि केवल कविता लिखना पर्याप्त नहीं है। लेकिन 'उत्पात' ने मुझे दलित रचनाकार का नाम दिया, प्रतिष्ठा दी। दलित पैंथर और 'नामान्तर आन्दोलन' न होता तो शायद मैं लेखक ही न बनता। समझ में आ गया कि दलितों के बारे में लिखना और दलित लेखक होना एक बात नहीं है।

ठकार : **आपके इस विश्लेषण से दलित चेतना का स्वरूप काफी हद तक स्पष्ट हो जाता है। दलितों के बारे में लिखनेवाले सुहृदय, प्रगतिशील, सवर्णों के बारे में हम फिर अलग से बात करेंगे। आपने आत्म आलोचना की जो बात कही है, उसमें 'आत्म' से तात्पर्य दलित लेखक, दलित समाज, दलित संगठन सब शामिल होते हैं। इनके बारे में लिखना दरअसल अभिव्यक्ति के खतरे उठाना है। इस खतरे को आपने कब अनुभव किया?**

लिंबाले : मेरे 'आत्म' में सब दलित शामिल हैं। इसलिए मुझे उनके दोष खटकते हैं। उन्हें दूर करने के लिए मुझे लिखना पड़ता है। देखिए, दलित पैंथर के आन्दोलन पर मैंने 'दंगा' नामक एक लघु उपन्यास लिखा था। 'अस्मितादर्श' में प्रकाशित हुआ। उसमें आन्दोलन के अन्तर्गत गुटबाजी, मुँहजोरी, जबरदस्ती जैसी प्रवृत्तियों की आलोचना की थी। दलित पैंथर के कार्यकर्ता नाराज हो गये थे। 'आन्दोलन के खिलाफ लिखनेवाले के हाथ कलम कर देने चाहिए' जैसी प्रतिक्रियाएँ हुईं। मुझे डाँटा डपटा गया। दया पवार जी

ने कहा, "तुमने बड़ा दुस्साहस किया है। 'दंगा' जैसा उपन्यास लिखना हिम्मत का काम है।" मैं इतना समझ गया कि अन्य माध्यमों की तरह साहित्य भी समाज के लिए उत्तरदायी है।

ठकार : **दलित चेतना जिस भाषा में व्यक्त होती है, उसकी अपनी विशेषता है। मध्यवर्गीय मानसिकता से मुक्ति पाने के लिए उस परिष्कृत भाषा से भी मुक्ति पाना जरूरी था। 'दंगा' में आपने क्या जान बूझकर दलित बोली का इस्तेमाल किया?**

लिंबाले : जान बूझकर नहीं। सोच समझकर। 'दंगा' उपन्यास पूर्ण रूप से बोली भाषा में लिखा गया है। दलितों की बोली गालियों के साथ पूरे तफसील में प्रयुक्त की। दलित साहित्य बोली भाषा में ही लिखा जाना चाहिए। प्रमाणित भाषा अभिजनों की भाषा है, उसे नकारना होगा। तब हमारी यही भूमिका थी। हम अपने साहित्य की भिन्नता को ठोस रूप में दिखाना चाहते थे। इसलिए हमने आमतौर पर बोली भाषा और गालियों का प्रयोग किया। हमारी बोली आक्रमक थी। फहूड़ भी। हमारे जीवन के सन्दर्भ और ब्योरे प्रमाणित भाषा के पास थे ही कहाँ? प्रमाणित परिष्कृत भाषा पढ़ने के आदि पाठकों को हमारी भाषा हजम नहीं हुई। इस साहित्य को कैसे पढ़ें? कैसे पढ़ाएँ? बच्चों के हाथ में इन्हें नहीं जाने देना है, जैसे प्रश्न और प्रतिक्रियाएँ हुईं। कहा गया कि दलित लेखकों को व्याकरण और वर्तनी सीखनी चाहिए! शुद्ध भाषा में लिखना चाहिए। सरस्वती के दरबार में गन्दगी नहीं फैलानी चाहिए। इसमें इतना आवेश क्यों होता है। लेखक को तटस्थ होना चाहिए। दलित साहित्य को पहले 'साहित्य' होना चाहिए। उसमें साहित्य के मूल्य होने चाहिए। तरह-तरह की बातें होने लगीं। हम इतना समझ गये कि हमारे शब्दों में शक्ति है। हमने शब्दों को हथियार बना दिया। हमने कहा कि दलित साहित्य सामाजिक परिवर्तन का हथियार है। हमारा लेखन सांस्कृतिक संघर्ष का अनिवार्य हिस्सा है। सार्वजनिक ग्रन्थालयों में मैंने कुतूहलवश अपनी पुस्तकें देखीं तो पाठकों ने उन पर टिप्पणियाँ लिखी थीं, "यह पुस्तक गन्दी है। कृपया इसे मत पढ़िए।"

ठकार : **मुझे लगता है, दलित साहित्य की सृजन-प्रक्रिया को जानने में आपके इन अनुभवों और विचारों से सहायता हो सकती है. लेकिन आपकी जिन रचनाओं की चर्चा नहीं हुई या जिनकी उपेक्षा हुई,**

क्या उनमें दलित चेतना का अभाव था? आप क्या सोचते हैं?

लिंबाले : 'उत्पात' के बाद लिखी कविताओं का संकलन 'श्वेत पत्रिका' नाम से 1989 में प्रकाशित हुआ। इसकी खास चर्चा नहीं हुई। शायद उसमें गर्मी कम थी। कुछ अन्य कारण भी हो सकते हैं। 'दंगा और परपुरुष' दो लघु उपन्यासों को एक साथ 1991 में 'भिन्नलिंगी' नाम से प्रकाशित किया। उसको भी प्रायः नजरअन्दाज किया गया। दलित चेतना से बाहर आकर समाचार पत्र में एक कॉलम लिखा था 'हिना के पत्तों पर'। यह रोमानी प्रेम-भाव पर आधारित था जिसे पाठकों ने पसन्द तो किया लेकिन दलित कार्यकर्ताओं को बुरा लगा। उनका सवाल था परिवर्तन के लिए लिखने की जरूरत क्या खत्म हो गयी? दरअसल 'अक्करमाशी' ने मुझे इतनी शोहरत और प्रतिष्ठा दी कि उसके बाद जो भी लिखा उसे उससे कमतर ही माना गया। 'अक्करमाशी' मेरी पहचान बन गयी। बडे वृक्ष के नीचे छोटे पौधों की हैसियत कम होती है शायद!

ठकार : **मराठी दलित आत्मकथाओं का जो सिलसिला दया पवार, लक्ष्मण गायकवाड़ आदि से शुरू हुआ वह अभी तक जारी है। फिर भी 'अक्करमाशी' का अपना स्थान अनन्य है। लोग आपको 'अक्करमाशी' से ही जानेंगे।**

लिंबाले : जी हाँ, आज तीस साल के बाद भी 'अक्करमाशी' की चर्चा हो रही हैं। समीक्षाएँ हो रही हैं। नाटक और चलचित्र की भी सम्भावना है। अब भी पाठकों के पत्र आते हैं। 'अक्करमाशी' ने मेरे अपमानित जीवन को सम्मानित किया। हिन्दी, पंजाबी, तमिल, कन्नड़, अंग्रेजी, मलयालम, गुजराती, आदि भाषाओं में इसके अनुवाद हो चुके हैं। दलित आत्मकथाएँ दलित चेतना का जीवन्त आविष्कार है। उनकी प्रेरणा से अन्य भाषाओं में भी आत्मकथाएँ लिखी जाने लगी हैं। दलित लेखक ही इन्हें लिख सकता है। दलित चेतना दलित जीवन और अनुभव से ही उत्पन्न हो सकती है।

ठकार : **आपने कहा था कि दलित साहित्य दलित बोली में ही लिखा जा सकता है। फिर आपने 'अक्करमाशी' का दूसरा संस्करण या कहिए पुनर्लेखन मानक भाषा में क्यों किया?**

लिंबाले : 'अक्करमाशी' एक उत्खनन है, एक दफनाई गयी जिन्दगी का। हजारों वर्ष गाँव की सीमा के बाहर दफनाए गये दुखों का। ढेर सारी मिट्टी खोदी

गयी। अन्याय और अत्याचार की, दरिद्रता और अवमानना की। यह नहीं करते तो एक प्राचीन सत्य का पता नहीं लगता। यह प्राचीन सत्य मेरी अस्मिता का आंबेडकरी लिपि से उकेरा गया शिलालेख है।

रखैल औरतें कई थीं। उनकी सन्तान भी कम नहीं थी। न रखैलों ने आत्मकथा लिखी न उनकी संतति ने। मैंने आत्मकथा लिखी। तब मैं पच्चीस वर्ष का था। 'अक्करमाशी' विस्फोट की तरह चर्चित हुई। अनुवादों की भी चर्चा रही। जुलाई 1984 में 'अक्करमाशी' प्रकाशित हुई। 1990 में दूसरी बार प्रकाशित करने से पहले मैंने सोचा कि इसे नये सिरे से लिखेंगे। पहली बार बोली भाषा में ही लिखा था। दूसरी बार मानक भाषा में लिखने का प्रयोग किया। बोली भाषा का अनुवाद तो वैसे ही सम्भव नहीं होता। फिर भी अनुवादों की चर्चा हुई तो मैंने देखना चाहा कि अपनी ही मानक भाषा में क्या बाकी रह जाता है? दलित चेतना क्या सिर्फ भाषा तक ही महदूद है?

ठकार : पन्द्रह वर्षों में आपके अनुभव, अध्ययन, मनन, चिन्तन में भी फर्क आया होगा। समझ में भी फर्क आया होगा?

लिंबाले : यह तो होना ही था। जीवन और साहित्य की समझ तब सीमित ही थी। चालीस वर्ष की उम्र में फर्क तो आनेवाला ही था। उसे भी जाँचने का एक अवसर मिल गया।

दूसरी बात, पहले 'अक्करमाशी' में जितना जोश था उतनी ही बेफिक्री भी थी। ठीक तरह से सम्पादित नहीं हुआ था। एक ही नाम के कई पात्र थे। रिश्ते-नातों की उलझन साफ नहीं हो रही थी। जगह-जगह पर जो विचार व्यक्त हुए थे, वे पैबन्द की तरह लग रहे थे। कई पाठकों की बोली भाषा दुरूह होने की शिकायत जायज थी। इन सब बातों के कारण मैंने सोचा कि इन दोषों को दूर हटाने के बदले नये सिरे से ही क्यों न लिखा जाय। और एक बिल्कुल नयी 'अक्करमाशी' तैयार हो गयी। जिसे जो पसन्द आये पढ़े। चाहे तो दोनों की तुलना करे। चालीस की उम्र में लिखी दुबारा तो भी कालखंड वही पच्चीस वर्षों तक का ही रखा है।

ठकार : अब तो पचास के करीब पहुँच रहे हैं आप, आत्मकथा की अगली कड़ी लिखने का समय शायद आ गया है! क्या आपको ऐसा नहीं लगता?

लिंबाले : पच्चीस के बाद की जिन्दगी अभी धुन्द में ही है। उसके लिए शायद फिर

एक बार आत्मकथा लिखने का समय आ गया है। पहली बार प्रकाशित हुई तब दलित समाज नाराज हो गया था। उसे लगा कि मैं समाज की बदनामी कर रहा हूँ। परिवार ने सोचा कि मैं परिवार की बदनामी कर रहा हूँ। मैंने लिखते वक्त सारे सेन्सर्स हटा दिए थे। मुझे किसी की भी बदनामी नहीं करनी थी। मैं तो बदनाम व्यवस्था का चीर-फाड़ कर रहा था। मेरी जिन्दगी मेरे अकेले की नहीं है। ऐसा दुख तो कइयों ने भोगा होगा। मैंने उस दुख को एक निडर आवाज दी।

ठकार : **दलित साहित्य दलित जितना पढ़ते हैं, उससे शायद गैरदलित ही ज्यादा पढ़ते और तड़पते होंगे। शुरू में तो दलित साहित्य सवर्ण समाज को सम्बोधित होकर लिखा जा रहा था। आप क्या सोचते हैं?**

लिंबाले : जैसे-जैसे दलितों में शिक्षा का प्रसार होगा, दलित भी दलित साहित्य पढ़ेंगे। युवा दलितों में आप इसे अनुभव कर सकते हैं। दलित युवा पाठक दलित लेखक बनने का प्रयास करते हैं। लेकिन हाँ, दलित साहित्य का सवर्ण पाठक बड़ी तादाद में मौजूद है। दोनों प्रकार के पाठक दलित साहित्य से भिन्न-भिन्न अपेक्षाएँ रखते हैं। दोनों की रुचियाँ भी भिन्न हैं। दलित लेखक को इन दोनों के संघर्ष से अपना पाठक तैयार करना होगा। प्रतिबद्धता, दलित चेतना और भाषा माध्यम पर अधिकार ही दलित लेखक को मान्यता दे सकता है।

ठकार : **आत्मकथा मराठी दलित साहित्य की सशक्त विधा है। आत्मकथा लेखन का सिलसिला आज तक जारी है और उसमें अब आदिवासी तथा अन्य उपेक्षित दलित लेखक भी सामने आ रहे हैं। आत्मकथाओं का यह सैलाब क्यों आया होगा?**

लिंबाले : आत्मकथा साहित्य की एक सीधी, सरल और आसान विधा है। कोई भी आत्मकथा लिख सकता है। कोई ऐरा-गैरा नत्थू खैरा भी। आत्मकथा के लिए बहुत प्रतिभा की जरूरत नहीं होती। मुझे लगता है कि आत्मकथा का सबसे महत्त्वपूर्ण गुण है ईमानदारी। यथार्थ अनुभव, जीवन का गहरा ज्ञान, जीने में मूल्यभाव और ईमानदारी आत्मकथा की कसौटियाँ हैं। आत्मकथा में काल्पनिक अनुभवों की भरमार हो, रंजन की प्रेरणा हो, दांभिकता-ढोंग हो या फिर जीवन की अधूरी समझ हो तो आत्मकथा झूठी लगती है।

आत्मकथा में प्रतिभा बिल्कुल ही नहीं चाहिए, ऐसा नहीं है। अपने जीवन को याद करना, घटनाओं की संरचना करना, कथन करना, उसमें एक जीवन दृष्टि का होना, अपनी समकालीनता को पकड़ने की क्षमता होना, इन सब प्रक्रियाओं के लिए आत्मकथाकार को कमोबेश साहित्यिक तो होना ही पड़ता है।

ठकार : आपको क्या लगता है, पाठक आत्मकथाएँ क्यों पढ़ते होंगे?

लिंबाले : नयी जिन्दगियों से परिचित होने के लिए। जिज्ञासा और लगाव के कारण। जिन्दगी से, मनुष्य से लगाव। अपने सुख-दुख से तालमेल बिठाने और जीवनार्थ को समझने के लिए।

ठकार : 'आत्मकथा' विधा पर आपने काफी विचार किया है। आदर्श आत्मकथा के क्या प्रमाण होंगे? दलित आत्मकथाओं का मूल्यांकन किस प्रकार होगा?

लिंबाले : आत्मकथा को मैं उस व्यक्ति की जिन्दगी का आईना मानता हूँ। आत्मकथा आईने जैसी साफ होनी चाहिए। लेकिन आदमी है कि कुछ अनुभवों को भूल जाता है, कुछ अनुभवों को टालना चाहता है। सार्वजनिक जीवन में अपनी छवि खराब न हो इसलिए कुछ बातों को नजरअन्दाज कर देता है। समाज और शासन से डरता है। नैतिक मूल्यों के हावी होने से सच्चाई को छिपाने की कोशिश करता है। कुछ घटनाएँ सुनी सुनाई भी होती हैं, कल्पनाप्रसूत भी होती हैं। इन कमजोरियों के बावजूद मुझे लगता है कि लेखक की ईमानदारी पर शक नहीं होना चाहिए। ऐसा जहाँ होता है कारण कुछ भी हो निहित स्वार्थों की सुरक्षा के लिए, सनसनी फैलाने के लिए या किसी को देवता-आदमी बनाने के लिए, तो वह गलत आत्मकथा है। आत्मकथा में प्रयोजन स्पष्ट होना चाहिए।

यों आत्मकथा की कई सीमाएँ हैं। उसमें उपन्यास की तरह आजादी नहीं होती कि चाहे जिसे नायक बना दे, चाहे जिसे खलनायक। आत्मकथा के पात्र जीवित होते हैं। समाज में होते हैं। अतः उनके बारे में लेखक कुछ भी नहीं लिख सकता। समग्र जीवन का विचार ही आत्मकथा के काम का है। वह जितना ब्योरों से भरा और गहरा होगा आत्मकथा उतनी ही आत्मीय होगी।

ठकार : **साहित्य की परिधि पर जो विधाएँ हैं, उनमें आत्मकथा को भी शामिल किया जाता है। यह पूरी तरह से सृजनात्मक विधा नहीं है...**

लिंबाले : इसीलिए, सर, मैंने उसे आसान विधा कहा था। तुलानात्मक रूप से आसान, वरना आत्मकथा लिखने के लिए भी काफी मशक्कत करनी पड़ती है। अनुभवों का चयन, क्रम, विश्लेषण, सार्वजनीकरण, निरपेक्षता, संस्कार, संरचना जैसी प्रक्रियाओं से तो गुजरना ही पड़ेगा। लेकिन महत्त्वपूर्ण बात है यथार्थ से साक्षात्कार और ईमानदारी। पाठक भी शायद आत्मकथा को मात्र साहित्यिक विधा के रूप में नहीं देखता। शायद असाहित्यिक सामाजिक दस्तावेज के रूप में देखता होगा।

ठकार : **दलित आत्मकथाओं ने इस भ्रम को तोड़ दिया कि आत्मकथा उत्तर जीवन में ही, अवतार समाप्ति के कुछ पहले लिखी जाने की चीज है। आत्मकथा कभी भी लिखी जा सकती है। बशर्ते आपके पास अनुभव हों और वह व्यक्त होने के लिए बेताब हों।**

लिंबाले : लेकिन दलित चेतना के बिना लिखी आत्मकथा को मैं दलित आत्मकथा कहने के लिए तैयार नहीं हूँ। आत्मकथा के सन्दर्भ में दलित चेतना प्रेरणा का काम करती है। दलित लेखक का लेखन प्रयोजन स्पष्ट है। वह सहानुभूति नहीं चाहता। उसके अनुभव व्यक्ति के होने के बावजूद प्रातिनिधिक हैं। वह समाज को ही आवाज देता है। समाज की ही आवाज होती है। विषम सामाजिक व्यवस्था और उसके शोषण के तरीकों को बेनकाब कर देता है। इसीलिए मैं इन आत्मकथाओं को 'क्ष' किरण कहता हूँ। इन आत्मकथाओं में शोषण का इतिहास है। शोषण का विरोध है। गुलामों को गुलामी का अहसास कराना इनका उद्देश्य है। वह केवल अनुभवों-यादों की शृंखला नहीं है। दलित चेतना को समझे बिना इन आत्मकथाओं को सही मायने में आप समझ नहीं सकेंगे।

ठकार : **आपके कहने का कहीं यह तात्पर्य तो नहीं है कि दलित साहित्य के पाठक के पास भी दलित चेतना का होना जरूरी है?**

लिंबाले : यदि उसे दलित साहित्य को सही परिप्रेक्ष्य में समझना है तो उसे दलित चेतना की पहचान होनी चाहिए। अन्यथा किसी दलित ने लिखा है, इसलिए भी किसी रचना को उछाला जा सकता है। पाठक की अभिरुचि भिन्न हो, अपेक्षाएँ भिन्न हों तो वह दलित रचना को समझ नहीं सकेगा, न उसके साथ न्याय कर पाएगा। सामाजिक या मानसिक तनाव को लेकर

किसी भी रचना को ठीक से समझा नहीं जा सकता। मैंने इस शर्त को धार्मिक रिवाजों से इस तरह समझाया है कि देखिए, हिन्दुओं के मन्दिरों, सिखों के गुरुद्वारों, मुसलमानों की मस्जिदों, ईसाइयों के गिरिजाघरों या बौद्ध विहारों में प्रवेश करना है तो वहाँ की रूढ़ियों का पालन करना पड़ता है। बाल साहित्य को बाल मानस की समझ से पढ़ना पड़ता है। उसी तरह मेरा कहना है कि दलित साहित्य को भी दलित साहित्य की शर्तों पर पढ़ना चाहिए।

ठकार : और क्या हैं, वे शर्तें?

लिंबाले : और वे शर्तें हैं, दलित चेतना को पहचानना। दलित अस्मिता को कबूल करना, यहाँ की जाति-आधारित सामाजिक व्यवस्था के शोषण के, अन्याय, अत्याचार, अवमानता के तरीकों को, परम्पराओं के इतिहास को जानना। दलित आत्मकथाएँ अन्य आत्मकथाओं से अलग हैं क्योंकि अन्य आत्मकथाओं की तरह वे व्यक्तिनिष्ठ नहीं है। सफल महापुरुषों की यशोगाथा नहीं हैं, नेता-अभिनेता लेखकों के व्यक्तिगत जीवन की क्या बात करूँ? वैसी आत्म विकास की एकान्त कहानी नहीं है। दलित आत्मकथा व्यक्ति की अपेक्षा उस लेखक के समाज की, उस समाज पर होने वाले अन्यायों, अत्याचारों की, शोषित जीवन के प्रातिनिधिक चित्तों की दास्तान है।

सवर्ण पाठक बिना दृष्टि के पढ़ेगा तो कहेगा कि बहुत भोगा है इन्होंने, 'अच्छा है कि हम दलित नहीं हैं', 'हम दलितों पर अन्याय करनेवाले समाज के हिस्से हैं।' 'इस समाज के लिए हमें कुछ करना चाहिए।' 'हम इस तरह की नारकीय जिन्दगी जी ही नहीं सकते।' करुणा, दया, सहानुभूति, तुच्छता, आत्मसंकोच या फिर अपराधबोध। लेकिन दलित पाठक पढ़ेगा तो गुस्सा, आवेग, विद्रोह, संघर्ष के भाव पाएगा। पाठक में दलित चेतना न हो तो वह शर्म भी महसूस कर सकता है।

ठकार : आपको तो इसका ठेठ अनुभव है, शरण कुमार, 'अक्करमाशी' के वक्त...

लिंबाले : हां, सर! 'अक्करमाशी' मैंने लिखी। वह मेरी आत्मकथा होने के बावजूद मेरे सगे-सम्बन्धियों, गाँव, समाज, प्रदेश और देश का वातावरण सबका चित्रण उसमें हुआ। इसीलिए मेरी पत्नी ने कहा, "यह सब क्यों लिखते हो?" मेरी माँ ने कहा, मैंने इसे जन्म दिया और इसने मेरी बदनामी की।'

गाँवावालों ने कहा, 'इसको लिखना था तो सिर्फ अपने बारे में लिखता, गाँव के बारे में लिखने का इसे क्या अधिकार है?' मेरा समाज कहता है, 'लिंबाले ने दलित नारी को पाटील की रखैल दिखाकर दलित समाज की बेइज्जती की है।' दलित आत्मकथा के साथ इतने सारे खतरे होते हैं। तात्पर्य इतना ही है कि दलित आत्मकथा लेखक की जितनी होती है समष्टि की उससे कम नहीं होती।

जिस प्रकार अनपढ़ दलित इन आत्मकथाओं को पसन्द नहीं करते उसी प्रकार नये पढ़े-लिखे दलित भी आनेवाली पीढ़ी को बताना नहीं चाहते कि उनके पूर्वजों ने कैसे कैसे काम किए। मृत जानवरों को माँस खाया, मरे हुए जानवरों को खींचा वगैरह। अपने अछूत होने को वे छिपाना चाहते हैं, बताना नहीं चाहते। पढ़ा-लिखा दलित सवर्णों के साथ व्यवहार करता है। अपने सहकर्मियों से अपनी जाति छिपाना चाहता है। बौद्ध हो जाने पर एक गर्व का भाव भी आया कि अब नयी बातें हों। अवमानता का इजहार न हो। मध्यवर्गीय मानसिकता विद्रोह से पलायन करती है।

ठकार : **'दलित ब्राह्मण' में आपने इस तरह की मानसिकता को चित्रित किया है। आत्मकथा के पाठकों का वर्गीकरण-विश्लेषण तो आपने ठीक किया, लेकिन रचनाकार के सन्दर्भ में एक बात देखी जाती है कि आत्मकथा लिखनेवाले कई लेखक एक ही रचना में चूक जाते हैं। दलित चेतना के बावजूद दलित रचनाकार एक पुस्तक से आगे नहीं बढ़ पाता। उसकी सामग्री आत्मकथा में ही समाप्त हो जाती है।**

लिंबाले : ऐसा कई लेखकों के साथ होता है और सिर्फ दलित लेखकों के साथ ही होता है ऐसा नहीं। एक बात को ध्यान में रखना जरूरी है सर, कि आत्मकथा की तोहमत उठाने वाले सभी लेखक रचनाकार नहीं होते। अतः सभी दलित आत्मकथाकारों से यह उम्मीद रखना कि वे आगे भी साहित्य की रचनाएँ करते रहें, तो मुझे वह ठीक नहीं लगता। जितना उनके पास था उतना उन्होंने दे दिया। चूक गये तो चूक गये।

मेरा अपना अनुभव भिन्न है। मुझे नहीं लगा कि आत्मकथा लिखकर मैं खाली हो गया। जिन्दगी कुएँ जैसी होती है; कितना भी पानी निकालो भीतर से झरने फूटते ही रहते है। जिन्दगी नये-नये अनुभव देती रहती है। मैं काफी होमवर्क भी करता हूँ। लिखता रहता हूँ। लिखने से बाज नहीं

आता। इस का श्रेय भी मैं दलित चेतना को ही देना चाहूँगा। यह चेतना ही मुझसे लिखवाती है।

ठकार : आपने अनेक ग्रन्थों का सम्पादन भी किया है। आप जैसे सृजनशक्तिवाले रचनाकार को सम्पादन में अपनी ऊर्जा खर्च करने की क्या जरूरत थी? माना कि आपके सम्पादन महत्त्वपूर्ण हैं और एक कमी को पूरा भी करते हैं, फिर भी...

लिंबाले : कुछ लिखने के बाद एक तरह का खालीपन कुछ समय के लिए घेर लेता है। गैप पीरिअड होता है। लगता है कि अपने पास कहने के लिए जो कुछ था, वह कहा जा चुका है...फिर कुछ समय पश्चात मन के झरने फूट पड़ते हैं, फिर भीतर खोदना शुरू हो जाता है, लेकिन तब तक के खालीपन को भरने के लिए बौद्धिक काम शुरू रखता हूँ। आप देखिएगा कि मुझे तो सृजनशील रचनाएँ करनी हैं, उनसे सम्बन्धित विषयों पर ही मैंने सम्पादन कार्य किया है।

ठकार : आपके महत्त्वपूर्ण सम्पादन कौन-से हैं? दलित चेतना की अवधारणा स्पष्ट करने में उनसे क्या सहायता मिली?

लिंबाले : शुरू में मैंने 'दलित प्रेम कविता' (1986) का सम्पादन किया। दलित कविता सिर्फ सामाजिक और विद्रोही होती है, इस बिम्ब को तोड़ना जरूरी था। दलित कवि के मन में भी प्रेम की संवेदना होती है, लेकिन मध्यवर्गीय रोमानी प्रेम से वह किस प्रकार भिन्न है उसे रेखांकित करना जरूरी था। दलित चेतना में कोमलता और आन्तरिकता के हिस्से को उजागर करना था। फिर मैंने 'दलित पैंथर' (1989) और 'दलित आन्दोलन' (1991) दो ग्रन्थ सम्पादित किए। साथ ही 'भारतीय रिपब्लिकन पक्ष' (1992) भी सम्पादित किया। इन ग्रन्थों में दलित साहित्य की पृष्ठभूमि में काम करनेवाली सामाजिक, राजनीति, युवा, विद्रोही चेतना के ऐतिहासिक सन्दर्भों का दस्तावेज संकलित हुआ है। विविध पहलू सामने आये हैं। कविता की तरह दलित कथा ने भी अपनी अलग पहचान बनाई थी। मेरे अपने तीन-चार कहानी-संकलन प्रकाशित हुए हैं। मेरी चुनिन्दा कहानियों के दो संकलन 'देवता-आदमी' और 'दलित ब्राह्मण' आप ही ने अनूदित किए हैं। तो दलित कथा का विकासक्रम प्रस्तुत करना जरूरी था। इसलिए मैंने 'गावकुसा बाहेरच्या कथा' (1997) का सम्पादन किया। दलित

चेतना के सामाजिक आयाम का उद्घाटन हुआ।

मराठी साहित्य में साठोत्तर काल में साहित्य की कई नयी धाराएँ विकसित हुईं। दलित साहित्य के साथ-साथ आदिवासी साहित्य, स्त्री साहित्य, देशीवादी, जनवादी आदि इन सबका एक साथ परिदृश्य उपस्थित हो, इसलिए मैंने 'मराठी वाङ्मयातील नवीन प्रवाह' का सम्पादन किया। इससे पूरे साहित्यक परिदृश्य में दलित साहित्य की स्थिति स्पष्ट हो गयी। मध्यवर्गीय मानसिकता को तोड़कर साहित्य अब अधिक यथार्थवादी और सामाजिक तथा बहुजनवादी हो रहा है, इसका संकेत स्पष्ट रूप से मिलने लगा।

बीसवीं सदी में दलित सोच का विकासक्रम प्रस्तुत करने के लिए मैंने 'शतकातील दलित विचार' का सम्पादन किया। इस सम्पादन को भी सन्दर्भग्रन्थ के रूप में स्वीकृति मिली।

दलित साहित्य पर बहस होती रहे, अनुसन्धान करनेवालों को सन्दर्भ सुलभ हों, दलित साहित्य की समृद्धि हो, एक ही विषय की विभिन्न दृष्टियाँ सामने आएँ, यही मेरे सम्पादन कार्य की भूमिका थी।

ठकार : **दलित चेतना के केन्द्र में डॉ. बाबासाहब आंबेडकर जी की विचारधारा है। इसे अनेक चिन्तकों ने समझने-समझाने का प्रयास किया है। आप के द्वारा सम्पादित 'प्रज्ञासूर्य', इस दृष्टि से एक महत्त्वपूर्ण ग्रन्थ है। आपने यह सम्पादन क्यों किया?**

लिंबाले : इसमें कोई सन्देह नहीं कि दलित चेतना और दलित साहित्य के केन्द्र में डॉ. बाबासाहब की विचारधारा है। डॉ. बाबासाहब के महानिर्वाण के बाद दलित समाज में जो उथल-पुथल मची, उसे एक सांस्कृतिक क्रान्ति ही कहा जा सकता है। इस प्रक्रिया में डॉ. बाबासाहब आंबेडकर एक व्यक्ति का नाम नहीं रहा। वह एक विराट विद्रोही सांस्कृतिक आन्दोलन का नाम बन गया है। यह उन्हीं के विचारों का परिणाम है कि कई परिवर्तनवादी आन्दोलन खड़े हो गये। हजारों वर्षों से चुप और बहिष्कृत समाज जाग उठा है। अछूत समाज के डॉ. बाबासाहब का राष्ट्र के संविधान में योगदान एक आश्चर्य की घटना है। डेढ़ सौ वर्ष हम राजनीतिक गुलामी के खिलाफ झगड़ रहे थे लेकिन हजारों वर्षों की विषम जातिव्यवस्था के खिलाफ किसी ने आवाज क्यों नहीं उठाई? डॉ. बाबासाहब की जीवनी लिखना शायद सरल काम है, लेकिन उनके विचारों को और उनसे मिली प्रेरणाओं को

समझना बेहद मुश्किल है।

ठकार : आपने इस ग्रन्थ को बहुत ही सार्थक नाम दिया है, 'प्रज्ञासूर्य'! इस बिम्ब को आप किस तरह से स्पष्ट करेंगे?

लिंबाले : हजारो वर्षों के इतिहास में पहली बार बहिष्कृतों के अँधेरे में 'प्रज्ञासूर्य' का उदय हुआ और उसकी करोड़ों किरणों से वर्णव्यवस्था का विकृत चेहरा दुनिया के सामने आया। बाबासाहब के उद्गारों और वचनों से यहाँ के धर्मग्रन्थ काँपने लगे। शोषितों की आवाज समता, स्वाधीनता और न्याय की पुकार करने लगी। इस युगन्धर ने नया इतिहास रचा। उनकी विचारधारा से चिन्तक, लेखक, नेता प्रभावित हुए। एक विराट मानव समूह में आत्मविश्वास जाग उठा। बाबासाहब आंबेडकर एक विचार का नाम हो गया। सूर्य तो रोज उगता है, डूबता है। लेकिन प्रज्ञासूर्य का उदय डूबने के लिए नहीं होता। उसका प्रकाश दिन ब दिन अनेक सामाजिक स्तरों में फैलता जाता है और अँधेरे को जगमगा जाता है। इसीलिए मैंने उन्हें 'प्रज्ञासूर्य' कहा।

और दूसरी बात है, उनके विचारों में कभी खत्म न होनेवाली ऊर्जा। डॉ. बाबासाहब ने दलितों को उनके हकों-अधिकारों के बारे में ही नहीं समझाया, यह भी बताया कि क्या खाए, क्या पहने। शील का महत्त्व भी समझाया। गुलामों को अस्मिता बताई। दरअसल उनकी सारी लड़ाइयाँ, सत्याग्रह, संघर्ष, सभाएँ, सम्मेलन, परिषद, अस्मिता की लड़ाइयाँ थीं। उनके कार्यों के मूल में सामाजिक समता की भूमिका थी। दलितों को न्याय देने के लिए उन्होंने पानी से लेकर परमेश्वर तक और समाज से लेकर संसद तक आवाज बुलन्द की। छात्रालय और शिक्षा संस्थाएँ शुरू की। ज्ञान के दरवाजे खोल दिए। भारतीय इतिहास में आम आदमी के लिए लड़नेवाले इस महापुरुष के व्यक्तित्व में प्रज्ञा की प्रखरता थी। इस प्रज्ञासूर्य ने दलित साहित्य को प्रेरणा दी, सामाजिक सांस्कृतिक आन्दोलनों को न्याय दिया, दलितों को करुणा दी, अछूतों को ताकत दी, इतिहास को गौरव दिया। कभी खत्म न होने वाली ऊर्जा प्रज्ञासूर्य ही दे सकता है।

ठकार : डॉ. बाबासाहब की विचारधारा में बौद्ध धम्म का भी अनन्य महत्त्व है। दलित चेतना के लिए क्या आप इसे आवश्यक मानता हैं?

लिंबाले : आपके प्रश्न की व्यंजना मैं समझ गया। अभी भी बहुत से दलित हैं

जिनका धर्मांतरण नहीं हुआ है और कई दलित लेखक भी हैं, जिन पर धम्म का कोई संस्कार नहीं है। किन्तु यह देखना चाहिए कि बाबासाहब आंबेडकर जी ने हिन्दू धर्म की जातिव्यवस्था के खिलाफ मरते दम तक संघर्ष किया है। हिन्दू धर्म की अन्धी रूढ़ियों की छीछालेदर की है। अवश्य ही उनकी आरम्भिक दृष्टि हिन्दू धर्म में सुधार लाने की थी। हिन्दुओं में समानता की बात उन्होंने की थी। लेकिन हिन्दू समाज ने उनके कार्य को सहमति नहीं दी। बाबासाहब ने अछूतों को उनकी गुलामी को महसूस करा दिया और विद्रोह जगाया। जिन्दगी भर उनके अधिकारों के लिए लड़ते रहे। लेकिन जब उनकी समझ में आ गया कि हिन्दू समाज सुधारने वाला नहीं है, तब उन्होंने प्रतिज्ञा की कि 'मैंने हिन्दू के रूप में जन्म लिया लेकिन हिन्दू बन कर मरूँगा नहीं।' बौद्ध धम्म के स्वीकार के पीछे यह विचार था।

दलितों के धर्मांतरण के प्रभाव को भी नजरअन्दाज नहीं करना चाहिए। हिन्दू समाज को बड़ी ठेस पहुँची। दलितों ने परम्परागत काम करने से इनकार कर दिया। हिन्दुओं के अहंकार को ठेस पहुँची थी। परिणामस्वरूप दलितों पर अत्याचार बढ़ते गये। खैरलांजी जैसी शर्मनाक घटनाएँ आये दिन होती रहती हैं लेकिन दलित आज निडर भी हो गया है। धर्मांतरण ने यह निडरता का सूत्र दे दिया है।

ठकार : दलित चेतना के निर्माण में डॉ. बाबासाहब आंबेडकर की विचारधारा से मिलनेवाला प्रधानसूत्र आपको कौन सा लगता है?

लिंबाले : विद्रोह! दलित चेतना मूलतः विद्रोह की चेतना है। डॉ. बाबासाहब ने कहा था पढ़ो, संगठित हो जाओ और संघर्ष करो। 'प्रज्ञासूर्य' में संकलित लेखों में विद्रोह के ही रूपों की खोज करने का प्रयास किया गया है।

बाबासाहब के विचारों के प्रचार-प्रसार के साथ-साथ प्रतिरोधी शक्तियाँ भी जोर करने लगी हैं। इसलिए समाज के ढाँचे को बुनियादी रूप से धक्का देना जरूरी हो गया है। सुविधाओं और आरक्षण से काम नहीं चलेगा। प्रबोधन शिक्षा से ही नहीं, कृति से भी होता है। दलित आन्दोलनों में सक्रियता लानी होगी। दलित की आवाज आम आदमी की आवाज है। यह संघर्ष और विद्रोह तब तक ज़रूरी है, जब तक सामाजिक न्याय की स्थापना नहीं होती। आम आदमी अब अस्मिता की, न्याय की, अधिकारों की, समता और स्वतन्त्रता की भाषा बोलेगा। आंबेडकर जी के विचारों ने

संघर्ष की प्रक्रिया शुरू की है। विद्रोह ही मूल सूत्र है। 'प्रज्ञासूर्य' में अन्य रूपों की भी खोज की गयी है।

ठकार : आंबेडकरवाद के समर्थकों में एक तरह की कट्टरता का...व्यक्तिपूजा का भाव दिखाई देता है। उसके बारे में आप क्या सोचते हैं?

लिंबाले : किसी भी विचारधारा के साथ ऐसा होता है। आंबेडकरवाद के बारे में ऐसा होना इसलिए भी स्वाभाविक है कि वह दलितों की अस्मिता से जुड़ा हुआ है। बाबासाहब के विचारों का विश्लेषण-विवेचन-समीक्षा अनेक रूपों में हुई है। अनुसन्धान के भी अनेक विषय हैं। विचारधारा ही नहीं स्वयं बाबासाहब भी अनेक ग्रन्थों के विषय बने हुए हैं। कवि, कथाकार, विद्वान, पत्रकार, कार्यकर्ता आदि कइयों ने उनके विचारों का आधार ग्रहण किया है। किन्तु जब दलित विरोधी सामाजिक-सांस्कृतिक-राजनीतिक स्थितियाँ उत्पन्न होती हैं, मूर्तियों को कलंकित किया जाता है, दलितों का जीना हराम किया जाता है तब दलित युवक बेकाबू हो जाता है। दलितों की आर्थिक समस्याओं को भी सुलझाया नहीं जाता। विपरीत, प्रतिकूल, जटिल स्थितियों का सामना करनेवाले दलित आंबेडकरवाद को यथावत ग्रहण करते हैं। उन्हीं विचारों को पथ-प्रदर्शक मानते हैं तो इसमें आश्चर्य क्यों हो? आत्मरक्षा हेतु आक्रमण, यही सिद्धान्त है। ऐसा सोचनेवाले लोग आंबेडकर जी के विचारों की तुलना अन्य किसी के भी साथ करना पसन्द नहीं करते। बाबासाहब ने मार्क्स का विरोध किया अतः मार्क्स का विरोध किया जाएगा। बाबासाहब ने कांग्रेस को जलता घर कहा, अतः कांग्रेस का विरोध होगा। बाबासाहब ने गाँधी का विरोध किया, अतः गाँधी का विरोध होगा। बौद्ध धम्म का स्वीकार किया अतः सर्वत्र धम्म की परिभाषा का आग्रह होने लगा। इस मानसिकता को समझने की आवश्यकता है। इसका एक सकारात्मक परिणाम भी हुआ कि दलित शक्ति को लोग मानने लगे हैं। आंबेडकरवाद का अध्ययन विश्वविद्यालयों में होने लगा। हिन्दुत्ववादी दल भी आंबेडकरवादियों का समर्थन जुटाने लगे। सभी राजनीतिक दल दलितों से जुड़ने लगे। भारतीय राजनीति में जो बदलाव आया वह आंबेडकरवाद का परिणाम है। सामाजिक न्याय की भूमिका आंबेडकरवादी विचारधारा का दूसरा सूत्र है।

यह विचारधारा दलितों के अतीत, वर्तमान और भविष्य के अपने दायरे में लेती है। वर्तमान और भविष्य में होनेवाले आन्दोलन, इसी से प्रेरणा ग्रहण

करेंगे। दलित साहित्य इस आन्दोलन के साथ रहेगा। दलित चेतना में दलित आन्दोलन की गूँज रहेगी। बुनियाद में रहेगी विचारधारा।

ठकार : इस विचारधारा ने अपनी प्रतीक सृष्टि भी निर्माण की है?

लिंबाले : हाँ! दलितों के घरों में आंबेडकरजी की तस्वीर, गाँव गाँव के चौराहे पर आंबेडकर जी की मूर्तियाँ, नीले झंडे, अशोक चक्र, जय भीम के नारे, 14 अप्रैल, 14 अक्तूबर, 6 दिसंबर के महादिन, बाबासाहब के नाम पर अनेक संस्थाएँ, बौद्धों से प्राप्त नाम और संज्ञाएँ सब मिलकर एक व्यापक संवेदनशील विश्व बन गया है। परिवर्तनवादी, सुधारवादी, समरसतावादी, प्रगतिशील सभी इस विचारधारा का आधार ग्रहण करने लगे हैं। मूलतः यह विचारधारा समाज को बदल डालने की है। इसके स्वीकार से समाजव्यवस्था में बदलाव आएगा। संघर्ष होंगे किन्तु बदलाव की प्रक्रिया अपरिहार्य है। 'प्रज्ञासूर्य' में इस विचारधारा के विविध पहलू प्रकट हुए हैं। दलित चेतना की मेरी पहचान को इस संकलन ने गहरा बना दिया है। प्रतीक सृष्टि को दलित चेतना गहराई से ग्रहण करती है।

ठकार : इधर आपने कविता-कहानी की अपेक्षा उपन्यास की ओर अधिक ध्यान दिया है। कविता-आत्मकथा की अपेक्षा उपन्यास की चुनौतियाँ अलग तरह की होती हैं। दलित चेतना के लिए उपन्यास का माध्यम कुछ अनुकूल प्रतीत नहीं हुआ था। आत्मकथात्मक उपन्यास के बारे में आप क्या सोचते हैं?

लिंबाले : यह सही है कि दलित साहित्य के आरम्भिक उत्थान में कविता और आत्मकथा का जोर था, जो स्वाभाविक ही था। कहानियों की भी एक लम्बी परम्परा थी लेकिन उपन्यास नहीं के बराबर लिखे जाते थे। उपेक्षित प्रदेश था। बार-बार यह सवाल उठाया जाता था कि दलित लेखक उपन्यास क्यों नहीं लिख रहे हैं? दलित नाटक ने भी पहले शुरुआत की, किन्तु उपन्यास की चुनौतियों का स्वीकार नहीं हो रहा था। कुछ उपन्यास प्रकाशित हुए भी थे तो उनकी तरफ ध्यान नहीं जाता था। उनमें उतना दम नहीं था। मैंने जानबूझकर उपन्यास लिखने की ठानी। मैंने दुनिया देखी थी। अनुभवों की कमी नहीं थी। उपन्यास पढ़े थे। समीक्षाएँ पढ़ी थीं। पहला उपन्यास मैंने 'उपल्या' (1988) नाम से लिखा जिसका हिन्दी अनुवाद आपने 'नरवानर' नाम से किया था।

ठकार : हाँ, मुझे याद है, शीर्षक को लेकर हमने काफी चर्चा की थी।

लिंबाले : इस उपन्यास में मुंबई और मन्त्रालय के अनुभवों को मैंने काम में लिया। उपन्यास पर काफी चर्चाएँ हुई। समीक्षाएँ छपीं। राजनीतिक उपन्यास के रूप में इसे सराहा गया। लेकिन इसमें मैंने जो रूपबन्धात्मक प्रयोग किया था उसकी ओर ध्यान नहीं दिया गया। कहानी, आत्मकथा और डायरी के साथ उपन्यास के माध्यम को मैंने संयुक्त किया था। एक अलग ही रसायन बना दिया था। दलित चेतना की अभिव्यक्ति में खतरा यह होता है कि पाठक और समीक्षक प्रायः उसके वस्तुतत्व की ओर ही ध्यान देते हैं और रूपाकार को नजरअन्दाज कर देते हैं। इस उपन्यास के साथ ऐसा ही हुआ। मुझे तो लगता है कि पूरे दलित साहित्य की समीक्षा में यह घपला होता आया है। दलित साहित्य के उग्र, तीव्र, तेज-तर्रार अनुभव ही इतने प्रभावकारी होते हैं कि पाठक-समीक्षक उसी में उलझ जाते हैं। उलझकर रह जाते हैं। दलित साहित्य की साहित्यिक विशेषताओं की ओर उनका ध्यान कम ही जाता है। अनुभव, अनुभूति, कथ्य, वस्तु, आशय की ही चर्चा होती है।

ठकार : उपन्यास श्रृंखला या उपन्यास त्रिवेणी की अवधारणा क्या आपके मन में पहले से ही थी? 'उपल्या' उपन्यास के बाद के दो उपन्यासों को 'हिन्दू' और 'बहुजन' को आपने उसके साथ ही जोड़ दिया है।

लिंबाले : शुरू में स्पष्ट रूप में यह अवधारणा नहीं थी। लेकिन पहले उपन्यास के पात्रों की गतिविधियाँ तो आगे भी चलती रहीं। उन्हीं का तकाजा था। इस उत्तरकथा को मैंने 'हिन्दू' नाम से प्रकाशित किया। 'हिन्दू' का हिन्दी अनुवाद डॉ. सूर्यनारायण रणसुभे ने किया है। इस उपन्यास में मैंने आत्मकथन और उपन्यास के तत्वों को मिलाकर लिखा है। इसे पूरा करने पर भी लगा कि बात अभी पूरी नहीं हुई है। कौन-सी बात है? यहाँ का विषम हिन्दू यथार्थ और उसके विरोध में उठा खड़ा उग्र दलित विद्रोही यथार्थ इन दोनों को बीच जो तनाव है और ताने-बाने हैं उनको अभिव्यक्त होना है। 'हिन्दू' के आगे 'बहुजन' उपन्यास में इसे लिखने का प्रयास मैंने किया है। यह उपन्यास हिन्दी और मराठी में संभवतः एक साथ ही प्रकाशित होगा। एक से दूसरा निकलता गया। त्रिवेणी कहने की अपेक्षा मैं उसे श्रृंखला कहना पसंद करूँगा। श्रृंखला की कड़ियाँ।

ठकार : दलित चेतना की पहचान में साहित्य समीक्षा कहाँ तक काम आ

सकती है?

प्रस्थापित साहित्य समीक्षा के मूल्य और प्रतिमान किसी काम के नहीं हैं। दलित साहित्य अपने स्वतन्त्र सौन्दर्यशास्त्र की माँग करता है। स्त्रीवादी साहित्य के अपने सिद्धान्त है। मार्क्सवादी साहित्य के अपने सिद्धान्त हैं तो फिर दलित साहित्य के क्यों न हों? दलित साहित्य के सभी समीक्षाग्रन्थ मैंने पढ़े। अन्य माध्यमों से भी सिद्धातों के कारण इकट्ठा करता रहा और फिर पीएच. डी. के बहाने दलित सौन्दर्यशास्त्र की स्थापनाएँ प्रस्तुत कीं। दलित चेतना की पहचान दलित सौन्दर्यशास्त्र से ही की जा सकती है और की जानी चाहिए। इतना ही नहीं, गैरदलित साहित्य की समीक्षा भी इन्हीं मूल्यों, प्रतिमानों पर की जानी चाहिए।

ठकार : **दलित साहित्य की समीक्षा करनेवाले समीक्षक का क्या दायित्व है? समीक्षा में भी आपने पहल की है!**

लिंबाले : दलित साहित्य की समीक्षा करना आसान काम नहीं है। अन्य समीक्षकों की अपेक्षा उसे अधिक पढ़ने, जानने, समझने और विश्लेषण करने की आवश्यकता है। समीक्षा की सभी प्रणालियों को तो उसे जानना ही चाहिए, डॉ. बाबासाहब आंबेडकर और महात्मा फुले के विचारों से भी गहरे रूप से अवगत होना चाहिए। इनकी प्रासंगिकता को समझना जरूरी है। मार्क्सवाद निकट है किन्तु भिन्न है। वर्गीय यथार्थ और जातिगत यथार्थ का अन्तर जानना जरूरी है।

मैंने महत्त्वपूर्ण मराठी दलित रचनाओं की समीक्षा की है। इसे वस्तुनिष्ठ समीक्षा कहा जा सकता है। समीक्षा सिद्धान्तों से नहीं विकसित होती। रचनाओं के विश्लेषण विवेचन-मूल्यांकन से भी विकसित होती है। दलित चेतना को समझने में मुझे इन रचनाओं की समीक्षा ने काफी सहायता दी। दलित चेतना का स्वरूप, उसकी भिन्नता, प्रयोजन, विशेषताएँ आदि से मैं नये कोण से परिचित होता गया। इस प्रक्रिया में मैंने अनुभव किया कि दलित साहित्य के मूल्यांकन के लिए भिन्न निकषों की आवश्यकता है। मैंने इस विषय पर एक पुस्तक लिखी है। 'साहित्य के निकषों को बदलना होगा।'

ठकार : **शरणकुमार जी, जन्म से दलित ही दलित साहित्य की रचना कर सकता है। इस विषय पर पर्याप्त बहस हो चुकी है। इस तर्क को**

खींचने पर तो यह भी कहा जा सकता है कि स्त्री को ही स्त्री पर, मुस्लिम को ही मुस्लिम पर, बूढ़ों की बूढ़ों पर, बच्चों को ही बच्चों पर लिखने का अधिकार है। फिर लेखक की संवेदना का विस्तार कैसे होगा?

लिंबाले : किसी भी तर्क को खींचने पर हास्यास्पद स्थिति तक आसानी से पहुँचा जा सकता है। बावजूद सारे तर्क के अनुभूति और अनुभव की ईमानदारी की अपनी एक हैसियत तो है ही। इसके अभाव में नकली लेखन को पहचाना जा सकता है। चतुराई खुल जाती है।

फिर भी मैं यह मानता हूँ कि दलित जीवन के दुख दर्द को, त्रासदी को भोगनेवाला हर कोई व्यक्ति रचनाकार नहीं बन सकता, लेकिन जो बनता है, उसे इससे गुजरने का अनुभव तो होना चाहिए। दलित साहित्य कल्पनाप्रसूत नहीं हो सकता। देश की विषम समाज व्यवस्था से आनेवाले अनुभव, कटुता, पीड़ा, अवमानना इससे यदि मैं गुजरता नहीं तो शायद, शायद ही क्यों, निश्चित ही दलित लेखक नहीं बन सकता था। लेकिन इन अनुभवों को, मन में उठनेवाली अनुभूतियों को मैं उतनी अहमियत नहीं देता जितनी अहमियत मैं अपनी दलित चेतना को देता हूँ।

यह दलित चेतना ही है जिसने मेरे लेखन को अलग चेहरा दे दिया है। वर्तमान व्यवस्था के खिलाफ विद्रोह इस चेतना का स्वभाव है। डॉ. बाबा साहब ने कहा था पढ़ो, संघर्ष करो। पढ़ना अर्थात् ज्ञान इसका आधार है। इसी प्रक्रिया में मेरा लेखकीय व्यक्तित्व बना है। मेरे साहित्य में अनुभव, परिस्थितियाँ, प्रसंग आते हैं जो मुझ पर लादे गये हैं, लेकिन उनके साथ ही मेरे मन में उबलनेवाले विचार, उठनेवाली प्रतिक्रियाएँ, विद्रोह के तेवर भी आते हैं। मात्र अनुभव की भिन्नता या नयापन साहित्य की रचना को महत्त्व नहीं दे सकता। उसमें व्यक्त होनेवाली चेतना अधिक महत्त्वपूर्ण है। इस चेतना को सिद्ध करनेवाली सोच महत्त्व की है।

दलित लेखक के मन की, लेखन की सृजन की प्रक्रिया को जान लेने पर साफ होगा कि दलित चेतना ही वह लक्षण है जो गैर दलित के लेखन से उसे अलग व्यक्तित्व प्रदान करता है।

ठकार : **दलितेतर लेखकों ने दलित जीवन पर, करुणा, दया, सहानुभुति, प्रेम समरसता आदि कई भावों से लिखा है। दलित पात्रों का यथार्थ चित्रण किया है। उपेक्षितों के अन्तरंग को खोला है। शोषितों,**

पीड़ितों, अछूतों को अपना प्रेम दिया है। उन पर होनेवाले अन्याय अत्याचारों के खिलाफ लिखा है। उनका साथ दिया है। ऐसे दलित मित्र लेखकों की रचनाओं में क्या आप दलित चेतना नहीं देखते? कट्टरवादियों को तो जैसे इनके प्रति ज्यादा ही गुस्सा है।

लिंबाले : मुझे दलित मित्र रचनाकारों की नीयत पर शक नहीं है, लेकिन उनकी रचनाओं में मैं दलित चेतना का अनुभव नहीं कर सकता। दलितेतर भुक्तभोगी हो ही नहीं सकता।

कुछ समय पहले मैं एक कार्यक्रम के सिलसिले में दिल्ली गया हुआ था। भारतीय भाषाओं में मेरी रचनाओं के अनुवाद होने के कारण मुझे महाराष्ट्र के बाहर जाने के अवसर मिले, तो दिल्ली में राजेंद्र यादव जी से मिलना हुआ। मैंने उन्हें मेरे आनेवाले उपन्यास 'हिन्दू' की कथा बताई। राजेन्द्र जी ने कहा कि मन्नू ने (मन्नू भंडारी) इस विषय पर 'महाभोज' उपन्यास लिखा है। मैंने 'महाभोज' पढ़ा। मैंने मन्नू भंडारी जी से अलग ही लिखा था। एक जैसी कहानी पर सवर्ण लेखक और दलित लेखक एक जैसा लिख नहीं सकते इसे मैंने शिद्दत से महसूस किया। कई दिनों तक मैं मन ही मन 'हिन्दू' के साथ 'महाभोज' की तुलना करता रहा। यहीं से मेरे मन में आया कि क्यों न दलितेतर अर्थात सवर्ण लेखकों की दलित सम्बन्धित रचनाओं का गहरा विश्लेषण करें और देखें कि कहाँ तक वे वर्णमुक्त हो सके हैं।

ठकार : प्रगतिशील लेखकों के बारे में भी क्या आप ऐसा ही कहेंगे? आधुनिक दलित साहित्य को साठोत्तर लघुपत्रिका आन्दोलन से प्रेरणा मिली थी।

लिंबाले : लघुपत्रिका आन्दोलन साहित्यिक संस्कृति की प्रस्थापित व्यवस्था के विरुद्ध था। उसने जो वातावरण बनाया उसका लाभ दलित साहित्य को अवश्य मिला, लेकिन दलित साहित्य की अपनी ऊर्जा और आवेग इतना जबरदस्त था कि वह विस्फोट होने ही वाला था। जहाँ तक प्रगतिशील लेखकों की बात है, दलित रचनाकारों को आरम्भ में उनका साथ अवश्य मिला। कुछ दलित चिन्तकों ने मार्क्स और डॉ. बाबासाहब आंबेडकर की विचारधारा को जोड़ने की भी कोशिश की, किन्तु वह कोशिश सफल नहीं हो सकी। दरअसल प्रगतिशील लेखकों की अपनी सीमाएँ होती हैं। वर्गवाद को जातिवाद से जोड़ने में कुछ गड़बड़ी हो जाती है।

ठकार : **जब दलित चेतना का नाम नहीं था, तब सवर्णों ने शूद्रों और अछूतों के बारे में सोचना शुरू किया था। नारी सुधारों का आरम्भ भी पुरुषों ने ही किया था। उसी तरह अस्पृश्योद्धार नाम से आन्दोलन न सही लेकिन समाजसुधार का एक कदम सवर्णों ने बढ़ाया था।**

लिंबाले : ऐसा उन्होंने क्यों किया, उसके कारणों में जाने की जरूरत है। उसके लिए भारत के मध्ययुगीन और आधुनिक इतिहास को देखना होगा। भारतीय समाज व्यवस्था पर इस्लाम और इसाई धर्म का अभूतपूर्व आक्रमण हुआ। दोनों विजेताओं के धर्म थे। इसलिए धर्म प्रचार में राजकीय समर्थन था। हिन्दू धर्म की विषमता, अमानुष रूढ़ियाँ और अन्याय अत्याचार से तंग आ चुके कई दलितों ने इन धर्मों को अंगीकार किया और इज्जत पाई। कुछ सवर्णों ने भी अन्याय कारणों से धर्मांतरण किया। जबदरदस्ती भी कम नहीं हुई। इन धर्मांतरों से हिन्दू धर्म के पुरोधा जैसे नींद से जाग पड़े।

ठकार : **मध्ययुग से सन्तों ने हिन्दू मुसलमानों के बीच का रास्ता खोज लिया था। सच्चे धर्म की पहचान की थी।**

लिंबाले : मध्ययुग की भक्ति की क्रान्ति भक्ति-क्षेत्र तक ही सीमित थी। उनके कार्य को ब्रिटिश राज मे समाज सुधारकों ने अन्जाम दिया। हिन्दू समाज में उदारवाद की शुरुआत हुई। इसी काल में महात्मा फुले, राजर्षि शाहू और डॉ. बाबासाहब आंबेडकर का कार्य भी शुरू हुआ। दलित जागृत होने लगे। सवर्णों में भी ब्राह्मणेत्तरों के आन्दोलन शुरू हो गये। जस्टिस पार्टी, रामस्वामी नायकर का आन्दोलन, सत्य शोधक समाज, आर्यसमाज आदि के साथ प्रार्थना समाज, रामकृष्ण मिशन आदि के कार्य भी शुरू हुए। केन्द्र में समाज सुधार, धर्मसुधार की बात थी।

दरअसल दलित चेतना की शुरुआत यहीं से होती है। हिन्दू समाज की न टूटनेवाली जाति व्यवस्था और मानवता के लिए बाधक बनी अस्पृश्यता के खिलाफ, शूद्रों ने हिन्दू धर्म के विरुद्ध विद्रोह किया, जो दिनों-दिन उग्र और व्यापक होता गया।

दूसरे धर्मों की चुनौतियाँ और दलित जागृति के कारण, हिन्दू धर्म में दो प्रकार की प्रवृत्तिया सामने आयीं। एक पुनरुज्जीवनवादी और दूसरी उदारवादी। एक उग्र तो दूसरी नरम। दोनों के चेहरे और आवाज अलग, लेकिन लक्ष्य एक ही था हिन्दू धर्म की रक्षा।

ठकार : **फिर भी क्या आपको ऐसा नहीं लगता कि हिन्दू समाज परिवर्तन की प्रक्रिया से गुजर रहा था?**

लिंबाले : इसके लिए स्वतन्त्रता आन्दोलन और समाज सुधार-आन्दोलन दोनों कारक थे। स्वाधीनता के बाद सत्ता कहीं ब्राह्मणों के हाथ में तो नहीं जायेगी, इस आशंका से ब्राह्मणेतर आन्दोलन खड़ा हुआ था। लेकिन महात्मा गाँधी के नेतृत्व में आम आदमी स्वाधीनता की लड़ाई में शामिल हो गया था। देश में राष्ट्रभावना जाग उठी थी। सामाजिक, राजनीतिक उथल-पुथल में हिन्दू समाज का पुराना चेहरा भी बदल रहा था।

ठकार : **गाँधी जी ने अछूतों को 'हरिजन' का सम्मान दिया था...**

लिंबाले : 'हरिजन' सिर्फ 'अछूत' शब्द का विकल्प बनकर रह गया। फिर भी गाँधी जी की अछूतोद्धार की नीति कृतिशील थी। उसका परिणाम अवश्य हुआ। किसान-मजदूर शोषितों का पक्ष लेनेवाले साम्यवाद का भी कुछ असर था। दलितों के अपने संगठन भी उभरने लगे थे। साहित्य पर इसका प्रभाव पड़ा।

ठकार : **जैसे?**

लिंबाले : राष्ट्रीय कविता की धारा के साथ-साथ विधवाओं व मजदूरों की तरह ही निरीह अछूतों पर भी कविताएँ लिखी जाने लगीं। मुझे रवीन्द्रनाथ टैगोर की पंक्तियाँ याद आती हैं। गीतांजलि के एक पद में उन्होंने कहा है

हे मेरे अधम देश
आज तक तूने जिनको निचोड़ा
और रोंद डाला
अधिकारों से वंचित रखा
कभी गले नहीं लगाया
उनकी अवमानना तुझे महसूस होनी चाहिए
क्या तुझे दरवाजे में खड़ा मृत्युदंड दिखाई दे रहा है?
अपने अहंकारी वर्चस्व को अभिशाप देते हुए
तूने अब भी उन्हें दूर रखा है
अपने अहंकार में डूब गये हो
तो फिर तेरा विनाश अटल है!

मैं इसे प्रतिनिधी भावना मानता हूँ। सभी भारतीय भाषाओं में शूद्रों अतिशूद्रों

का पक्ष लेनेवाली रचनाएँ लिखी गयीं। इस दलितेतर चेतना पर प्रधान रूप से गाँधीवाद अर्थात मानवतावाद तथा साम्यवाद का प्रभाव है।

ठकार : **ऐसा नहीं लगता कि दलित साहित्य ने सन्त साहित्य की ओर प्रायः उपेक्षाभाव से देखा है? सन्त साहित्य की अपनी युग मर्यादाओं को ध्यान में रखते हुए सन्त साहित्य ने जन सामान्य का उद्‌बोधन किया। जातिधर्म भेद नहीं माना। इसे एक तरह से प्रगतिशील आन्दोलन भी कहा जा सकता है। इतनी सकारात्मक बातें होते हुए भी उससे मुँह क्यों मोड़ा जाता है? सन्त परम्परा के साथ सर्जनशील सम्बन्ध स्थापित करने में क्या आपत्ति है?**

लिंबाले : सन्तों के प्रति पूरा आदरभाव रखते हुए भी यह कहना पड़ेगा कि उनकी जागृति मुस्लिम आक्रमण की प्रतिक्रिया थी। उनकी सीमाएँ बताने में हमें संकोच नहीं करना चाहिए। मानव की समानता की बात करते हुए भी प्रत्यक्ष जीवन में विषमता थी। मन्दिरों में ही दलितों को प्रवेश नहीं था। ईश्वर के दरबार में विषम व्यवहार था। महार सन्त चोखोबा को मन्दिर में प्रवेश नहीं था। वर्णव्यवस्था को सन्तों ने कभी नकारा नहीं। बल्कि उसे मजबूत ही किया। सन्त इहवादी नहीं थे। सन्त कई जाति के थे। सबने जातियों में ऊँच-नीच माना था।

सन्त साहित्य अपने समय से सीमित था। उसमें दलित साहित्य की चेतना नहीं थीं। प्रजातन्त्र और मानवाधिकार की बात नहीं थी। सन्त सामंती व्यवस्था के पोषक थे। आधुनिक काल के लिए यह भूमिका उपयुक्त नहीं है, अतः दलित चेतना उनसे प्रेरणा नहीं ले सकती। कबीर कुछ हद तक हमारे पास आ सकते हैं।

ठकार : **दलित चेतना का धर्मांतरण से क्या सम्बन्ध होगा? क्या धर्म और उसके संगठन तथा विधि विधानों से दलित संघर्ष का जोर कम नहीं पड़ जाएगा? पूजापाठ ओर कर्मकांड तो नये धर्म में भी होंगे। पुरोहित भी होंगे। फिर प्रगतिशीलता का क्या होगा? दलित साहित्य के स्वरूप पर इसका क्या असर होगा?**

लिंबाले : दलितों के धर्मांतरण और सवर्णों के धर्मांतरण में अन्तर करना होगा। दलित का धर्मांतरण हिन्दू धर्म के अन्याय और विषमता का परिणाम है। धर्मांतरण से सम्बन्धित धर्म की व्यवस्था का स्वीकार अपरिहार्य है, लेकिन

दलितों में ऐसा नहीं होता। महाराष्ट्र में दलितों ने बौद्ध धर्म का स्वीकार किया। बुद्ध जो क्षत्रिय था । बुद्ध को तो हिन्दुओं ने अवतार या देवता बना दिया। बौद्ध नवबौद्ध बन गये। सवर्ण ईसाई और दलित ईसाई में आज भी विषमता का भाव मौजूद है। इस्लाम में भी जातिभेद है। सिक्खों में भी दलितों के गुरुद्वारे अलग हैं। सभी धर्मों में विषमता है इसके मूल में हिन्दू मानसिकता है।

दलितों के धर्मांतरण से मानवाधिकार की समानता की भावना जाग उठी। वह कर्मकांड में उतना नहीं उलझेगा। मनुष्य को अध्यात्म की जरूरत होती है। अब जरूरत के अनुसार ही धर्म होगा। दलितों के एकीकरण की प्रक्रिया धर्मांतरण से शुरू हो चुकी है। प्रगतिशील बौद्ध धर्म दर्शन का प्रभाव आँकने के लिए अभी हमें प्रतीक्षा करनी पड़ेगी।

धर्मांतरण से दलितों के नाम बदल गये। व्यवहार बदल गये। धर्मव्यवस्था में उन्हें एक स्थान मिल गया। वे धर्मगुरु बन गये। ऐसा पहले नहीं हुआ था। भारत बहुधर्मी देश है। सब एक दूसरे को संस्कारित करेंगे। धर्मांतरण एक नया आदमी बनाएगा।

ठकार : क्या आप दलित चेतना को दलित सौन्दर्यशास्त्र की बुनियाद मानते हैं? दलित सौन्दर्यशास्त्र प्रस्थापित सौन्दर्यशास्त्र को कहाँ तक प्रभावित कर सकेगा? दलित चेतना को यदि आप दलितों तक ही सीमित रखेंगे तो उसका व्यापक विस्तार और विकास कैसे सम्भव होगा? एक सौन्दर्य दृष्टिकोण दूसरे को पूरी तरह से कभी भी परास्त नहीं कर सकता। दूसरे सौन्दर्यशास्त्र से दलित साहित्य कब तक अछूता रह सकता है?

लिंबाले : दलित रचनाकार का जन्म से दलित होना ही पर्याप्त नहीं है। जाति व्यवस्था के विरोध में दलित साहित्य का जन्म हुआ है। उसे साहित्य के रूप में देखा जाता है, लेकिन उसे कला के ही रूप में देखना पर्याप्त नहीं। सौन्दर्यशास्त्र जीवन की समीक्षा या परीक्षा के लिए पर्याप्त नहीं है। दलित और प्रस्थापित कला की भाषा या सौन्दर्यशास्त्र मूलतः भिन्न है। आनन्दवादी, कलावादी, रूपवादी अन्ततः कलावादी ही हैं। प्रजातन्त्र के कारण आज सभी प्रकार के लोग लिखने लगे हैं। दलित साहित्य का विद्रोह, वेदना, विरोध, प्रस्थापित सौन्दर्यशास्त्र से समझा नहीं जा सकता। स्वतन्त्रता के लिए ही संघर्ष होता है, लड़ाइयाँ होती है, बलिदान होता है। स्वतन्त्रता का

मूल्य सर्वश्रेष्ठ है। जो आनन्दवादी हैं, वे इसलिए कि वे स्वतन्त्र हैं। लेकिन जो गुलाम हैं, परतन्त्र हैं, दलित हैं, उन्हें स्वतन्त्रता चाहिए। अतः दलित सौन्दर्यशास्त्र स्वतंत्रता के मूल्य को मानता है। इसके लिए प्रेरित करनेवाली रचना सुन्दर है। जो रचना गुलाम को गुलामी के प्रति, चेतती है, वहीं सुन्दर है। भविष्य में कलावाद, जीवनवाद का भी हो सकेगा। दलित साहित्य में कलामूल्य होते हैं। इसीलिए उसे समझा पढ़ा जाता है। दलित सौन्दर्यशास्त्र तटस्थ नहीं रहना चाहता। समीक्षा आप चाहे जिस दृष्टि से कर सकते हैं। दलित रचना की समीक्षा सौन्दर्यवादी कलावादी दृष्टि से भी की जा सकती है, उसी प्रकार प्रस्थापित साहित्य को भी कई दृष्टियों से समझा जा सकता है। वादों का वितंडा खड़ा किया जा सकता है। दलित साहित्य सभी प्रकार की समीक्षा के लिए प्रस्तुत है।

ठकार : **शरणकुमारजी, इसी से मिलता-जुलता एक सवाल है। गैर दलित रचनाकारों ने यदि दलित जीवन पर, डॉ. बाबासाहब या महात्मा फुले पर कुछ नहीं लिखा तो उन पर दलितों की उपेक्षा का आरोप लगाया जाता है। उन्हें निन्दा के अर्थ में मध्यवर्गीय, बुर्जुवा, सवर्ण, साम्प्रदायिक, सनातनी दकियानूसी आदि कहा जाता है। यदि वे दलित अनुभव पर लिखते हैं तो उसे अनाधिकार चेष्टा माना जाता है। जिन्होंने लिखा और ईमानदारी से लिखा, अच्छी रचनाएँ लिखी उन्हें भी भला-बुरा कहा जाता है। समय-सन्दर्भ से तोड़कर उन्हें लताड़ा भी जाता है। आप क्या ऐसा ही सोचते हैं?**

लिंबाले : मैं ऐसा नहीं सोचता। लेकिन यह जरूर कहूँगा कि दलितेतर लेखकों की प्रेरणा दया, सहानुभूति, करुणा और मानवतावाद की प्रेरणा है। उनमें अपराधबोध भी दिखाई देता है। उनकी ईमानदारी पर सन्देह नहीं है। दलितों को मानवतावाद नहीं, मानव अधिकार चाहिए। यह सही है कि दलितेतर लेखकों पर उनके अपने समय के दबाव थे, इसके बावजूद उन्होंने दलितों का पक्ष रखा, उन पर होने वाले अन्याय का पर्दाफाश किया, लेकिन फिर भी उनमें विद्रोह का भाव नहीं था। संघर्ष की तीव्रता नहीं थी। सब्र से काम लेने की बात थी। दलितेतर लेखक अपने भीतर छिपे ब्राह्मण्य से पूरी तरह मुक्त नहीं हो पाए हैं। प्रगतिशील भी इसके अपवाद नहीं हैं।

ठकार : प्रेमचन्द जी के विख्यात उपन्यास 'रंगभूमि' को लेकर कुछ दिन पहले बवाल उठ खड़ा हुआ था। उसके बारे में आपकी क्या प्रतिक्रिया है? प्रेमचंद तो प्रगतिशील थे। ब्राह्मण विरोधी थे।

लिंबाले : पुस्तक को जलाना प्रतीकात्मक होता है। पुस्तक का प्रतिवाद ही होना चाहिए। 'रंगभूमि' दलित चेतना का उपन्यास नहीं है। प्रेमचंद महान लेखक हैं। राष्ट्रवादी, प्रगतिशील लेखक हैं। जातिप्रथा के विरोधक हैं। 'हंस' पत्रिका के मुखपृष्ठ पर पर उन्होंने डॉ. बाबासाहब आंबेडकर की तस्वीर छापी थी। गाँधीवाद से भी प्रभावित थे। 'रंगभूमि' के नायक सूरदास में गाँधी जी को देखा जा सकता है। ब्राह्मणवाद के भी वे विरोधक थे। ऐसे प्रगतिशील लेखक के विरोध में दलितों को शिकायत क्यों होती है? इसे समझना जरूरी है। कभी-कभी उनके लेखन में पारम्पारिक हिन्दू मानसिकता व्यक्त होती हुई दिखाई देती है।

'रंगभूमि' विशाल उपन्यास है। अनेक पात्र प्रसंगों से भरपूर हैं। स्वातन्त्रतापूर्व जन आन्दोलन का चित्रण इसमें हुआ है। दरअसल 'रंभभूमि' प्रेमचंद जी का स्वप्न है। वाराणसी के परिवेश में प्रेमचन्द जी ने एक भिखारी, चमार को उपन्यास का नायक बना दिया, यह प्रेमचन्द जी का बड़प्पन है, किन्तु यह सूरदास चमारों की बस्ती में नहीं रहता। कथावस्तु के विकास के लिए प्रेमचन्द जी ने उसे मिश्र बस्ती में बसाया है, फिर वह साधारण दलित नहीं है। वह अस्पृश्यों का प्रतिनिधि प्रतीत नहीं होता। इतना ही नहीं वह आम आदमी का भी प्रतिनिधि पात्र नहीं लगता। वह दुनिया से निराला है। लाखों में एक है। इसलिए चमार होकर भी चमार नहीं लगता, फिर दलित चेतना आएगी कहाँ से?

ठकार : सूरदास का व्यक्तित्व बनाने में, शायद मोहनदास गाँधी जी का मोह प्रेमचंद जी संवरण नहीं कर पाए होंगे?

लिंबाले : बिल्कुल! सूरदास पर कितने भी अन्याय-अत्याचार हों, वह गुस्सा नहीं करता। वह गाँधी जी की नहीं तो गाँधीवाद की प्रतिकृति है। विचारों में महान होने पर भी वह गाँधी जी की तरह हिन्दूधर्म के विचारों-विश्वासों के चक्र में उलझा हुआ है। दुःख भोग को वह पूर्वजन्म का पाप मानता है। ऐसा सूरदास दलित साहित्य का नायक कैसे हो सकता है? वास्तव में 'रंगभूमि' में दलित समस्या केन्द्र में नहीं है। सत्य-असत्य, धर्म-अधर्म, न्याय-अन्याय के लिए संघर्ष चल रहा है। लेकिन सूरदास की

लड़ाई अपनी जमीन और झोपड़ी के लिए ही चल रही है। उसे कितना भी प्रतीकात्मक मानने पर भी इस लड़ाई को आजादी का आन्दोलन नहीं माना जा सकता।

ठकार : सूरदास की झोपड़ी को प्रेमचंद जी ने 'जातीय मन्दिर' अर्थात राष्ट्र का मन्दिर कहा है।

लिंबाले : सच है कि झोपड़ी लोगों के संघर्ष का प्रतीक बन जाती है। उपन्यास का दूसरा नायक विनय कहता है, "तुम्हारी झोपड़ी नहीं, हमारा जातीय मन्दिर है। हम इस पर फावड़े चलते देखकर शान्त नहीं बैठ सकते, देश में दलितों की झोपड़ियाँ जलाने का इतिहास पुराना नहीं है।" इस सन्दर्भ में चमार की झोपड़ी को हमारा मन्दिर कहना गौरव की बात है। वह प्रेमचन्द जी की सामाजिक प्रतिबद्धता की निशानी है। फिर भी ब्राह्मण को 'गरीब पंडित जी' कहना और अछूत को 'सूरदास चमार' कहना अब खटकता है। सूरदास की लड़ाई गाँधी की तरह आत्मबल की लड़ाई है। लोगों को दुत्कारने पर भी लोग इस अछूत का अनुनय करते हैं, यह प्रेमचंद जी की कल्पना का प्रभाव है। सूरदास समाज व्यवस्था के विरोध में नहीं लड़ता। उसे जाति का अवमानना का अनुभव नहीं होता। सहभोजन तो प्रेमचंद जी का ही सपना लगता है। सूरदास की मूर्ति महेंद्र कुमार तोड़ता है और उसी के नीचे मर जाता है। उपन्यास में अहिंसा का प्रचार है, लेकिन अहिंसा के पुजारी की मूर्ति ही हिंसा करती है। कई लोग पहले भी मारे गये हैं।

ठकार : शरणकुमार जी, आपने मराठी के श्रेष्ठ नाटककार श्रीपाद कृष्ण कोल्हटकर के 'श्यामसुन्दर' उपन्यास को 'रंगभूमि'से श्रेष्ठ माना है। इसका क्या कारण है? मराठी उपन्यास समीक्षा में 'श्यामसुन्दर' का नाम शायद ही लिया गया है।

लिंबाले : 'श्यामसुन्दर' भी दलितों की तरह उपेक्षित रहा। लेकिन जब मुझे पता चला कि उसमें दलित समस्या को उठाया गया है तो मैंने उसे खोज लिया और मैं चकित रह गया। 'श्याम सुन्दर' मराठी की एक महान उपन्यास कृति है। उसका पुनर्मूल्यांकन होना चाहिए।

'रंगभूमि' के साथ उसकी तुलना बखूबी की जा सकती है। तुलनात्मक साहित्य अध्ययन के लिए यह एक बहुत उपयुक्त विषय है। प्रेमचन्द का 'रंगभूमि' (1925) उपन्यास और श्रीपाद कृष्ण कोल्हटकर का 'श्यामसुन्दर'

(1925) उपन्यास एक ही समय में प्रकाशित हुए हैं। दोनों में आश्चर्यजनक समानता है। स्वतन्त्रता पूर्व काल में लिखे इन दोनों उपन्यासों की पृष्ठभूमि स्वराज्य के आन्दोलन की है। दोनों पर गाँधी जी के व्याकरण और विचारों का प्रभाव है। दोनों में जाति व्यवस्था पर निर्मम प्रहार किए गये हैं। 'श्यामसुन्दर' में मराठी समाज है तो 'रंगभूमि' में हिन्दी समाज। 'रंगभूमि' एक बृहद उपन्यास है। 'श्यामसुन्दर' से काफी बड़ा है। लेकिन शायद इसीलिए घटनाबहुल है और वह ढीला-ढाला भी है। तुलना में 'श्यामसुन्दर' का शिल्प अधिक सुगठित है। 'रंगभूमि' में सामाजिक की अपेक्षा राजनीतिक बातों को तरजीह दी गयी है तो 'श्यामसुन्दर' में सामाजिक स्वतन्त्रता को महत्त्व प्राप्त हुआ है। राजनीति से वह भी मुक्त नहीं है।

ठकार : दोनों उपन्यासों में और भी कुछ समानताएँ हैं?

लिंबाले : हाँ, 'श्यामसुन्दर' का श्याम और 'रंगभूमि' का सूरदास दोनों गाँधी के विचारों से प्रेरित हैं। दोनों साधु पुरुष हैं। दोनों को महात्मा बनाया गया है। साधारण मनुष्य से उनकी सोच अलग है। उनका आचरण असाधारण है। दोनों पर अध्यात्म का बेहद प्रभाव है। श्याम विद्रूप है, तो सूरदास अन्धा। सूरदास चमार है तो श्याम ब्राह्मण होकर भी ब्राह्मण नहीं है। घटनाक्रम में भी कुछ समानताएँ हैं। दोनों उपन्यासों में दलितों के ईसाई धर्मान्तरण के बारे में बहसें होती है। दोनों में आत्महत्याएँ, हत्याएँ, मृत्यु, सहभोजन, मूर्ति स्थापना जैसी बातें हैं। इन समानताओं का एक ही तात्पर्य है कि स्वतन्त्रतापूर्ण काल में भारतीय लेखक स्वराज्य और समाजसुधार के बारे में एक जैसी बातें सोचते थे।

ठकार : 'श्यामसुन्दर' की भी कुछ सीमाएँ होंगी?

लिंबाले : श्याम का बार-बार स्थलांतर और वेषान्तर की घटनाएँ उसके व्यक्तित्व में चमत्कार लाती हैं। पाठक पर प्रभाव विचारों का नहीं, व्यक्तित्व का पड़ता है। उपन्यास के अन्त में तो श्याम को देवतास्वरूप बना दिया गया है। अति-शूद्रों में सामाजिक सुधार उसके चमत्कारों से होते हैं। दलितों के अधिकार की बात नहीं आती। सहभोजन तक ही यह उपन्यास आगे जाता है। शूद्रों अतिशूद्रों पर अन्याय करने से अन्ततः हिन्दुओं की और हिन्दुस्तान की हानि होगी इस बात को स्पष्ट शब्दों में बताने वाला यह मराठी का पहला उपन्यास है। अंग्रेजों से हिन्दुस्तान को मुक्त करना है, तो हिन्दुओं को चाहिए कि वे अतिशूद्रों के साथ समानता का व्यवहार करें।

देश से अधिक जाति को महत्त्व दिया तो अतिशूद्र ईसाई बन जाएँगे और अंग्रेजी सत्ता दृढ़ हो जाएगी। हिन्दूधर्म या कहिए ब्राह्मण धर्म को बचाने का यह साहित्यिक प्रयास है। नायक अपना ब्राह्मणत्व अन्त में प्रकट करता है। इसके बावजूद मुझे यह उपन्यास क्रान्तिकारी लगता है क्योंकि मृत्यु से पहले श्याम कहता है "मेरी लाश को चार भिन्न जाति के लोग उठाएँ जिससे मेरी आत्मा ऊपर से देखेगी कि चातुर्वर्ण्य की लाश जा रही है।"

ठकार : **दलितेतर मराठी उपन्यासकारों में दलित अनुभव और संवेदना का चित्रण करने वाले र. वा. दिघे जी के 'कार्तिकी' नाम के उपन्यास को आपने ऊँचा स्थान दिया है। इस उपन्यास को भी मराठी उपन्यास समीक्षकों ने उपेक्षित रखा है। आपने इसमें ऐसा क्या देखा कि यह दलितेतर दलित लेखन में महत्त्वपूर्ण हो गया?**

लिंबाले : 'कार्तिकी' उपन्यास 1966 का है। इसमें र. वा दिघे जी ने अपनी स्वाभाविक प्रकृति का अनुसरण करते हुए दलित चेतनना के निकट पहुँचने की बहुत ईमानदार कोशिश की है। उपन्यास के प्रकाशन से दस वर्ष पहले डॉ. बाबासाहब का महापरिनिर्वाण हुआ। बाबासाहब आंबेडकर के विचारों और कार्यों का दलित समाज पर जो प्रभाव हुआ उसका यथार्थ चित्रण दिघे जी ने किया है। दिघे जी बाबासाहब के विचारों से अभिभूत हैं। उनका स्पष्ट मत है कि सात करोड़ देश बान्धवों को अछूत बना देना ही देश के पतन का कारण है। हिन्दू धर्म को अगर नष्ट नहीं होना है तो अस्पृश्यता को नष्ट होना चाहिए। वे अस्पृश्यता पर प्रहार करते हैं, साथ-साथ धर्मान्तरित हिन्दुओं का पक्ष भी समझते हैं। कहते हैं कि मूर्ख हिन्दुओं ने विदेशियों से भी बढ़कर अपने सुन्दर और उदात्त धर्म को बरबाद किया है। उन्होंने हिन्दुओं को इशारा किया है कि एक दिन शूद्र जब एकजूट जो जाएँगे तब आपको उनके चरणों पर सिर रखकर उनकी शरण जाना पड़ेगा।

पूर्वार्ध में उपन्यास स्वच्छन्दतावाद से प्रभावित है, लेकिन उत्तरार्ध में यथार्थ और गम्भीर। 'कार्तिकी' सामाजिक समस्या प्रधान उपन्यास है। वह कभी मेलोड्रामा भी बन जाता है। मुस्लिम पात्रों का चरित्र-चित्रण भी अच्छा बन पड़ा है। ब्राह्मणों की इज्जत बचाने के लिए सब चिन्तित रहते हैं। अन्ततः बौद्ध धर्म की दीक्षा पर उपन्यास समाप्त होता है।

ठकार : **'चक्रव्यूह' उपन्यास के लेखक मधुमंगेश कर्णिक ने दलित जीवन पर 'भाकरी आणि फूल' (रोटी और फूल) उपन्यास लिखा है 1982 में। इसकी भूमिका में उन्होंने दावा किया है "साहित्य जैसी कला में कलाकार की जात नहीं पूछनी चाहिए। उसकी कृति की परख होनी चाहिए। दलितेतर सफेदपोश लेखक दलितों के बारे में लिखता है तो उसे काल्पनिक ही क्यों कहा जाता है? यथार्थ अनुभव को ग्रहण कर बेहतर कृति लिखनेवाले भी कम नहीं हैं। अतः दलित न होने को मैं अपनी कमजोरी नहीं मानता।"**

लिंबाले : कर्णिक जी का मत बिल्कुल ठीक है। ऐसा कोई कानून नहीं है कि दलितों के बारे में दलित लेखक ही लिखे। भारतीय संविधान में ऐसा आरक्षण नहीं है। दलितेतर दलितों के बारे में साधिकार लिख सकते हैं। फिर भी बात को ठीक परिप्रेक्ष्य में समझना जरूरी है। मैं ऐसा नहीं मानता कि दलितेतर लेखक सिर्फ कल्पना से ही लिखता है। यह भी ठीक है कि सिर्फ अनुभव से कोई लेखक नहीं बन सकता है। यथार्थ चित्रण करने के लिए भी प्रतिभा की आवश्यकता होती है। साहित्यकृति का प्रभाव देखा जाता है। हमारी आपत्ति दलितों के बारे में कल्पना के नाम पर जो झूठ, विकृत, अयथार्थ, नकली लेखन किया जाता है, के बारे में है। हम कला के विरोधी नहीं हैं, किन्तु 'जाति न पूछो कलाकार की' को हम मंजूर नहीं करते। समाज में हर जगह, हर काम में व्यक्ति की जाति पूछी जाती है और आप कहेंगे कि कला के क्षेत्र में इसे नजरअन्दाज कर दीजिए तो यह ठीक नहीं लगता। कला को हम समाज से स्वतन्त्र स्वायत्त क्षेत्र नहीं मानते। अपौरुषेय वेदों से लेकर आज तक लिखे जाने वाले साहित्य में जातियों के भेद की अनुगूँज है। लिखनेवाले ने हमेशा अपनी जाति के पक्ष में लिखा है। अपनी जाति के हित सबन्धों का खाल किया है। रामायण में शम्बूक वध, महाभारत में एकलव्य प्रसंग ऐसे कितने ही उदाहरण हैं। हम उनकी आलोचना करेंगे। दलित सौन्दर्यशास्त्र साहित्य कृति में कथित कलात्मकता की अपेक्षा दलित चेतना को प्रधानता देता है। वहाँ साहित्यकार की जीवनदृष्टि का महत्त्व है।

ठकार : **तो आप मधुमंगेश कर्णिक के उपन्यासों में भी ब्राह्मणत्व देखता है? स्वतन्त्रता प्राप्ति के पश्चात पच्चीस वर्षों के दलित जीवन को इसमें अंकित किया गया है और यथार्थ दृष्टि से चित्रण किया गया है।**

लिंबाले : कर्णिक जी ने बहुत दुनिया देखी है, लोग देखे हैं, कोंकण के भूमिपुत्र हैं वे। उन्होंने दलित स्त्री की प्रसूति ब्राह्मण दाई को करती हुई दिखाया है। दलित छात्र की मित्रता दलित से नहीं, ब्राह्मण छात्र से होती है। मन्दिर प्रवेश, संघ की आलोचना जैसे प्रसंगों को टाल दिया है। एक दलित अधिकारी दूसरे दलितों से अच्छा व्यवहार नहीं करता जबकि सवर्ण करता है। दलित पात्रों को विवेकहीन, नासमझदार बनाया है। दलित विरोधी संवेदना दलित पात्रों से व्यक्त होती है। इसका गहराई से विश्लेषण करने पर यही लगता है कि लेखक ही इनके मुँह से बोल रहा है। लेखक शायद बुद्ध नहीं, युद्ध चाहता है। धर्मांतरण का विरोध प्रायः सभी दलितेतरों ने किया है। कर्णिक जी को लगता है पच्चीस वर्षों में दलितों में कोई बदलाव नहीं आया! यह जरूर है कि उन्होंने अनपढ़ दलित की गतिहीनता और पढ़े- लिखे दलित की विद्रोह भावना को सही पहचाना है। दलितेतर होने के बावजूद उन्होंने दलितों के बारे में बहुत भीतर से लिखा है, लेकिन जिन प्रसंगों को दलित लेखक विस्तार से लिखता, उन प्रसंगों को उन्होंने संक्षेप में लिखा है या टाल दिया है।

ठकार : **दो मराठी नाटकों के बारे में आपकी प्रतिक्रिया जानना चाहता हूँ। एक है, विजय तेंदुलकर का 'कन्यादान' और दूसरा है जयवंत दलवी का 'पुरुष'। दोनों नाटकों में दलित समस्या का चित्रण हुआ है। दोनों नाटक रंगमंच पर बहुत सफल रहे हैं और शायद हिन्दी तथा अन्य भाषाओं में अनूदित भी हुए हैं। दोनों नाटकों को लेकर दलित कार्यकर्ताओं ने निषेध प्रकट किया है। दलितेतर लेखकों की दलित चेतना की पहचान करने के लिए ये दो नाटक उपयुक्त होंगे।**

लिंबाले : विजय तेंदुलकर मराठी के विख्यात लेखक हैं। बड़े नाटककार हैं। 'कन्यादान' नाटक को सरस्वती सम्मान भी प्राप्त हुआ है। तेंदुलकर जी के नाटकों ने हमेशा कुछ न कुछ खलबली मचाई है। भारतीय नाटककारों में उनका स्थान ऊँचा है। 'कन्यादान' भी बहस का विषय बना। नामदेव ढसाल के पहले कविता संकलन 'गोलपीठा' की भूमिका तेंदुलकर जी ने लिखी थी। मुझे लगता है कि उसी का विकास 'कन्यादान' नाटक में हुआ है। नाटक के नायक की भाषा पर ढसाल का प्रभाव है। पात्रों के नाम प्रतीकात्मक है। सवर्ण कन्या ने दलित कवि को अपना पति चुन लिया है। अतः 'कन्यादान'

की कोई समस्या ही नहीं है। दलित असंस्कृत और ब्राह्मण सुसंस्कृत मानकर ही इस नाटक को लिखा गया है। इसलिए दलित चरित्र शराबी, असभ्य दिखाया गया है। तेंदुलकर जी ने गलत दलित पात्र का चयन कर सम्पूर्ण दलित जाति को नीच ठहराया है। अन्तरजातीय विवाह के दुष्परिणाम दिखाना ही जैसे इसका उद्देश्य है। ब्राह्मण कन्याओं को इशारा तो नहीं दे रहे हैं कि देखो, दलित से विवाह करने का क्या परिणाम होता है। कोई मध्यवर्गीय दलित इस नाटक के नायक जैसी बात नहीं करेगा। इस नाटक से मध्यवर्गीय दर्शकों के जातीय अहं का तुष्टीकरण जरूर हो जाता है। तेदुलकर जी ने 'कन्यादान' जब लिखा तब दलित साहित्य और आन्दोलन जोर पर था। प्रतिक्रियाएँ उठ रही थीं। दलित के मन की प्रतिक्रिया है। यह नायक दलितों का प्रतिनिधि नहीं है। फिर भी जब वे कहते हैं कि यह इस समाज का प्रातिनिधिक चित्र है, तब बेहद गुस्सा आ जाता है। आपको याद है, नागपुर के एक कार्यक्रम में एक दलित कार्यकर्ता ने तेंदुलकर जी की दिशा में जूता दे मारा था।

ठकार : लेकिन क्या यह ठीक है?

लिंबाले : नहीं, बिल्कुल नहीं। दिमाग फिर जाने पर ही लोग ऐसी हरकत करते हैं। मैं ऐसे निन्दास्पद काम का कभी समर्थन नहीं करूँगा। जूता और सरस्वती सम्मान दोनों को तेंदुलकर जी ने अपने नाटक की एक-सी नियति कहा था लेकिन यह नियति नहीं यथार्थ स्थिति हैं। दलितेतर दलितों का चित्रण कभी दयाभाव से, तो कभी सुधारवाद से करते हैं तो कभी विकृत और विपरीत ढंग से भी करते हैं, जैसा कि 'कन्यादान' में हुआ है।

ठकार : लेकिन ब्राह्मणों का भी पर्दाफाश उन्होंने किया है।

लिंबाले : सही है, किया है। धूर्त ब्राह्मण और मुँहफट दलित को एक-दूसरे से टकराकर तेंदुलकर जी मजा देख रहे हैं। वे शायद बताना चाहते हैं कि दोनों मे प्रेम संभव नहीं, दुश्मनी ही हो सकती है। ब्राह्मण पिता को हारा हुआ प्रगतिशील दिखाया गया है। कन्या अवश्य पति का पक्ष लेती है लेकिन उसका अपने आप को 'महारिन' कहना भी नाटकीय लगता है। वह अस्पृश्यता को बरकरार रखती है! तेंदुलकर जी के संवाद भी फिल्मी बन गये हैं।

ठकार : **'पुरुष' नाटक नाना पाटेकर के कारण दर्शकों को आकर्षित करने में सफल हुआ।**

लिंबाले : होगा, लेकिन समकालीन घटनाओं का उसमें बहुत खूबी से उपयोग किया गया है। सनसनीखेज घटनाएँ हैं। दलित स्त्री और ब्राह्मण स्त्री दोनों पर बलात्कार होता है। दोनों के परिणाम भिन्न होते हैं। ब्राह्मण कन्या दलित कार्यकर्ता की प्रेमिका है। दलवी ने भी तेंदुलकर की तरह दलितों को भ्रष्ट, विकृत रूप में चित्रित किया है। अम्बिका सिद्धार्थ पर आरोप करती है कि तुम लोग भी जातिवादी हो और सिद्धार्थ भी कहता है तुम्हारे लिए आन्दोलन का उपयोग करूँगा तो हमारे लोग मुझे फेक देंगे। मुझे यह सब विकृत लगता है। दलित आन्दोलन को बदनाम किया जा रहा है। सिद्धार्थ को नपुंसक दिखाया गया है। 'पुरुष' नाटक भी यही सन्देश देता है कि दलित और ब्राह्मणों में दुश्मनी ही हो सकती है। दलवी जातिव्यवस्था को ही मजबूत कर रहे हैं।

ठकार : **'पुरुष' नाटक की लोकप्रियता का क्या कारण होगा नाना पाटेकर के अलावा?**

लिंबाले : मराठी नाटकों के दर्शक प्रायः मध्यवर्गीय होते हैं। उनकी तुष्टि करनेवाले और डायलॉगबाजी के नाटक लोकप्रिय होते हैं। मुझे तो लगता है कि दलवी नाटक के अन्त में भरत वाक्य के रूप में यही सन्देश देना चाहते हैं कि 'ब्राह्मणों!, अब दलितों की तरह तुम्हें भी आक्रमक होना चाहिए। तभी भविष्य में बचोगे.' 'बंडा' पात्र का यही संकेत प्रतीत होता है। इससे विद्रोही स्त्री का चरित्र कमजोर पड़ जाता है।

ठकार : **दो विख्यात कन्नड़ उपन्यासों के बारे में आपने अपनी प्रतिक्रियाएँ व्यक्त की हैं। शिवराम कारंथ का 'चोमन दुडी' और यू. आर. अनन्तमूर्ती का 'संस्कार'। दोनों उपन्यासों के अनेक भाषाओं में अनुवाद हुए हैं और दोनों पर चलचित्र भी बने हैं।**

लिंबाले : आपको पता है, महारों में भी उपजातियाँ होती हैं। चोमन 'मारी' नाम की सबसे हीन मानी जाने वाली उपजाति का है। महाराष्ट्र के महारों ने बौद्ध धर्म का स्वीकार किया अतः उनमें अब उपजातियाँ नहीं रहीं। चोमा उपन्यास का नायक है। उसे कारंथ जी ने बेवकूफ, शराबी और पागल सा दिखाया है। उसे दुबला दिखाना उसपर अन्याय करना है। बंधुआ मजदूरों

के शोषण का चित्र अवश्य ही प्रभावपूर्ण है। फिर सामन्ती व्यवस्था। चोमा इन दो पाटों के बीच में पिस जाता है। उसके बेटों की भी यही नियति है। अछूत मजदूर के जीवन की त्रासदी को उजागर किया है। चोमा को खेत में मजदूरी भी नहीं मिलती और उसका सपना है किसान बनने का। किसी दलित व्यक्ति को गाली दी जाती है तब उसे नहीं, उसकी पूरी जाति को गाली दी जाती है। प्रस्थापित व्यवस्था दलितों को स्वाधीन और आत्मनिर्भर जिन्दगी जीने नहीं देती। इस उपन्यास में विद्रोह की, विरोध की आवाज नहीं है। दलित चेतना सामाजिक विषमता और विकृतियों के विरोध में आवाज उठाने में है। चोमा धर्मान्तर भी नहीं करना चाहता। अपना सारा दुख ढोल पीटकर उसकी आवाज में डुबो देता है। नाटकीय घटनाओं के कारण उपन्यास दलित समस्या को गम्भीरता से छू नहीं पाता।

ठकार : और संस्कार? 'संस्कार' को ज्ञानपीठ पुरस्कार भी मिला था।

लिंबाले : 'संस्कार' में ब्राह्मण धर्म की पोल खोल दी गयी है। लेकिन आरम्भ में ही नारणप्पा को मारकर ब्राह्मण धर्म की दांभिकता को प्रकट करने का अवसर नष्ट कर दिया है। नाराणप्पा जीवित होता तो ब्राह्मणों की खैर नहीं थी। नारणप्पा की लाश को सड़ी गली व्यवस्था का प्रतीक माना जा सकता है। इस उपन्यास के प्रमुख ब्राह्मण पात्र ब्राह्मण धर्म का पालन नहीं करते, लेकिन मैं उनको विद्रोही नहीं कह सकता। वे व्यभिचारी हैं।

ठकार : और शूद्रों के साथ उनके सम्बन्धों के बारे में क्या कहेंगे? इस उपन्यास में भी एक 'अक्करमाशी' पात्र है उसकी तुलना आप अपनी आत्मकथा से कैसे करेंगे?

लिंबाले : कठोरधर्म बन्धनों को गतिशील परिवर्तनशील समय में तोड़ना पड़ता है। नारणप्पा पंचमों को मन्दिर प्रवेश देना चाहता है। ब्राह्मण-मुसलमान एक साथ शराब पीते हैं। शूद्र स्त्रियाँ ब्राह्मणों की वासना का शिकार बन जाती हैं। नारणप्पा की रखैल शूद्र ही क्यों? ब्राह्मण क्यों नहीं? ब्राह्मण पुरुष शूद्र स्त्रियों के बारे में कामुक विचार ही करते हैं। इस उपन्यास की दलित स्त्रियाँ भी ब्राह्मण पुरुष के साथ संग करने को उत्सुक दिखाई हैं। सेक्स का विवरण इस उपन्यास की एक विशषता है। 'संस्कार' में पुट्टा नाम का एक पात्र है। पिता ब्राह्मण और माँ माली की संकर सन्तान। उसकी तुलना मेरी आत्मकथा से बिल्कुल ही नहीं की जा सकती। मेरी आत्मकथा में दलित स्त्री के

शोषण के विरोध में विद्रोह है। यहाँ दलित चेतना क्रियाशील है लेकिन 'संस्कार' में दलित स्त्रियों को भोग दासी बनाने वाली चेतना काम करती है।

ठकार : **दलितों के धर्मान्तरण को लेकर दलितेतर लेखक विशेष चिन्तित दिखाई देते हैं। क्या आपको ऐसा नहीं लगता कि दलितों के बौद्ध धर्म के स्वीकार से पहले धर्मान्तरण की समस्या कुछ भिन्न थी?**

लिंबाले : धर्मान्तरण में अवश्य अन्तर है। हमने पहले देखा है कि भारतीय समाज व्यवस्था पर इस्लाम और ईसाई धर्मों के बहुत बड़े आक्रमण हुए। दोनों धर्म विजेताओं के धर्म थे। उनके धर्म प्रचार और प्रसार को राज्यकर्ताओं का समर्थन था। लेकिन यह भी सच है कि हिन्दू धर्म के अन्याय, अत्याचार और यातनाओं से मुक्ति पाने के लिए भी कई दलितों ने इन धर्मों को स्वीकार किया और इज्जत पाई। दलितों के इस धर्मान्तर के कारण हिन्दू समाज के नेता जाग उठे। मुस्लिम शासन में सन्तों ने जो काम किया वही अंग्रेजी शासन में सुधारवादियों ने किया।

जाति व्यवस्था को ईश्वर ने बनाया है। पूर्वजन्म के पाप से इस जन्म में दुर्गति होती है। इस अन्धविश्वास को लेकर दलितों की कई पीढ़ियाँ चुपचाप अन्याय सहती रहीं। साहित्य में परम्पराशरण दलितों का चित्रण हुआ है। दलितों में गुलामी की मानसिकता थी। दुख और शोषण के खिलाफ वे विद्रोह नहीं करते थे। दलितेतर लेखकों ने प्रायः ऐसे ही दीन दलित, दुखी सर्वहारा चरित्रों का ही चित्रण किया है।

ठकार : **लेकिन क्या धर्मान्तरित दलितों को वाकई इज्जत मिली?**

लिंबाले : हिन्दुओं के अन्याय से छुटकारा तो मिला। पर, हाँ यह भी सच है कि उन धर्मों में भी उनका स्थान नीचा ही रहा। अपनी जातिव्यवस्था को उन धर्मों में भी उन्होंने बरकरार रखा। उन धर्मों के ऊँचे लोगों ने उन्हें अपनी बराबरी का नहीं माना। उनके साथ रोटी-बेटी व्यवहार शायद ही किया। इसीलिए ईसाई महार, मुस्लिम महार जैसी जातियाँ बनीं। मस्जिद, गिरिजाघरों में अवश्य समानता थी। और है।

सहभोजन, मन्दिर प्रवेश आदि घटनाओं का चित्रण भी सवर्ण लेखकों ने सहानुभूति से किया किन्तु समता, स्वतन्त्रता और न्याय की माँग शायद ही की। दलितों के अधिकारों की अपेक्षा मानवता की दुहाई दी। डॉ. बाबा साहब ने जब उद्घोष किया कि यद्यपि मैं हिन्दू जन्मा हूँ, मैं हिन्दू के रूप

में नहीं मरूँगा। उनके धर्मान्तरण की घोषणा ने हिन्दू समाज की नींद उड़ा दी। इस धर्मान्तर का विरोध करने के लिए हिन्दू समाज के पास कोई तर्क नहीं था।

ठकार : **हिन्दुओं ने धर्मान्तरण को देशान्तर भी कहा था।**

उन्हे डर.था कि धर्मान्तरण से हिन्दुओं की तादाद कम हो जाएगी। मुसलमानों और ईसाइयों की बढ़ेगी। आम चुनाव और दंगों में लोगों की संख्या बहुत बड़ी शक्ति बन जाती है। हिन्दुओं को शायद यह डर भी था कि धर्मान्तरित ईसाई और मुस्लिम उनका बदला लेंगे। हिन्दुओं के सुधारवादी आन्दोलन दरअसल दलितों के हित के लिए नहीं, हिन्दुओं के हित के लिए थे। शरदचन्द्र चट्टोपाध्याय के उपन्यासों में भी दलितों के धर्मान्तरण को सहानुभूति से नहीं देखा गया है। दलितों के धर्मान्तरण का खौफ खाकर ही देशान्तर का हौआ खड़ा किया गया था। आज भी हिन्दू समाज 'धर्मान्तरण विरोधी विधेयक' पारित करना चाहता है, क्योंकि वह डरा हुआ है।

ठकार : **क्या आपको दलितेतर लेखकों के दलित जीवन चित्रण में अपराधबोध प्रतीत नहीं होता?**

लिंबाले : संवेदनशील लेखकों में जरूर अपराधबोध दिखाई देता है। स्वतन्त्रता के बाद एक नया भारतीय समाज निर्माण हो रहा है। जाति-पाँति की दीवारें टूट रहीं हैं। अन्तरजातीय विवाह हो रहे हैं। इनका चित्रण कई दलितेतर लेखकों ने किया है। कुछ लेखक अवश्य दलितों के साथ सही बर्ताव करने की बात करते हैं। उनमें सच्चाई है। सामाजिक परिवर्तन को लोग समझने लगे हैं। फर्क यह है कि दलित चेतना में कोई अपराध बोध नहीं होगा। बल्कि अधिकार बोध होगा। आदिवासी, विमुक्त जातियों तथा अन्य पिछड़े समाज भी अब जाग उठे हैं और अपने अधिकारों की माँग करने लगे हैं। जनगणना की मात्रा में अधिकार आरक्षण की माँग करने लगे हैं। दलितेतर लेखकों ने इसे चित्रित किया है। जातियों के समीकरण बदल रहे हैं। इसलिए सोच समझकर दलितेतर लेखक अब प्रगतिशील दृष्टि अपनाने लगे हैं। मुझे यह अच्छा लगता है, बल्कि मेरा तो यह भी कहना है कि सामाजिक परिवर्तन की प्रक्रिया में दलितेतरों के इस साहित्य का महत्त्व अनन्य है। विशेषतः मराठी के ब्राह्मण लेखकों ने समाज सुधार का जोरदार समर्थन किया है। इससे बाकी लोगों को सीखना चाहिए। इस लेखन में सवर्ण समाज को अन्तर्मुख बना दिया है। समाज में सौहार्द पैदा होने लगा

है। इस साहित्य ने ही व्रिदोही दलित साहित्य के प्रवेश के लिए दरवाजे खोल दिए हैं।

ठकार : **आपकी इस भूमिका का स्वागत होना चाहिए। बात अपराधबोध की चल रही थी...**

लिंबाले : उसी के बारे में कह रहा हूँ। मुझे यह अपराधबोध प्रामाणिक लगता है। दलितेतर लेखकों का अपराधबोध उन्हें आत्मालोचन की ओर ले जाता है। अपने-अपने इतिहास की अपनी परम्पराओं की आलोचना करने से सवर्ण समाज की सनातन मानसिकता में जरूर बदलाव आएगा। सामाजिक समता की लड़ाई में उनका योगदान महत्त्वपूर्ण है।

ठकार : **फिर भी आप दलित चेतना और दलितेतर चेतना में फर्क तो करेंगे ही।**

लिंबाले : फर्क है। दलित चेतना जन्मसिद्ध है। दलितेतर चेतना संवेदना और कल्पना पर आधारित है। दोनों में मूल्यभाव है। दलित लेखक के अपने यथार्थ अनुभव हैं। वेदना है। दलितेतर दलित चेतना में सामाजिक प्रतिबद्धता और प्रगतिशीलता है। दोनों मिलकर एक नये प्रगतिशील समाज की रचना करेंगे। अपने संकीर्ण जातिगत दायरे से बाहर आने की जरूरत है। समूचे भारतीय समाज का विचार करना चाहिए। एक व्यापक, धर्म निरपेक्ष जातिमुक्त, न्याय प्रतिष्ठित समाज का निर्माण करना है, इस दृष्टिकोण को लेकर लिखने वाले दलितेतर लेखकों की रचनाएँ मेरी नजर में बहुत महत्त्वपूर्ण हैं। चेतना लेखन से पूर्व काम करती है। वह लेखन को प्रभावित और संस्कारित करती है। अतः उसका विश्लेषण तो होना ही चाहिए। उसके बाद ही आप चाहें तो उसकी कला-सौन्दर्य की बातें देख सकते हैं।

ठकार : **पता है, शमशेर बहादुर सिंह ने कहा है 'बात बोलेगी!' आपकी बात बोलनेवाली थी। दलित चेतना की अवधारणा काफी हद तक साफ हो गयी। अच्छा लगा कि आप खिड़कियों और दरवाजों को बंद करने के पक्ष में नहीं हैं सिद्धान्ती है, तो बहस भी होती रहेगी । फिर कभी...**

□□

मेरे शब्द मेरे हथियार हैं

शरणकुमार लिंबाले से गिरीश काशिद की बातचीत

महाराष्ट्र में 'दलित साहित्य' का उद्भव और विकास भारतीय सामाजिक और साहित्यिक परिदृश्य में एक महत्त्वपूर्ण घटना है। महात्मा फुले, शिंदे, डॉ. बाबासाहब आंबेडकर, राजर्षि शाहू नरेश का कार्य यहाँ विषम सामाजिक व्यवस्था बदलने में महत्त्वपूर्ण रहा है। इनसे प्रेरणा लेकर ही यहाँ दलित आन्दोलन और दलित साहित्य का निर्माण हुआ। इससे प्रेरित दलित युवा पीढ़ी ने एक लम्बी लड़ाई लड़ी है। और यह लड़ाई, यह आन्दोलन साहित्य से जुड़ा हुआ है। या कहें कि साहित्य के माध्यम से आन्दोलन खड़ा हुआ है। और दलित साहित्य ने परम्परागत-मान्यताओं को ध्वस्त कर साहित्य को नया चेहरा दिया है। साहित्य का नया सौन्दर्यशास्त्र स्थापित किया है। दया पवार, बाबुराव बागुल, नारायण सुर्वे, नामदेव ढसाल आदि ने दलित साहित्य की नींव डाली है। इस कड़ी में डॉ. शरणकुमार लिंबाले एक महत्त्वपूर्ण नाम जुड़ा है। जिन्होंने दलित साहित्य को समृद्ध ही नहीं तो व्यापक बनाया है। डॉ. लिंबाले अपनी 'अक्करमाशी' आत्मकथा से भारतीय ही नहीं तो वैश्विक स्तर पर पहुँचे हैं। 'अक्करमाशी' आत्मकथा में तथा अन्य दलित आत्मकथाओं में भी अन्तर है। उन्हें दलित होने की पीड़ा के साथ दूसरी पीड़ा भी सहनी पड़ी। एक तरफ दलित होने से शोषण तो दूसरी तरफ जन्म से मिला अभिशाप। इन दो पाटों के बीच यह व्यक्ति पीसा जाता है और अपनी कलम को हथियार बनाकर विषम व्यवस्था का पंचनामा प्रस्तुत करता है। उनकी कलम में सामर्थ्य है और धार है। इसी कारण उनकी हर रचना साहित्य विश्व में एक धमाका उत्पन्न करती है। सभी शोषित जातियों को 'दलित' के अन्तर्गत समाहित करने में वे आग्रही हैं। उनकी रचनाएँ भारतीय तथा विदेशी भाषाओं में पहुँची हैं। वे केवल 'ग्लोबल लेखक' नहीं बने अपितु ग्लोबल बनकर चर्चित हुए हैं। ऐसे लेखक की रचना-प्रक्रिया, विचार को गहराई से समझना आवश्यक ही नहीं तो समय की माँग है।

डॉ. शरणकुमार लिंबाले का साक्षात्कार लेना यह मेरे लिए एक सुनहरा मौका था

और एक चुनौती भी थी। चूँकि योजना के तहत केवल साहित्य पर केन्द्रित या परंपरागत साक्षात्कार नहीं लेना था। उनकी पुस्तकें मैंने पहले ही पढ़ी थीं । इस कारण साक्षात्कार लेने में वैसे कोई कठिनाई नहीं थी। लेकिन यहाँ लेखन, दलित साहित्य और अन्य सन्दर्भों की भी पड़ताल करनी थी। शरणकुमार लिंबाले को केवल साहित्यिक चौखट में बाँधना उन पर अन्याय करना होता। क्योंकि उनका कृतित्व बहुमुखी रहा है। उम्र की बाईस-पच्चीस साल की अवस्था में उन्होंने कलम उठाई वह कलम न थमी है, न थकी है। अपनी आत्मकथा के सिवा कथा, उपन्यास, समीक्षा, सम्पादन आदि लगभग पच्चीस पुस्तकें उनके नाम पर दर्ज हैं। इनकी आत्मकथा की गूँज दूर तक पहुँची है। इसी कारण मैंने इस साक्षात्कार के लिए अलग तैयारी की। साक्षात्कार हेतु डॉ. शरणकुमार जी से फोन किया तो उन्होंने कहा कि मैं स्वयं बार्शी (मेरा गाँव) आऊँगा और आपको पाँच-सात घंटे समय दूँगा। यह मेरे लिए खुशी की बात थी। चूँकि आज साक्षात्कार भी किस तरह का व्यवहार हो चुका है यह हम सभी जानते हैं। और यहाँ तो जिस लेखक का मुश्किल से समय मिलता है वह मुझे पाँच-सात घंटों का समय खुशी से दे रहा था। 19 जून, 2010 को दोपहर दो बजे से शाम आठ बजे तक अविराम यह साक्षात्कार सम्पन्न हुआ है। मैं प्रश्न पर प्रश्न करता गया और वे बिना रुके बिना थके खुलकर प्रश्नों के उत्तर देते रहे ।

मुझे लगता है कि यह साक्षात्कार केवल शरणकुमार लिंबाले को समझने के लिए ही नहीं, महाराष्ट्र और महाराष्ट्र के दलित साहित्य को समझने के लिए ही नहीं अपितु भारतीय साहित्य को समझने के लिए महत्त्वपूर्ण होगा। इसमें भारतीय जीवन और साहित्य का हर रंग मिलेगा। चाहे वह समाज हो, जाति हो, भाषा हो, शिक्षा हो, राजनीति हो, भूमंडलीकरण हो, अर्थ व्यवस्था हो या संस्कृति हो। यहाँ हर सन्दर्भ पर डॉ. लिंबाले प्रजातांत्रिक व्यवस्था के जरिए उत्तर लेकर उपस्थित हैं । उनके साहित्य में वेदना भी है, आक्रोश भी है, विचार भी हैं, संवेदना भी है और व्यापकता भी है। इन पहलुओं की छानबीन करने की कोशिश यहाँ रही है। उनके लेखन में प्रतिबद्धता है। इसी कारण एक समय वे अपनी नौकरी से छुट्टी लेकर समाजकल्याण मन्त्री के सचिव बन जाते हैं। रिपब्लिकन पार्टी को गहराई से समझते हैं और तदुपरान्त उस पर लिखते हैं। लेखन के प्रति इतनी ईमानदारी और निष्ठा अभाव से ही मिलती है। मैं नम्रता से कहूँगा कि आनेवाली पीढ़ी को भारतीय दलित साहित्य समझने के लिए यह साक्षात्कार 'मील का पत्थर' साबित होगा। मैंने ईमानदारी से इसका प्रस्तुतिकरण किया है। मूल से कोई छेड़छाड़ नहीं की है । उसे यथावत रखने की कोशिश की है। मैंने न कुछ छोड़ा है न अपनी ओर से कुछ जोड़ा है। मुझे उम्मीद है कि इस राह पर चलनेवाले लेखक, चिन्तक आदि को यह साक्षात्कार पाथेय बनेगा।

डॉ. सूर्यनारायण रणसुभे जी का कृतज्ञ हूँ । डॉ. संजय नवले से साक्षात्कार से पहले और बाद में हुई चर्चाएँ इसे आकार देने में महत्त्वपूर्ण रहीं। मेरे मित्र प्रो. वैभव वाघमारे, प्रो. संजय मुजमुले, सुरेश दराडे और सन्तोष भांडवलकर ने तकनीकी सहयोग दिया और पूरे साक्षात्कार के श्रोता बने। इन सभी के प्रति आभार।

- **नमस्कार सर ।**

➥ नमस्कार ।

- **सर, आपका जन्म पिछड़े देहाती क्षेत्र में हुआ है। तत्कालीन सामाजिक परिवेश कैसा था?**

➥ मेरा जन्म सन 1956 में महाराष्ट्र के सोलापुर जिले के एक देहात में हुआ। उसी साल डॉ. बाबासाहब आंबेडकर का देहान्त हुआ है। तब भारत ने आजादी के एक दशक की यात्रा पूरी की थी। मुझे लगता है कि उस समय हमारी पहली पीढ़ी थी जो शिक्षा क्षेत्र में प्रवेश कर चुकी थी। उस वक्त के सामाजिक परिवेश को सोचते हुए मुझे अपना बचपन याद आता है। बहुत डरावना, सामंती, घिनौना, अन्धकारमय परिवेश था। आज की तुलना में मैं मेरे इतिहास की ओर, अतीत की ओर, बचपन की ओर देखता हूँ तो मुझे ऐसा महसूस होता है कि मैं किसी गुलाम व्यवस्था में बढ़ रहा था, खौफनाक सामाजिक परिवेश में जी रहा था। उन दिनों लोग इतने सुसंस्कृत नहीं थे। आज के इतनी लिबरल मानसिकता नहीं थी। हर बात में जाति दिखाई देती थी। और जाति हर इन्सान के जीने की एक पहचान थी। मेरी माता, नानी के नाम से मुझे पहचाना जाता कि, ये महार का लड़का है। पहले जाति का नाम फिर माता का नाम। मतलब आपकी पहचान आपको जाति से ही होती थी। आज बच्चे को नाम से पहचाना जाता है। उस समय पहले जाति, फिर उस जाति का पुरुष, फिर उसका लड़का इस रूप में पहचान होती थी। आज जाति बिखर गयी है।

- **गाँव में भी इसमें अन्तर आ गया है?**

➥ हाँ। गाँव में भी अन्तर आ गया है। उस समय बाबासाहब आंबेडकर कहते थे कि 'हमें देहात छोड़कर शहरों की ओर जाना चाहिए' और महात्मा गाँधी कहते थे कि 'शहर छोड़कर देहात की ओर निकलो।' बाबासाहब का यह मानना था कि 'देहातों में जाति व्यवस्था का घिनौना अन्धकार है। और दलितों को देहात छोड़कर शहरों में जाना चाहिए क्योंकि शहरों में शिक्षा है, शहरों में फ्री

सोसायटी है। वहाँ इतने अत्याचार नहीं होंगे। देहातों में वे रौंदे जाएँगे, पीसे जाएँगे।' इसलिए देहात छोड़कर शहरों में जाना चाहिए यह बाबासाहब की सोच थी। 'देहात छोड़ो' इस वाक्य से ही उस काल का सामाजिक परिवेश प्रगट होता है। बाबासाहब ने कहा, 'यह देश मेरी मातृभूमि नहीं है।' उन्होंने हिन्दू धर्म को छोड़ा और कहा, 'मैं हिन्दू हूँ और हिन्दू के रूप में मैंने पूरी जिन्दगी जी है लेकिन अब मैं हिन्दू के रूप में मरना नहीं चाहता हूँ।' यह वाक्य उस समय की सामाजिक परिस्थिति का द्योतक है। 'देहात छोड़कर शहरों में चलो', 'यह देश मेरी मातृभूमि नहीं है', 'मैं हिन्दू के रूप में मरना नहीं चाहता हूँ' इन तीन वाक्यों से हम उस काल के सामाजिक परिवेश को आँक सकते हैं। उस सामाजिक परिवेश में हम लोग जी रहे थे ।

- **इस परिवेश ने काफी दिनों तक आपका पीछा किया होगा? क्या इससे आपका व्यक्तित्व प्रभावित हुआ?**

➥ समय बदल गया, लोग बदल गये लेकिन परिस्थितियाँ नहीं बदली हैं। इन्सान की उम्र हम दिनों में, महीनों में, सालो में गिन सकते हैं। लेकिन काल की उम्र दशकों में, शतकों में गिननी पड़ती है। काल इतनी गति से नहीं बदलता। हम बदल रहे हैं लेकिन काल अपनी गति से चल रहा है और यह गति बहुत धीमी रही है। अभी बीसवीं सदी के बाद वह कुछ मात्रा में बढ़ गयी है। उन दिनों यानी मेरे बचपन के दौरान की स्थिति भयानक और जातिवादी थी। इसीलिए बाबासाहब ने कहा था कि 'दलितों को देहात छोड़ना चाहिए, धर्म छोड़ना चाहिए और यह देश मेरी मातृभूमि नहीं है।' इससे मैं काफी प्रभावित हुआ।

- **उन दिनों दलितों की शिक्षा को लेकर भी काफी दिक्कते थीं। शिक्षा के दौरान आपके शुरूआती अनुभव कैसे रहे?**

➥ मैं मेरे घर में पहला व्यक्ति था जो स्कूल में गया। यानी हजारों सालों बाद मैं पहला व्यक्ति था। दलितों की शिक्षित होनेवाली पहली जो पीढ़ी है, वह मुझसे शुरू होती है। हम पहली बार स्कूल में गये। हमारे समाज में, हमारी जाति में हजारों सालों से कोई स्कूल नहीं गया था। आजादी और जनतन्त्र के कारण हमारा पहली बार शिक्षा में प्रवेश हुआ। उसके पहले यहाँ की धर्म व्यवस्था ने, समाज व्यवस्था ने हमें स्कूल जाने का अधिकार ही नहीं दिया था। यानी अछूतों को पढ़ने-लिखने का अधिकार ही नहीं था। वे कक्षा के भीतर भी नहीं जा सकते थे। मुझे याद है मेरी पढ़ाई कक्षा के बाहर बैठकर हुई है। प्राथमिक शिक्षा

के दौरान मैं कभी कक्षा के भीतर जाकर नहीं बैठ सका। कक्षा के दरवाजे के बाहर जहाँ जूते छोड़े जाते वहाँ बैठकर शिक्षक जो बोलते-पढ़ाते वह हम सुनते थे। कभी-कभी उनकी आवाज भी हम तक नहीं पहुँचती थी। और पूरे स्कूल के छात्र 'यह अछूत का लड़का वहाँ बैठा है' इस नजरिये से हमें देखते थे। हमसे दूरी बनाए रखते थे। देहातों में आज स्कूल की अलग इमारतें दिखाई देती हैं। उन दिनों हर देहात का स्कूल मन्दिर में ही होता था। और मन्दिर गाँव का पवित्र स्थान होने के कारण हम भीतर नहीं जा सकते थे। पहले तो शिक्षा में प्रवेश नहीं कर सकते थे। शिक्षा में प्रवेश का अधिकार मिला तो स्कूल मन्दिर में होने से भीतर प्रवेश करने का अधिकार नहीं था। ऐसी स्थिति थी। इससे दरवाजे के बाहर बैठकर ही हमारी पढ़ाई होती थी। उस समय हमें न तख्ती मिलती, न किताबें थी, न यूनिफार्म था। हम खाली वहाँ जाकर बैठते थे। बाद में सातवीं कक्षा तक पहुँचते-पहुँचते मुझे खाली स्लेट और पेन्सिल नसीब हुई। सातवीं कक्षा तक मैंने किताब नहीं देखीं। आठवीं कक्षा में मुझे किताब और नोटबुक मिली। नोटबुक का मतलब उस समय वी. आई. पी. पोजिशन जैसे था। उन दिनों शिक्षक और छात्र छुआछूत मानते थे। दूसरे, मन्दिर में कोई भक्त आ जाता तो हम दरवाजे में बैठे होने से हमें काफी परेशानी होती। जितनी बार भक्त आते उतनी बार हमें कवायद करनी पड़ती।

- **मतलब समझ आने से पहले ही आपको जातीय प्रताड़नाएँ सहनी पड़ीं, संघर्ष करना पड़ा?**

➥ नहीं। उस वक्त पूरे समाज की मानसिकता यही थी कि हम अछूत हैं। हमारी यही जिन्दगी है और हमें ऐसा ही जीना चाहिए। तब हमें आन्दोलन का पता नहीं था, आंबेडकर मालूम नहीं थे। ऐसा पूरा माजरा था। मैं एक ऐसे देहात में बढ़ रहा था जहाँ विज्ञान नहीं आया था, अच्छी शिक्षा नहीं थी, जहाँ कानून नहीं आया था। और वहाँ की मानसिकता धर्मवादी थी। यानी आप अछूत हैं और आपकी जगह यह है और आपको ऐसा ही बर्ताव करना है।

- **मतलब वह एक बन्द समाज था?**

➥ हाँ। बन्द समाज था। और हम पर भी यह मानसिकता सवार हुई थी कि हम दोयम दर्जे के लोग हैं, हम अछूत हैं, हमारी जगह यही है। और इसके खिलाफ हमें बोलना नहीं हैं क्योंकि वे ऊँचे लोग हैं, उनकी जाति ऊँची है, उनके पास अधिकार हैं। उनका हमारे साथ असमानतापूर्ण व्यवहार करना कोई गैर नहीं है

क्योंकि उन्हें वे अधिकार जन्म से ही मिले हैं। उस वक्त इसको लेकर हमें न तीव्र सन्ताप होता न कोई खेद होता। कोई हमारा अपमान करे तो कुछ नहीं लगता था। यही हमारी जिन्दगी है ऐसा हम मानते थे। हमारा अपमान करने का, हमें बाहर निकालने का, हमें मारने का उन्हें अधिकार है, ऐसा लगता था। हमें लगता कि व्यवस्था ने जो हमारी जगह बनाई है उसी को लेकर हमें जीना है।

- **आपकी पारिवारिक और आर्थिक स्थिति कैसी थी?**

➥ पूरे दलित समाज की स्थिति अच्छी नहीं थी। बहुत गरीबी थी। मेरी स्थिति तो बड़ी भयावह थी। मैंने 'अक्करमाशी' में यह लिखा है कि मुझे जीने के लिए दो वक्त की रोटी के लिए संघर्ष करना पड़ता। कभी खाना मिलता तो कभी भूखे ही रहना पड़ता। ऐसी स्थिति थी।

- **दलित बच्चों से तो अलग व्यवहार किया ही जाता था, लेकिन जन्म और जाति के कारण समाज का आपकी ओर देखने का क्या अलग रवैया था?**

➥ यहाँ हर आदमी जन्म के वक्त यहाँ का प्राडक्ट होता है। बच्चा जन्म लेगा तो माँ उस पर संस्कार करेगी, उसकी गली संस्कार करेगी, उसके स्कूल संस्कार करेंगे। और हजारों सालों से स्थित धर्म व्यवस्था संस्कार करेगी कि यह नीच जाति का है। इस प्रकार के संस्कारों से ही यह समाज आगे चल रहा है। 'तुम दलित हो, अछूत हो, दोयम दर्जे के हो, तुम्हें उसी प्लेस में रहना है और उससे ऊपर नहीं उठना है' इस प्रकार की पूरे गाँव की, लोगों की मानसिकता थी। इसी मानसिकता से ग्रासित थे।

- **आपके जन्म के दौरान आंबेडकर जी ने धर्मांतरण किया है, इस घटना को आप कैसे देखते हैं?**

➥ मेरा जन्म सन 1956 के आसपास हुआ। मगर मेरा यह जन्म जानवर जैसा था। मैं इस जन्म को इतना महत्त्व नहीं देता हूँ। मराठवाड़ा विश्वविद्यालय को डॉ. बाबासाहब आंबेडकर का नाम देने के लिए आन्दोलन हुआ और इससे दलित पैंथर जैसे एक लड़ाकू संगठन का निर्माण हुआ। इस दौरान मैं महाविद्यालय में पढ़ने आया और मेरा दलित चेतना से परिचय हुआ तब मेरा सही जन्म हुआ। जब तक मैं आन्दोलन से नहीं भिड़ा, मैंने डॉ. आंबेडकर के

विचार आत्मसात नहीं किए, लड़ाकू मित्रों के साथ विरोध नहीं किंया तब तक मैं एक जानवर, खाली सजीव था। मेरी जिन्दगी अर्थहीन थी। 'मैं मनुष्य हूँ मुझे मनुष्य के हक और अधिकार मिलने चाहिए और मेरी मनुष्यता का सम्मान होना चाहिए' इसका परिचय मुझे महाविद्यालयीन जीवन में ही हुआ। और मुझे लगता है कि यहीं पर मेरा नया जन्म हुआ।

- **मनुष्य को अपना गाँव प्यारा होता है, लेकिन उन दिनों आपके लिए गाँव की जिंन्दगी भयावह थी, इस परिप्रेक्ष्य में गाँव छोड़ते समय आपके मन में कौन-से भाव थे?**

➥ गाँव छोड़ते समय मुझे आनन्द ही हुआ। आज भी मैं गाँव जाता हूँ तो इतना आनंद नहीं होता। उन दिनों तो गाँव की जिन्दगी बड़ी अजीब थी। हमें नीच माना जाता था। हम गाँव के बाहर रहते थे। न हमारा घर अच्छा था न गली अच्छी थी, न हमारे कपड़े अच्छे थे न ही हमारी भाषा। मुझे मेरी माँ की शर्म लगती थी, नानी की शर्म लगती थी, इतने वे गन्दे होते थे। माँ मुझे कॉलेज में मिलने आती तो मुझे 'ये मेरी माँ है' यह बताने में शर्म लगती थी। यानी यहाँ की व्यवस्था ने इन्सान को इतने निम्न स्तर पर पहुँचाया था कि माँ को उसका लड़का माँ कहने में शर्म महसूस करता था। उस स्थिति से गुजरते हुए मुझे कभी भी आनन्द महसूस नहीं होता था। परन्तु शिक्षा के कारण इससे मुझे छुटकारा मिला। यदि मेरा शिक्षा में प्रवेश न होता तो मैं गाँव में ही रहता और उसी व्यवस्था में सड़ जाता।

- **शहर में आने पर शिक्षा के दौरान जाति के कारण क्या अलग अनुभव आये?**

➥ मैं जन्म से लेकर आज तक जाति के कारण अलग-अलग अनुभव लेता आया हूँ और मरने तक ये आएँगे। यह जाति व्यवस्था अभी खत्म नहीं होनेवाली है। यहाँ हर स्तर पर अलग-अलग सामाजिक अन्याय होते हैं। गाँव में मेरे साथ जो सामाजिक बर्ताव हुआ, अन्याय हुआ, अत्याचार हुआ वह अलग था। जब मैं महाविद्यालय में आया, वहाँ मुझ पर होनेवाला अन्याय अलग था, हादसे अलग थे। जब मैं सेवा में गया वहाँ के अनुभव अलग थे। जब लेखक बना तब अनुभव अलग थे। जैसे-जैसे आपके ठिकाने बदलते जाएँगे वैसे-वैसे अन्याय बदलता है, अत्याचार बदलता नहीं, लेकिन उसके चेहरे बदलते हैं, अत्याचार बदलता नहीं, लेकिन उसकी भाषा बदलती है। और यह अन्याय-

अत्याचार किसी पर भी होता है केवल उसका चेहरा अलग होता है। मगर वह अन्याय ही होता है।

- **आपका विवाह कैसे तय हुआ और कैसे सम्पन्न हो गया?**

➥ मैंने अपनी आत्मकथा में विवाह के बारें में विस्तार से लिखा है। मेरा जन्म अनैतिक सम्बन्ध से हुआ है। इससे मुझे लड़की देने के लिए कोई तैयार नहीं हो रहा था। यह 1978 की बात है। अब तो समाज बदल गया है। तब मैं सोच रहा था कि किसी वेश्या के साथ या विधवा के साथ शादी करूँगा। शादी के लिए तो बस एक औरत चाहिए। वह युवा हो, सुन्दर हो, पढ़ी-लिखी हो ऐसा कुछ नहीं। खाली एक औरत मैं चाहता था। इसी कारण मैंने मेरी पत्नी को विवाह तय होने से पहले देखा तक नहीं। लड़कीवालों ने लड़की देने की बात कही तो हमने तुरन्त शादी को हाँ कर दिया। दो-तीन साल मैं शादी के लिए लड़की खोज रहा था लेकिन लड़की नहीं मिल रही थी। मैं जहाँ भी लड़की देखने जाता तो कहते, 'आप अक्करमाशी हैं, आपको लड़की नहीं देंगे।'

- **रोटी-बेटी व्यवहार के बन्धन कड़े थे?**

➥ हाँ, रोटी-बेटी व्यवहार में कठोरता थी। मुझे लड़की नहीं मिल रही थी। इसलिए जब मेरी पत्नी कुसुम के घरवालों ने कहा, 'हम आपको लड़की दे रहे हैं, लड़की देखने आ जाओ।' तो, मैंने कहा, 'मैं नहीं देखता, मैं शादी को तैयार हूँ।' और मैंने कुसुम के साथ शादी की।

- **युवावस्था में आपको जो मित्र मिले क्या उनका सहयोग आपको मिला?**

➥ नहीं, नहीं। मैं जिस गली से गुजर रहा था, जिस सामाजिक परिवेश में जी रहा था उसमें जो मेरे मित्र थे, वे सभी गरीब थे और वे सब आधे रास्ते में ही छूट गये। मैं अकेला ही डिग्री होल्डर हो गया। मेरे समाज का मैं अकेला ही आगे आया । शेष परिस्थिति के कारण पीछे छूट गये।

- **सवर्ण मित्र नहीं मिले?**

➥ देखो, यह व्यवस्था थी कि हमें होस्टल में रखा जाता था। मैं पहली से सातवीं कक्षा तक अपनी गली के लोगों में रहा। हाईस्कूल में गया तो बोर्डिंग में रहना पड़ा। आज बोर्डिंग में सभी जाति के बच्चे होते हैं। उस वक्त बोर्डिंग में 99

प्रतिशत लड़के दलित ही होते थे। और एक प्रतिशत लड़के अत्यन्त गरीब सवर्ण होते। और वे हमसे डरकर रहते थे। हमारी संख्या ज्यादा होने से हम हंगामा मचाते, गुंडागर्दी करते। मैं जब गाँव में था तब अकेला होने से सामाजिक परिस्थिति से डरता था। जब मैं हाईस्कूल में गया तो मेरे जैसे दस बच्चे मिले। जिससे हम कुछ आक्रमक होने लगे। हमें सामाजिक स्थिति की पहचान होने लगी। हाईस्कूल में भी मैं अछूत बच्चों के साथ ही रहता था। बाद में कॉलेज में गया तो होस्टल में रहना पड़ा। होस्टल में भी लगभग सभी दलित ही लड़के थे। जो अल्पसंख्यक गरीब सवर्ण लड़के थे, उनके लिए अलग कमरे थे। उनके अपने मित्र थे। न वे हमारी ओर आते न हम उनकी ओर जाते थे। मैं बचपन से अछूत बच्चों में ही रहा। आन्दोलन में गया तो वहाँ भी अछूत लड़कों के साथ ही रहा। इससे मैं कुछ आक्रमक हो गया। मुझे लगता है यदि हम मिलजुल कर रहते तो...लेकिन उन दिनों इसकी गुंजाइश नहीं थी।

• **आन्दोलन में आपकी शिरकत कब और कैसे हुई?**

➥ आन्दोलन का अर्थ केवल पार्टी में जाना या पार्टी में काम करना ही है, तो मैं इसे आन्दोलन नहीं मानता। जिस दिन मैं हाईस्कूल में गया और मेरी जाति के चार लड़कों में रहने लगा उस समय से मुझ में परिवर्तन होने लगा। जब मैं शहर में गया तो होस्टल में रहने लगा। मुझे लगता है कि होस्टल में रहना एक छावनी में रहने जैसा ही अनुभव था। हम एक हजार लड़के जो एक सामाजिक परिस्थिति के शिकार होने से इकट्ठे आ गये थे। तब हम परिस्थिति के खिलाफ बात करने लगे। हमें हमारे शोषण का एहसास होने लगा। फिर हम दादागिरी, मारपीट आदि युवावस्था में प्रेम के सिवा जो-जो किया जाता वह सब करने लगे। मुझे लगता है कि यह जो अवस्था थी यही दलित आन्दोलन की शुरुआत है। दलित आन्दोलन की शुरूआत मूलतः होस्टल से हुई है। होस्टल में शुरू होने का कारण यह था कि वहाँ अनेक दलित युवक पढ़ाई के उद्देश्य से इकट्ठा रहते थे। हजारों दलित लड़कों का इकट्ठा रहना, अपनी सामाजिक परिस्थिति के बारे में सोचना, समाचारपत्रों में दलितों पर होनेवाले अन्याय की खबरें पढ़कर रिएक्ट होना-इससे मन में एक आन्दोलन निर्माण हो गया। फिर इस स्थिति में एक संगठन की जरूरत महसूस हुई। और हमने उसे संगठन का नाम दे दिया। संगठन तो बाद में आया आन्दोलन तो सैलाब की तरह, आँधी की तरह हमारे पूरे लहू में धधक रहा था। हममें से हर एक शख्स आन्दोलन की तरह जी रहा था। हजारों साल की गुलामी उसके मन से निकल रही थी। हर

युवक का एक नया जन्म हो रहा था। और प्रतिकार की भावना में, नकार की भावना में, विद्रोह की भावना में, उसका रूपांतरण हो रहा था। वह आक्रोश कर रहा था। नकार की मानसिकता लेकर जी रहा था। और उसको एक मंच चाहिए था। और उसे 'दलित विद्यार्थी संघटना' का मंच मिला और बाद में दलित पैंथर का मंच मिला। और मंच मिलने से हम और व्यापक रूप में प्रकट होते रहे।

- **आन्दोलन ने आपको जीवन की ओर देखने की नयी दृष्टि दी, ऐसा कह सकते हैं?**

➥ आन्दोलन न होता तो मैं लेखक नहीं होता। मैं तो माँ की गोद से मेरा जन्म हुआ ऐसा नहीं मानता। मेरा जन्म आन्दोलन की गोद से हुआ है। आन्दोलन के कारण ही मैं लेखक बना। और मैं जो लिखता हूँ वह कोरा लेखन नहीं तो स्वयं एक आन्दोलन है। मैं आन्दोलन के लिए लिखता रहा हूँ, आन्दोलन को बढ़ावा देता रहा हूँ! यदि आन्दोलन नहीं होता तो हम लेखक नहीं होते और हम लेखक नहीं होते तो यह आन्दोलन आगे नहीं बढ़ सकता था। मेरी जिन्दगी में आन्दोलन कभी माँ की भूमिका में, कभी मित्र के रूप में, कभी आयडॉलॉजी के रूप में तो कभी नेता के रूप में आता है।

- **आप आन्दोलन से वैचारिक संघर्ष चाहते थे या क्रान्ति?**

➥ उस वक्त मैं युवा था। मेरे इर्द-गिर्द सब क्रान्तिकारी सोच थी। पूरे विश्व में सभी जाति, धर्म के युवक क्रान्तिकारी विचार लेकर जी रहे थे। हर तरफ युवकों के संगठन खड़े हो रहे थे। महाराष्ट्र में नक्सलवाद बढ़ रहा था, युक्रांद का संगठन बढ़ रहा था, समाजवादी विचारों के छात्र लड़ रहे थे, एस. एफ. आई. की संघटना थी। उस वक्त यदुनाथ थत्ते, बाबा आढाव आदि समाजवादी विचारों के लोग काम कर रहे थे। 'मागोवा' का ग्रुप कम्युनिस्ट विचार लेकर काम कर रहा था। हमारे इर्दगिर्द इतने सारे आन्दोलन थे। पश्चिम बंगाल में आन्दोलन हो रहा था। याने उस काल में ऐसा सामाजिक परिवेश था कि आपके प्रश्न हल करने हैं तो बंदूक उठानी होगी। पंजाब में उग्रवादी युवकों ने बन्दूक उठाई थी; कश्मीर में बन्दूक उठाई थी, नक्सलवादी बन्दूक उठा रहे थे और हम भी रास्ते पर उतर चुके थे। हम जाग्रत होने लगे थे। हमारे इर्दगिर्द बन्दूकें उठाई जा रही थी और बन्दूक से ही क्रान्ति होगी ऐसी धारणा बन चुकी थी। चूँकि यहाँ मिली आजादी हमारी नहीं थी वह तो कुछ धनवानों को मिली

थी, किसी घराने के लोगों को मिली थी। आजादी नीचे तक नहीं पहुँची थी। क्रान्ति का आधा पहिया ही घूमा था, पूरा नहीं। आजादी तो अमीर, धनिकों को मिली थी। वह आजादी आम आदमी तक लाने के लिए हमारा संघर्ष शुरू हुआ था। और उस वक्त मार्क्स, लेनिन, माओ हमारे आदर्श थे। हम युवा थे लेकिन हम किसी लड़की पर प्रेम करने की बजाय मार्क्स, लेनिन, माओ पर प्रेम करते थे। माओ कहता था कि 'क्रान्ति बन्दूक से आती है'। यह वक्तव्य तो हमें बहुत रोमांचित करता था। और उस वक्त में हम दलितस्थान चाहते थे। हमारे लिए अलग स्वराज्य चाहिए, हमारा देश चाहिए इस प्रकार एक खतरनाक विचार लेकर हम बढ़ रहे थे। मगर यह विचार बहुत दिनों तक नहीं चला। आप देखेंगे कि दलितों का आन्दोलन, बाबासाहब आंबेडकर का आन्दोलन कानून से चला है और कानून के लिए चलाया है। कानून ने बताया था कि महाड़ के 'चवदार तालाब' का पानी सब पी सकते हैं, उस कानून को कार्यान्वित करने के लिए बाबासाहब का आन्दोलन था। कालाराम मन्दिर में सभी को जाने का अधिकार था, सार्वजनिक स्थानों पर जाने से किसी को रोकना गैरकानूनी है। इसके लिए बाबासाहब ने आन्दोलन किया। बाबासाहब के आन्दोलन की नींव कानून रही है। और बाद में दलितों का जो आन्दोलन रहा उसकी नींव, अधिष्ठान भी संविधान रहा है। हम जनतन्त्र से, संविधान से कभी भी अलग नहीं रहे हैं। पूरा दलित आन्दोलन अहिंसक रहा है। दलितों ने कभी भी शस्त्र नहीं उठाए हैं। दूसरे, बाबासाहब आंबेडकर ने बौद्ध धर्म का स्वीकार किया और उससे यह हुआ कि हम युद्ध नहीं चाहते, बुद्ध चाहते हैं ऐसी मानसिकता बन गयी। आज आदिवासी युवकों में नक्सलवाद गति से पनप रहा है। देश के सामने नक्सलवाद का प्रश्न भयानक बन गया है। भारत सरकार सोच रही है कि यह प्रश्न कैसे हल किया जाय। मगर पूरे भारतवर्ष का दलित युवक बुद्ध की राह से जा रहा है। यदि वह नक्सलवाद से प्रभावित होता, वह हथियार उठाता तो देश के सामने भयानक प्रश्न खड़ा हो सकता था। मगर दलित आन्दोलन और दलित युवक जनतन्त्र तथा संविधान इन मूल्यों को लेकर आगे बढ़ रहे हैं। और डॉ. आंबेडकर से लेकर आज तक हम स्वतन्त्र्य, समता और न्याय इन तीन मूल्यों को आधार मानते आये हैं। हमें स्वतन्त्र्यता चाहिए, हमे न्याय चाहिए, हमें भाईचारा चाहिए। यह संविधान की भी जड़ है और दलित साहित्य की भी जड़ है।

- **मतलब यह न्याय की लड़ाई थी और इस न्याय की लड़ाई के लिए ही**

पैंथर का जन्म हुआ?

➥ मैं तो कहता हूँ कि इस देश को सुन्दर बनाने के लिए यह लड़ाई थी। इस देश में दो व्यवस्थाएँ हैं। एक व्यवस्था ब्राह्मणवादी है जो जाति व्यवस्था चाहती है, दलितों को दलित ही रखना चाहती है। वह चाहती है कि ब्राह्मण ब्राह्मण रहे, अमीर अमीर रहे, गरीब गरीब ही रहे। वह इसमें बदलाव नहीं चाहती। इसको वे राष्ट्रीय प्रवाह मानते हैं। मुख्य धारा मानते हैं। यह व्यवस्था वे बदलना नहीं चाहते। दूसरी व्यवस्था दलितों की है जो पुरानी व्यवस्था को तोड़ना चाहती है। दलित व्यवस्था जाति व्यवस्था को नष्ट कर अपने लिए भाईचारा और न्याय चाहती है। यह व्यवस्था बुद्ध, चार्वाक, फुले, आंबेडकर से चली आयी है। एक वैदिक व्यवस्था है, दूसरी अवैदिक व्यवस्था है। वैदिक व्यवस्था असमानता मानती है, जाति-व्यवस्था मानती है, तथा उसे बनाए रखना चाहती है। अवैदिक व्यवस्था जाति-व्यवस्था को तोड़ना चाहती है। ध्वस्त करना चाहती है। यहाँ जाति व्यवस्था को कायम रखनेवाली और जाति व्यवस्था को तोड़नेवाली व्यवस्था में संघर्ष शुरू हुआ है। हम जाति व्यवस्था खत्म कर भारत को सुन्दर बनाना चाहते हैं। महात्मा गाँधी ने कहा कि भारत के चेहरे पर जाति व्यवस्था एक कलंक है। हम उस कलंक को मिटाकर भारत को सुन्दर बनाना चाहते हैं। यह देश जाति मे बँटा है, जाति से ग्रसित हुआ है। जब जाति व्यवस्था नष्ट होगी, तब यह देश अधिक सुन्दर होगा। और हम यह चाहते हैं। याने हमारा लिखना, हमारा बोलना, हमारा संघर्ष एक नये सुन्दर देश की खोज की ओर जा रहा है।

- **पैंथर, यह समझदार युवकों का आन्दोलन था। सभी युवक एक साथ बोलते थे, लिखते थे...**

➥ दलित पैंथर के सब कार्यकर्ता कवि-लेखक थे। नामदेव ढसाल, अरुण कांबले, रामदास आठवले, ज. वि. पवार, राजा ढाले, उमाकांत रणदिवे आदि जितने भी कार्यकर्ता थे वे कवि-लेखक थे। सभी सोचनेवाले, लिखनेवाले थे। उन्होंने इकट्ठा होकर दलित पैंथर की स्थापना की थी। दलित पैंथर यह लेखक और कवियों की निर्मिति थी। और उनका आन्दोलन कानून को क्रियान्वित करने के लिए था।

- **महाराष्ट्र में दलित साहित्य के निर्माण में दलित पैंथर की अहम् भूमिका रही है...**

➥ दलित पैंथर नहीं होता तो मराठी दलित साहित्य इतना लड़ाकू तेवर लेकर निर्मित नहीं हो सकता था। क्योंकि चोखामेला से लेकर शंकरराव खरात तक जो दलित लेखन है, उसमें शरणभाव है। याने 'अरे भाई आपको भी नाक है, हमें भी नाक है। आपको भी आँख है, हमें भी आँख है। आपका भी लहू लाल है हमारा भी लहू लाल है। तुम भी इन्सान हो, मैं भी इन्सान हूँ। हम सभी इन्सान है। हममें कोई अन्तर नहीं है। हमें इन्सानियत चाहिए। हम सब गले मिलेंगे।' इस तरह की याचना करनेवाला वह लेखन था। दलित पैंथर के बाद हमने यह याचना छोड़ दी। दया से घृणा करने लगे। हम कहने लगे कि 'हमें मानवता चाहिए, हमें आपकी दया नहीं चाहिए।' हम हक और अधिकार की भाषा बोलने लगे। 'हमें सियासत में बराबरी का अधिकार चाहिए, हमें सत्ता चाहिए, हमे स्वतन्त्रता चाहिए, हमें राजसत्ता की चाबी चाहिए। हमें प्रमुख अधिकारों की जगहें चाहिए। हमें अच्छे, सम्मान के पद चाहिए। इस प्रकार की भाषा दलित पैंथर के बाद शुरू हुई।

● **मतलब पैंथर ने एक नयी भाषा दी?**

➥ पैंथर ने नया स्वर दिया। भाषा तो महात्मा फुले और बाबासाहब ने दे दी थी। पैंथर ने उसे नया मोड़ दिया। क्योंकि पैंथर तक का दलित आन्दोलन और दलित साहित्य याचना से भरा था। वह मनुहार करता था, मानवता की माँग करता था। जब पैंथर आया तो हम बोलने लगे कि हमें दया नहीं चाहिए, हमें भीख नहीं चाहिए। हम अब जाग्रत हो गये हैं। हम अपना हक छीनकर लेंगे।

● **पहली पीढ़ी पर गाँधी के 'चेंज इन हार्ट' का प्रभाव था और दूसरी पीढ़ी पर बाबासाहब का प्रभाव था, ऐसा कह सकते हैं?**

➥ (तनिक आवेश से) नहीं, नहीं। पुरानी पीढ़ी पर भी बाबासाहब का ही प्रभाव था और नयी पीढ़ी पर भी बाबासाहब का ही प्रभाव है। यहाँ के दलितों पर बाबासाहब का ही प्रभाव है। गाँधी जी का प्रभाव गुजरात में है। गुजरात में गाँधी जी के सिवा बात पूरी नहीं होती। वहाँ की पहली दलित पीढ़ी गाँधी के प्रभाव में रही बाद में वह आंबेडकर से जुड़ी है। महाराष्ट्र के सभी दलित बाबासाहब से प्रेरित हुए और उन्होंने उनका आन्दोलन चलाया। और दलित पैंथर के चलते उसमें नया मोड़ आया।

- **पैंथर ने दलित आन्दोलन और दलित साहित्य में महत्त्वपूर्ण योगदान दिया। फिर पैंथर के टूटने से दलित साहित्य प्रभावित हुआ?**

➥ हम दलित साहित्य की ओर देखेंगे तो पाएँगे कि जब जब आन्दोलन बढ़ा है तब-तब दलित साहित्य बढ़ा है। जब दलित आन्दोलन की बाढ़ आयी तब दलित साहित्य आँधी जैसा व्यक्त हुआ है। आन्दोलन का दलित साहित्य को काफी लाभ हुआ है। क्योंकि आन्दोलन से प्रेरणा लेकर दलित साहित्य लिखा जाता था। दलित लेखक केवल लेखक नहीं वह कार्यकर्ता था। वह आन्दोलन में काम करता था और लिखता भी था। आन्दोलन उसकी ऊर्जाभूमि थी। इसलिए जब आन्दोलन में बिखराव आया, टकराव आया, जब आन्दोलन अवरुद्ध हुआ, आवृत्त में फँस गया तो उसका परिणाम सृजन पर हुआ है। जब-जब आन्दोलन गुटों में बँट गया है तब-तब दलित साहित्य का शोर और उसकी आक्रमता कम हुई है। लेखकों की, किताबों की संख्या कम हुई है। दलित साहित्य में एक ठहराव आया है। इस प्रकार की चर्चा हुई थी, ऐसा दिखाई देता है। जितनी गति से आन्दोलन आगे गया उतनी ही गति से दलित साहित्य व्यक्त हुआ है। जब-जब आन्दोलन में बिखराव आया है, तब-तब उसका दलित साहित्य पर प्रभाव हुआ है। दलित साहित्य थम गया है ऐसा मैं महसूस करता हूँ। मेरी खुद की बात कहूँ तो जब आन्दोलन चलता है, जुलूस निकलते हैं, अन्याय-अत्याचार के खिलाफ आवाज़ उठती है, तब मुझे ऊर्जा मिलती है और मैं लिखता हूँ। मैं ऐसा लेखक नहीं हूँ कि जब बादल आते हैं, मोर नाचते हैं, इन्द्रधनुष दिखाई देता है तब लिखने को मन करता है। जब समाज में आक्रोश निर्माण होता है, आन्दोलन खड़े होते हैं, अन्याय के खिलाफ आवाज उठती है तब मैं लिखने लगता हूँ। आन्दोलन यह मेरे लेखन की प्रेरणा है। यदि समाज में अन्याय-अत्याचार के खिलाफ आक्रोश निर्माण नहीं होता, तब मैं निराश होता हूँ और खामोश बैठा रहता हूँ। मेरे मन में लिखने का विचार तक नहीं आता।

- **इससे दलित साहित्य की सामाजिक प्रतिबद्धता ही स्पष्ट होती है?**

➥ दलित लेखक का लिखना मूलतः सामाजिक प्रतिबद्धता का ही द्योतक है। हम कला के लिए नहीं जीवन के लिए लिखते हैं। हमारी कला कला के लिए नहीं, जीवन के लिए है। यहाँ के लोगों से, समाज से जो हमारा रिश्ता है, उस रिश्ते के रूप में ही हम साहित्य को देखते हैं। मेरे शब्द केवल शब्द नहीं, वे हथियार हैं। हम हमारे शब्दों से इस समाज को बदलना चाहते हैं। समाज को बदलने

की शक्ति के रूप मे देखते हैं। मेरे शब्दों का और समाज का रिश्ता इस तरह का है। हम सामाजिक परिवर्तन की चेतना और प्रक्रिया से जुड़े हैं। एक सामाजिक परिवर्तन की प्रक्रिया के रूप में ही हम दलित साहित्य की रचना प्रक्रिया को देखते हैं ऐसा मुझे लगता है।

- **उस समय आन्दोलन के प्रति सवर्णों का रवैया कैसा था?**

➥ (खुश होते हुए) यह बहुत अच्छा सवाल है। महाराष्ट्र के सवर्णों ने दलित आन्दोलन का बहुत स्वागत किया। मुझे खुशी होती है और गर्व भी लगता है। अगर उस वक्त के सवर्णों ने हमारा स्वागत नहीं किया होता तो आज का दलित आन्दोलन इतना नहीं फैल सकता था। महाराष्ट्र के जो प्रगतिशील सवर्ण लेखक थे, बुद्धिजीवी थे, कार्यकर्ता थे उन्होंने दलित आन्दोलन और दलित साहित्य का स्वागत किया। 'यह हमारा समाज है। आज तक यह बहुत पिछड़ा था। इस पर हमने बहुत अन्याय-अत्याचार किए हैं और इसकी उपेक्षा की है। अब इस समाज को और उसके साहित्य को हमें आगे लेकर जाना है।' इस उदार मानसिकता से यहाँ के जो सवर्ण लेखक थे, बुद्धिजीवी थे, कार्यकर्ता थे, उन्होंने दलित आन्दोलन और दलित साहित्य का स्वागत किया। प्रगतिशील विचार के लेखकों ने, नेताओं ने उस वक्त स्वागत न किया होता तो दलित साहित्य इतने बड़े पैमाने पर नहीं बढ़ पाता। नरहर कुरुंदकर, पु. ल. देशपांडे, भालचंद्र फडके, गं. बा. सरदार, तर्कतीर्थ लक्ष्मणशास्त्री जोशी यह प्रगतिशील विचारकों की पीढ़ी थी। उसी प्रकार यशवंतराव चव्हाण से लेकर आज के शरद पवार तक के राजनीतिक प्रगतिशील नेताओं की भी एक पीढ़ी रही है। और दूसरी ओर यदुनाथ थत्ते, बाबा आढाव, अनिल अवचट, नरेंद्र दाभोलकर ऐसे सामाजिक कार्यकर्ताओं की भी एक पीढ़ी है जो आन्दोलन को आगे बढ़ाने में समर्थन देते रहे। यहाँ लक्ष्मण माने द्वारा चलाए खानाबदोशों के आन्दोलन को भी समर्थन मिला। हमारा लेखन सवर्ण ब्राह्मण प्रकाशकों ने ही छापा है। उन्होंने ब्राह्मण होते हुए भी हमारा लेखन छापा। उन्हें लगा कि, यह पीड़ा लोगों के सामने आनी चाहिए। सवर्ण समाज ने, सवर्ण विचारकों ने, सवर्ण राजनेताओं ने, सवर्ण सामान्य कार्यकर्ताओं ने, सवर्ण प्रकाशकों ने उस वक्त स्वागत की भूमिका ली, इसलिए हम गति से बढ़ सके। मुझे लगता है कि यह बहुत सकारात्मक प्रतिक्रिया थी जिसके प्रति मैं कृतज्ञ हूँ। सवर्ण समाज ने ही नहीं, आज तो सवर्ण भारत ने दलित साहित्य को स्वीकारा है कि यह हमारा समाज है, हमारा साहित्य है। मुझे मेरी किताब प्रकाशित होने के बाद इतने खत आये

आज भी आते हैं कि 'आपकी किताब पढ़कर हम अपराधबोध महसूस करते हैं कि हमारे लोगों ने आप पर कितने अन्याय किए हैं। आपकी किताब पढ़ने पर लगता है कि हम कैसी सडांध व्यवस्था में रहते हैं।' इस प्रकार की भावना सवर्ण समाज में निर्माण हुई और समाज में परिवर्तन हुआ।

- **क्या इसी प्रकार की उदारता आन्दोलन के लिए राजनीति में भी थी?**

➥ देखिए, यहाँ तो सत्ता हासिल करने के लिए हर जाति लड़ रही है। मुझे लगता है कि काँग्रेस की राजनीति दलितों के पक्ष में थी और दलित राजनीति में आये सत्ता में आये इसलिए काँग्रेस ने रिपब्लिकन पार्टी के साथ अलायनमेंट किया और रिपब्लिकन-काँग्रेस गठबन्धन आज तक चला आया और सत्ता में काम कर रहे हैं। कुछ गुट बिखर भी गये। मगर महाराष्ट्र की राजनीति की जो प्रमुख धारा है वह फुले-आंबेडकर का विचार लेकर ही राजनीति करती दिखाई देती है। फुले-आंबेडकर का नाम लेकर ही यहाँ का बहुजन समाज सत्ता में काम कर रहा है। उसको हटाने के लिए दूसरी राजनीति भी आनी चाहिए इसलिए यहाँ शिवसेना-बीजेपी ने काम किया। शिवसेना ने ओ. बी. सी. याने गैर मराठा समाज को आगे लाया। सन 1993 में नामान्तर हुआ और उसके बाद शिवसेना-बीजेपी की सत्ता आयी।

इस देश में सत्तान्तर क्यों हुआ? इस देश में 1947 से काँग्रेस की ही सत्ता थी। फिर सत्ता में परिवर्तन कब हुआ? बाबरी मस्जिद गिराते समय यहाँ के हिन्दू समाज को भावनिक आवाहन किया गया कि हिन्दू धर्म खतरे में है। सच कहें तो जो ब्राह्मण समाज है, हिन्दुत्ववादी है वह खतरे में था। पूरा समाज हिन्दुत्ववादी नहीं है और दलितों का आन्दोलन यह सभी हिन्दुओं के विरुद्ध नहीं, तो हिन्दुत्ववाद के विरोध में है। दलितों का आन्दोलन जातिवादी हिन्दुओं के विरूद्ध है। बाबरी मस्जिद गिराते समय ऐसा कहा कि मुसलमानों के खूब लाड़ हो रहे हैं। आजादी के बाद भी यहाँ मुसलमानों को टारगेट किया जाता है। मुसलमानों के विरूद्ध आक्रोश कर बाबरी मस्जिद गिराई और बीजेपी सत्ता में आ गयी। गुजरात में क्या हुआ? वहाँ गोधरा हत्याकांड हुआ और उसका लाभ उठाकर मोदी की सत्ता आ गयी। वहाँ काफी संख्या में मुसलमानों को काटा गया और फिर मोदी देश के हीरो बनकर सामने आये। याने बाबरी मस्जिद गिराने के बाद अटलबिहारी सत्ता में आते हैं और गोधरा के बाद मोदी महानायक के रूप में सामने आते हैं। और मुंबई में शिवसेना-बीजेपी सत्ता में कब आती है? मुंबई में दंगे होते हैं, औरंगाबाद के विश्व विद्यालय का नामान्तर होता है और यहाँ

के समाज के व्यापक विचार को गुमराह किया जाता है। उसे कहा जाता है कि अब हमें मिलिटंट होना चाहिए, जातिवादी होना चाहिए। और जातिवादी होना याने सच्चा हिन्दू होना, जातिवादी होना याने धर्म की रक्षा करना, जातिवादी होना याने दूसरे धर्म को, अल्पसंख्यक को मारना और हिन्दुत्ववादी राष्ट्रवाद को बढ़ाना ऐसी मानसिकता तैयार की जाती है और फिर शिवसेना-बीजेपी की सत्ता आती है। याने जब-जब व्यापक हिन्दू समाज को यहाँ की राजसत्ता जातिवाद की ओर ले जाने का प्रयत्न करती है। तब-तब चन्द जातिवादी हिन्दू सत्ता में आते हैं, ऐसी वास्तविक स्थिति है। और महाराष्ट्र की राजनीति यह फुले-आंबेडकर के नाम पर होती है। लेकिन शिवसेना ने इसे जातीय रंग दे दिया। खैर।

- **महाराष्ट्र को हम प्रगतिशील राज्य कहते हैं बावजूद इसके महाराष्ट्र में नामान्तर के दौरान विरोध क्यों हुआ? इसके लिए इतनी लम्बी लड़ाई क्यों लड़नी पड़ी**

➥ मराठवाडा विश्वविद्यालय को डॉ. बाबासाहब आंबेडकर का नाम देना चाहिए इस भूमिका से दलितों ने एक आन्दोलन चलाया। उसके पीछे यह भूमिका थी कि बाबासाहब ने मराठवाडा के औरंगाबाद में पहला महाविद्यालय शुरू किया था। याने बाबासाहब ने मराठवाडा के लिए पहली शिक्षा संस्था शुरू की थी। बाबासाहब ने जिस प्रदेश का शैक्षिक विकास किया था, उस प्रदेश के विश्वविद्यालय को बाबासाहब का नाम दिया जाय ऐसी वह माँग थी। क्योंकि इंदिरा गाँधी के नाम से विश्वविद्यालय है, शिवाजी महाराज के नाम से विश्वविद्यालय है, महात्मा फुले के नाम से विश्वविद्यालय हैं, पंजाबराव देशमुख के नाम से विश्वविद्यालय है। सभी नेताओं के नाम से विश्वविद्यालय हैं तो बाबासाहब का भी नाम होना चाहिए। जब मराठवाडा विश्वविद्यालय की स्थापना हुई तब भी बाबासाहब का नाम देने का विचार सामने आया था। उसको अंजाम देने के लिए हमने आन्दोलन शुरू किया। हमारी इस माँग का सभी ने स्वागत किया और इसे सपोर्ट भी मिला। महाराष्ट्र की विधानसभा और विधान परिषद में यह प्रस्ताव पारित हुआ कि विश्वविद्यालय को बाबासाहब आंबेडकर का नाम देना चाहिए। जब आकाशवाणी से यह न्यूज आयी तो लोग रिएक्ट होने लगे कि इसका श्रेय दलित आन्दोलन को जाएगा। दलित पैंथर ने यह माँग उठाई और दलित पैंथर ने एक विश्वविद्यालय का नाम बदल दिया। आगे चलकर यह और माँगे उठाएँगे। उस वक्त हमारी पहली पीढ़ी शिक्षित हो

रही थी। उसका रहन-सहन बदल रहा था। याने सब मॉडर्न हो रहा था। लोग यह देख रहे थे। उन्हें लग रहा था कि इनके कपड़े बदल रहे हैं, भाषा बदल रही है, इनका व्यवहार बदल रहा है, ये मस्तवाल हो रहे हैं, उन्मत्त हो रहे हैं। आरक्षण के कारण ये सत्ता में आ रहे हैं। इन्हे नौकरियाँ मिल रही हैं। और ये सब कल तक जानवर चरानेवाले लड़के थे। उन्हें एकदम अलग रूप में देखना पारम्पारिक समाज को हादसा पहुँचानेवाला था। पहली पीढ़ी का बदलना यहाँ का सवर्ण समाज सहजता से स्वीकार नहीं कर पा रहा था। आज की बात अलग है। लेकिन उन दिनों सवर्ण समाज दलितों का शिक्षित होना, अच्छे कपड़े पहनाना, अच्छा बोलना, अच्छा रहना सह नहीं पा रहा था। और उन्हें लगा कि ये उन्मत्त हो रहे हैं। इनके खूब लाड़ हो रहे हैं। उन दिनों चारों ओर ऐसी मानसिकता थी और नामान्तर के विरोधकों ने यह मानसिकता इनकैश की। उन्होंने कहा कि विश्वविद्यालय को बाबासाहब का नाम देने के बाद हमारे लड़कों के उपाधि प्रमाणपत्र पर आंबेडकर का नाम और फोटो आएगा। (उन दिनों उपाधि प्रमाणपत्र फ्रेम करके दीवार पर लगाया जाता था।) फिर हमें अपने घर में देवी-देवता के साथ बाबासाहब की फोटो लगानी पड़ेगी। फिर जिन्होंने विश्वविद्यालय तक नहीं देखा था, जिनको दो जून की रोटी तक नहीं मिलती थी उन्हें भी विश्वविद्यालय के नाम पर सताया गया। फिर ऐसा कहा जाने लगा कि 'मराठवाडा यही नाम अच्छा है, यह हमारे प्रदेश का नाम है, यह हमारी अस्मिता है, हम इस को प्यार करते हैं, हम इसे बदलने नहीं देंगे। मराठवाड़ा ही नाम रहेगा। यदि नाम बदलना है तो मुंबई विश्वविद्यालय का बदलो, पुणे विश्वविद्यालय का बदलो। हम मराठवाड़ा के लोग गरीब हैं, हम विरोध नहीं करते इसलिए आप हमारे विश्वविद्यालय का नाम बदलना चाहते हैं, यह गलत है।' और इसके विरोध में मुहिम चलाई गयी। और एक विश्वविद्यालय का नाम बदलने के लिए यहाँ पन्द्रह साल...पूरे पन्द्रह साल लड़ाई करनी पड़ी। इस दौरान काफी अन्याय-अत्याचार हुए। कई बलात्कार हुए, कइयों की आँखें निकाली गयीं, कइयों के खून हो गये। कई लोगों ने आत्मदहन किया, अनेकों पर पुलिस केस हुए। इससे कई युवकों को क्रिमिनल बना दिया गया। इससे दलितों एक पीढ़ी तबाह हो गयी। यहाँ अनेक बार आगजनी के वाकये हुए। पंद्रह सालों में हमने इतने मोर्चे निकाले, इतने जुलूस निकाले जिससे परिवर्तन की लड़ाई तेज हो गयी। मैं इसकी ओर यह केवल एक यूनिवर्सिटी का नाम बदलने का आन्दोलन था इस रूप में नहीं देखता। यह एक सामाजिक परिवर्तन की लड़ाई थी और इस आन्दोलन की वजह से समाज में नयी चेतना का

निर्माण हुआ। आन्दोलन को आक्रमक रूप मिल गया। उससे हमारे जैसे लेखक निर्मित हुए, कार्यकर्ता निर्मित हुए और आन्दोलन आगे बढ़ा। और इसका यहाँ के सवर्ण समाज पर भी परिणाम हुआ। पहले दलितों पर अन्याय होने पर कोई दखल नहीं ली जाती थी। इसलिए बड़ी संख्या में अन्याय-अत्याचार होते थे। इस आन्दोलन की वजह से गाँव-देहात के अनपढ़ समाज में परिवर्तन हुआ। दलितों पर अन्याय करना गुनाह है, कानूनी अपराध है इसका प्रचार हुआ। 'हम इनकी झोपड़ी नहीं जला सकते, इनको अछूत नहीं कह सकते, कहेंगे तो ये एट्रॉसिटी लगा सकते हैं' इस प्रकार का भी प्रचार हुआ। और इससे समाज में जो परिवर्तन की लहर आयी वह बहुत महत्त्वपूर्ण थी। एक विश्वविद्यालय का नाम बदलने तक इसका सीमित अर्थ नहीं रहा। पन्द्रह साल एक सामाजिक परिवर्तन की लड़ाई चली और इसका बहुत ही सकारात्मक परिणाम हुआ। सवर्ण समाज पर और दलित समाज पर भी।

- **वर्तमान में आन्दोलन फीके पड़ गये हैं, आवर्त में फँस गये हैं। क्या हम ऐसा कह सकते हैं कि अभिप्रेत सामाजिक परिवर्तन हो गया है, दलितों पर होनेवाले अन्याय कम हो गये हैं। या अपने आप आन्दोलन में ठहराव आया है?**

➥ (गम्भीर होकर) मैं भी इस पर काफी गम्भीरता से विचार कर रहा हूँ। मगर मुझे भी इसका जबाव नहीं मिल रहा है। जब बीसवीं सदी खत्म हुई उस वक्त पाश्चात्य चिन्तकों ने और बहुसंख्य बुद्धिजीवियों ने ऐसा माहौल बना दिया कि अब आन्दोलन खत्म होंगे 'आयडोलोजी' नहीं रहेगी। और यह मानसिकता आज भी हमारे सामने चुनौती बनकर खड़ी है। इसका कारण यह है कि यहाँ भूमंडलीकरण और बाजारवाद आया है। पहले हम जुलूस निकालते थे, मनुस्मृति जलाते थे। लेकिन आज प्रचंड गति से समाज बदल रहा है। हर किसी के पास मोबाईल आ गया है। मोबाइल क्रान्ति हो गयी है। झेरॉक्स आ गया, फैक्स आ गया, टीवी आ गया, चैनल्स आ गये। मैंने सपने में भी नहीं देखा था कि इतनी सूचना क्रान्ति हो गयी है। और इसकी गति तीव्र है। इससे घर-घर में नया माहौल बन गया है। सूचना क्रान्ति के साथ नयी भाषा, नयी संस्कृति, नयी समाज व्यवस्था आ गयी है। पिज्जा हट आया है, चायनीज आया है। फैशन बदल रहा है, जीवन शैली बदल रही है। छोटे-छोटे शहरों में फाइव स्टार कल्चर आ रहा है। तीव्र गति से एक अलग समाज हमारे बीच आ रहा है। एक अलग विचार आ रहा है, अलग प्रणाली आ रही है। हमने

कभी इसका विचार ही नहीं किया था। बाबासाहब ने जाति व्यवस्था का विचार किया था, मार्क्स ने आर्थिक विषमता का विचार किया था, गाँधी ने भारतीय समाज व्यवस्था का विचार किया था। यह जो नयी व्यवस्था है इसका विचार कर जाति व्यवस्था को क्या उत्तर देंगे इस पर हमने विचार नहीं किया है। क्योंकि अभी तो पहला दशक पूरा होने जा रहा है। व्यवस्था गति से बदल रही है, विज्ञान गति से आ रहा है। अमरीका ने लैबरोटरी में मनुष्य तैयार किया है। क्या उत्तर देंगे हम? मेरा जन्म दलित स्त्री की कोख से हुआ इसलिए मुझे दलित कह सकते हैं। प्रयोगशाला में जन्मे हुए व्यक्ति की कौन-सी जाति तय करेंगे? आप क्या कर सकते हैं? अब किसी का भी खून किसी की ओर जा रहा है। अवयव बदले जा रहे हैं। पहले हम एक-दूसरे को छूते तक नहीं थे। आज भीड़वाली यात्रा में सभी को एक साथ बैठना पड़ता है। याने अब जाति व्यवस्था तोड़ने के लिए कानून की भी जरूरत नहीं है आबादी बढ़ गयी है। बढ़ती आबादी, बेरोजगारी, यातायात आदि जाति व्यवस्था तोड़ने के कारक बने हैं। पहले पीने के पानी का प्रबन्ध तक अलग होता था। आज क्या कर सकते हैं? बदलती परिस्थितियाँ और नयी व्यवस्था ने जाति व्यवस्था की कमर तोड़ दी है। ये थोड़े ही फुले-आंबेडकर ने बताया इसलिए हो रहा है, ऐसा नहीं। आज बड़ी सहजता से अन्तरजातीय विवाह हो रहे हैं। युवक-युवती अपनी मर्जी से विवाह जो कर रहे हैं। रोटी-बेटी व्यवहार के बन्धन शिथिल जो हुए हैं। शिक्षा, बढ़ती आबादी, नया परिवेश, आधुनिक परिवर्तन के चलते समाज तीव्र गति से बदल रहा है। इस बदलती समाज व्यवस्था की नस को विद्वान अभी पकड़ नहीं पा रहे हैं। इसमें हम कम पड़ रहे हैं। इसे अभी हम समझ नहीं पा रहे हैं। अभी हम सँभल रहे हैं। और मुझे लगता है कि सँभलने के बाद ही इसकी प्रस्तुति की जा सकती है।

- **इक्कीसवीं सदी में यह जो भूमंडलीकरण का दौर आया है उससे भारतीय समाज संक्रमण से गुजर रहा है और...**

➥ (प्रश्न बीच में तोड़कर हँसते हुए) पूरी दुनिया संक्रमण से गुजर रही है। मैंने कहा न, समाज बदलने के लिए खूब समय लगता है। मनुष्य की उम्र सालों में गिन सकते हैं लेकिन समाज की उम्र सदियों में गिननी होती है। अभी इक्कीसवीं सदी का एक दशक पूरा हो रहा है याने सदी की आयु महज एक साल हुई है। मनुष्य सौ साल जीता है, सदी भी सौ साल की होती है। अब मनुष्य की उम्र दस साल और सदी की एक साल हुई है। अतः इस सदी का

हिसाब अभी प्रस्तुत नहीं कर सकते।

• **डॉ. बाबासाहब आंबेडकर को अभिप्रेत सामाजिक क्रान्ति हो गयी है?**

➡ जाति व्यवस्था नष्ट करना यह बाबासाहब का स्वप्न और लक्ष्य था। जाति व्यवस्था नष्ट करने के लिए महात्मा फुले तथा बाबासाहब ने काम किया। आगे चलकर दलित लेखकों ने काम किया। लेकिन हम जाति व्यवस्था कहाँ खत्म कर पाए हैं? नयी पीढ़ी मात्र इसमें अगुआ है। अब मेरी लड़की ने इंटरकास्ट विवाह किया है। उसने मेरी पुस्तकें कभी पढ़ी ही नहीं। मेरे दामाद ने भी नहीं पढ़ीं। मेरा दामाद सवर्ण है तो मेरी बेटी दलित है। वे विवाह कर निश्चिंत हो गये। व्यवस्था अब अपने आप बदल रही है। पुरानी व्यवस्था अपने आप मर रही है और नयी व्यवस्था अलग-अलग भूमिकाएँ ले रही है। इसी कारण पहले मैं 'जाति व्यवस्था तोड़ो' ऐसा कहता था, लेकिन अब जाति की पहचान बनी रहनी चाहिए ऐसा कहता हूँ। अब ऐसी व्यवस्था हो गयी है कि जाति पर आधारित जनगणना होनी चाहिए ऐसा मेरा मत बन गया है। क्योंकि इस देश का नियोजन करना हो तो इस देश में कौन-सी जाति के कितने लोग हैं यह समझ लेना जरूरी है। तभी हम सभी जातियों को विकास से जोड़ सकते हैं। महाराष्ट्र में साढ़े तीन प्रतिशत ब्राह्मण समाज ने सभी जगहों पर कब्जा किया है। यह मैं ब्राह्मण विरोधी के रूप में नहीं कह रहा हूँ। बाकी लोगों की जो आबादी है । उसके अनुपात में उन्हें जगह मिलनी चाहिए ना। माली, चमार, दर्जी, गडरिया, आदि सभी जातियों को जगह मिलनी चाहिए। और जब जातियों की संख्या का पता चलेगा तभी यह होगा। जातियों की संख्या का पता किए बगैर नियोजन नहीं कर सकते। और ऐसा नियोजन न कर 'सतही नियोजन करो। जो आगे जा रहे हैं उन्हें आगे जाने दो और जो पीछे हैं उन्हें पीछे ही रहने दो।' इस प्रकार के राष्ट्रवाद का मैं विरोध करता हूँ। यहाँ जाति पर आधारित जनगणना होनी चाहिए। यहाँ के जातियों की गिनती होनी चाहिए और उसके अनुसार सभी को लाभ मिलने चाहिए। अब जाति को रद्द करने से काम नहीं चलेगा। और यदि हम जाति के आधार पर जनगणना नहीं करेंगे तो जातियाँ नष्ट होंगी ऐसा कहना मूर्खता है। समाज में जाति व्यवस्था है न। जाति के आधार पर रोटी-बेटी व्यवहार होते हैं। जाति पर आधारित बस्तियाँ हैं। इसे नकारना मूर्खता है। हमारा देश और समाज जाति पर आधारित है। वह जातीय समूह में जीवन जीता है। इसे नजरअन्दाज नहीं कर सकते। लेकिन इस देश में इसे नजरअन्दाज कर नियोजन होता रहा और सामाजिक प्रश्न जटिल बनते

गये। आज जाति को गम्भीरता से समझने की जरूरत है। जाति व्यवस्था तोड़ने के नाम पर हमने जाति को गाड़ने का प्रयत्न किया। इससे कई जातियाँ उपेक्षित रहीं। इसलिए आज मायावती जो जाति के नाम पर राजनीति कर रही हैं उसका मैं समर्थन करूँगा। सभी राजनीतिक पार्टियाँ जाति का विचार करके ही उम्मीदवारी देती हैं। इस देश की राजनीति जाति के आधार पर ही चलती है। इस देश की समाज व्यवस्था भी जाति के आधार पर चलती है। धर्म व्यवस्था जाति के आधार पर चल रही है। फिर इस देश का नियोजन जाति के आधार पर क्यों नहीं? इस देश में नौकरियाँ जाति के आधार पर क्यों नहीं बाँटनी चाहिए? जहाँ कल्याण, विकास, नियोजन की बात आती है वहाँ जाति को किनारे कर दिया जाता है और एक विशिष्ट जाति को ही लाभ दिया जाता है। इस प्रकार के राष्ट्रवाद को और राष्ट्रीय धारा को हमें गाड़ना है। उपेक्षित जातियों को मुख्य धारा में लाना है, उन्हें नियोजन के केन्द्र में लाना है जो जाति तोड़ने से नहीं होगा। छुआछूत नष्ट होनी चाहिए लेकिन जाति की पहचान कायम रखनी चाहिए ऐसा मेरा मत है। जाति अस्मिता के रूप में नहीं जनसंख्या के रूप में होगी। क्योंकि प्रजातन्त्र में जनसंख्या को महत्त्व है, संख्या को महत्त्व है। राजनीति में जिनकी संख्या ज्यादा है उनकी ही बात सुनी जाती है। और एक साथ बड़ी संख्या में जनसंख्या नापने का आधार जाति ही है। जाति को भारतीय समाज और राजनीति से अलग नहीं कर सकते। मुझे लगता है जाति को केन्द्र में रखकर उन जातियों को राजनीतिक, आर्थिक लाभ देने चाहिए। उसके सिवा जाति व्यवस्था खत्म नहीं होगी। यह एक अलग राह हमें दिखाई दे रही है। यह राह हमने इसके पहले नहीं देखी है। प्रजातन्त्र तथा चुनाव की प्रक्रिया में हमने जाति को प्रभावित होते देखा है। और यहाँ उपेक्षित, वंचित जातियों की संख्या ज्यादा है। लेकिन सधन जातियाँ ही प्रजातन्त्र का लाभ उठाती रही है। अब निर्धन और लाभ से वंचित ओबीसी, एस. सी., एस. टी., आदिवासी और अल्पसंख्य जातियों में फुले-आंबेडकर के विचार फैल रहे हैं। पहले आंबेडकर केवल महार जाति तक सीमित थे अब वे व्यापक बने हैं। फुले, शाहू अनेक जातियों तक पहुँच रहे हैं। और आनेवाले काल में विषमता तथा अन्याय के विरुद्ध के विचार के रूप में फुले-आंबेडकर सब ओर पहुँचेगे। ओ. बी. सी., एस. सी., एस. टी., आदिवासी और अल्पसंख्यकों को मुक्ति देनेवाले, सभी को सामाजिक न्याय देनेवाले विचार के रूप में फुले-आंबेडकर विचार नये सन्दर्भ में प्रस्तुत करना होगा। और इसे प्रस्तुत करने की जिम्मेदारी यहाँ के शिक्षित युवा और बुद्धिजीवियों पर है। आरक्षण को लेकर दो बन्दरों

के झगड़े जैसी स्थिति होगी। वरना ओ. बी. सी., एस. सी., एस. टी., आरक्षण को लेकर झगड़ते रहेंगे और लाभ कोई और समूह ही उठाएगा। इसलिए मुझे लगता है कि इनमें सामाजिक न्याय, बन्धुता और अन्याय-अत्याचार के विरुद्ध संगठित बनकर लड़ने की भावना होनी चाहिए। इस भावना से आगे बढ़ेंगे तो दलित आन्दोलन बड़े पैमाने पर बदलेगा। आज महाराष्ट्र में छगन भुजबल और गोपीनाथ मुंड़े ओ. बी. सी. प्रमुख राजनेता के रूप में उभर रहे हैं। कल ऐसा हो सकता है कि इन्हें अपनी जनसंख्या का पता चलेगा तो वे शरद पवार और अडवानी को छोड़ देंगे । क्योंकि ओ. बी. सी. की संख्या इक्यावन प्रतिशत है और पचास प्रतिशत में सत्ता हथिया सकते हैं। इसलिए ओ.बी.सी. की जनगणना नहीं होने देते। क्योंकि ये जानते हैं कि उन्हें अपनी संख्या का पता चलेगा तो हमारी खैर नहीं। आज हर जगह जो जातियाँ सत्ता में हैं उनकी संख्या केवल बीस-इक्कीस प्रतिशत है। और उनतीस प्रतिशत से अधिक संख्यावाली जातियाँ संगठित होंगी तो सामाजिक ध्रुवीकरण की प्रक्रिया बढ़ेगी। पहले हमारे विचार अपनी जाति तक सीमित होते थे। लेकिन आज मैं सभी दलितों की ओर से बोल रहा हूँ। यह व्यापकता और बढ़नेवाली है। और यह व्यापक होना बहुत महत्त्वपूर्ण है। अब इस व्यापकता में किस-किस को समा लेना चाहिए इसकी तफसील तय करना महत्त्वपूर्ण है। मुझे लगता है, कि ये सभी विचार, अध्ययन और अनुसन्धान के विषय हैं। और यह प्रक्रिया शुरू हुई है। इस प्रक्रिया का मूल्यांकन इस आरम्भिक दौर में नहीं कर सकते। उसके लिए और थोड़ा समय गुजरना जरूरी है। मुझे लगता है कि सामाजिक ध्रुवीकरण की प्रक्रिया शुरू हुई है। इससे जो जातियाँ उपेक्षित रही हैं वे जाग्रत होंगी। और भारतीय जनतन्त्र जो चन्द घरानों, चन्द पार्टियों, चन्द जातियों की रखैल रहा है, उसे मुक्त करेंगी। भारतमाता चन्द जातियों की रखैल रही, वह सभी की माँ नहीं बन पाई। उसके लिए प्रजातन्त्र से कोसों दूर जातियों को मुख्य प्रवाह में लाना होगा और यह प्रक्रिया शुरू हुई है।

- **गौतुम बुद्ध, महात्मा फुले, डॉ. आंबेडकर से प्रेरणा लेकर और आन्दोलन से एक नया विचार लेकर आप सृजन करते रहे हैं। इस सन्दर्भ में आप अपने साहित्य की रचना - प्रक्रिया के बारे में क्या कहेंगे?**

➥ मैं अभी तक उसी सन्दर्भ में बात कर रहा था। मेरे साहित्य की रचना प्रक्रिया की बात मत करिए। यह केवल साहित्य की रचना प्रक्रिया नहीं है, यह तो सामाजिक बदलाव के लिए लिखा गया साहित्य है।

- **आप समाज में जो घटनाएँ देखते हैं वह आपको आन्दोलित करती हैं और उसके पश्चात् आप लिखते हैं?**

➥ समाज में जो घट रहा है, जो अन्याय-अत्याचार होते हैं, उसके खिलाफ मेरे मन में एक असन्तोष की भावना निर्मित हो जाती है। और उसकी प्रतिक्रिया के रूप में मैं लिखता हूँ, यह मेरे लेखन का एक पहलू है। दूसरे, समाज बदलना चाहिए ऐसा सपना मैं देखता हूँ। मैं एक चिन्तक हूँ, लेखक हूँ, कार्यकर्ता हूँ। समाज बदलना चाहिए इस सपने को लेकर मैं जीता हूँ। मैं खाली मेरे शरीर को जीवित नहीं रख रहा हूँ। मेरे अन्दर एक सपना है, एक विजन है उसको मैं जीवित रखना चाहता हूँ। मैं चाहता हूँ कि हमारा देश बदले, समाज में परिवर्तन हो और एक न्यायपूर्ण समाज का निर्माण हो जिसमें किसी का शोषण न हो। यह जो सपना है, उसे साकार बनाने के लिए जो मैं सोचता हूँ उसे कागज पर उतारता हूँ। याने मेरा सपना साकार बनाने के लिए मैं लिखता हूँ, यह एक पहलू है। तीसरे, इस समाज में जीते वक्त मुझे जो अनुभव आते हैं, मैं जो महसूस करता हूँ उससे मैं प्रभावित होता हूँ और मैं लिखता हूँ। पूरे विश्व में जो बदलाव आ रहा है उसे मैं पढ़ रहा हूँ उससे प्रभावित होकर भी मैं लिखता हूँ। याने मेरे लिखने की प्रेरणा या आयाम कोई एक नहीं है। वह कई दिशाओं से कई राहों से आते हैं। याने एक खिड़की या दरवाजे से ही हवा आती है ऐसा नहीं है मेरे लिए हजारों दरवाजे-खिडकियाँ हैं। मुझे एक विषय से कई विषय सूझते हैं। सभी ओर से मेरे सामने प्रश्न निर्माण होते हैं और इन प्रश्नों के उत्तर ढूँढने के लिए मैं लिखता हूँ।

- **आपका जब कलम से रिश्ता बना तो पहली बार क्या एहसास हुआ?**

➥ मैंने कहीं तो लिखा है कि जब मैं पाँचवी-छठी कक्षा में था तब रवींद्रनाथ ठाकुर को नोबेल ॲवार्ड मिला इस आशय का एक पाठ था। बचपन में रवींद्रनाथ ठाकुर बड़े शरारती थे। वे पाठशाला में होते तो खिड़की से बाहर देखते रहते, पाठशाला में नहीं जाते थे। कुछ ऐसा वह पाठ था। और इस पाठ का मुझ पर काफी प्रभाव पड़ा । मेरे मन में रवींद्रनाथ ठाकुर जैसा बनने की इच्छा निर्माण हुई। और यदि मुझे नोबेल ॲवार्ड प्राप्त करना है तो मुझे स्कूल की खिड़की से बाहर देखना चाहिए; स्कूल डुबाना चाहिए, गुंडागर्दी करनी चाहिए इस प्रकार रवींद्रनाथ ठाकुर का मुझ पर प्रभाव पड़ा। स्कूल के दिनों में मैं नोबेल ॲवार्ड की ओर आकर्षित हुआ। और मुझे लिखना चाहिए ऐसा लगा। मेरा पहला लेखन तो स्कूली दिनों में ही मैंने लिखा। वह अनुकरण था। और मेरी

इच्छा थी कि मैं नौकरी नहीं करूँगा। फुल टाइम लेखक बनूँगा। मुझे लेखक बनना है यह लक्ष्य निश्चित करके मैंने मराठी और अंग्रेजी भाषाओं का अध्ययन हेतु चयन किया। बी. ए. को ऑप्शनल अंग्रेजी विषय चुना। मेरी यह इच्छा थी कि दुनिया का क्लासिक लिटरेचर मुझे पढ़ने को मिले। मराठी का लिटरेचर पढ़ने को मिले। और मराठी तथा अंग्रेजी लिटरेचर पढ़कर मैं अच्छा लेखक बनूँ ऐसी उस वक्त तमन्ना थी, महत्त्वाकांक्षा थी। और इसे मद्देनजर रखकर मैंने मराठी और अंग्रेजी साहित्य का अध्ययन किया। मुझे लेखक बनना था। मैं उपन्यास, नाटक आदि पढ़ता था। मैं कॉलेज में कम जाता था लेकिन पढ़ता ज्यादा था। मैं गाइड पढ़कर परीक्षा में पास होता रहा लेकिन अन्य साहित्य काफी पढ़ा। बी. ए. में हमें शेक्सपियर का 'टेम्पेस्ट' नाटक पाठ्यक्रम में था। तो मैंने शेक्सपियर के पैंतीस अंग्रेजी नाटक पढ़े। वैसे मैं बचपन से ही पढ़ता था। प्राथमिक शिक्षा के दौरान ही मैंने 'रामायण', 'महाभारत', 'भगवद्गीता', 'सत्यार्थ प्रकाश' 'शिवलीला अमृत' इतना ही नहीं तो 'तोता मैना,' 'बड़ा इन्द्रजाल', 'सिंहासन बत्तीसी', 'मार्कंडेय पुराण' जैसी ढेर सारी पुस्तकें पढ़ी थीं। मैंने सातवीं कक्षा तक हिन्दू धर्म की सब पोथियाँ पढ़ी थीं, पचाई थीं। इस सन्दर्भ में मुझे एक बात कहनी है कि हिन्दू धर्म के धर्मग्रन्थ पढ़ने के बाद मुझे ऐसा लगा कि यह संसार छोड़कर हम हिमालय में जाएँगे, तपस्या करेंगे और साधु बनेंगे। जब मैं हाईस्कूल में गया तो मेरी यह मानसिकता पीछे पड़ गयी। यदि मैं हाईस्कूल में भी धर्मशास्त्र पढ़ता तो विशेष रूप से साधु बन जाता।

- **युवा अवस्था में आप प्रेम कविताएँ लिखते थे...**

➥ वह ऐसा था कि उस वक्त यह मान्यता थी कि हर लेखक की शुरुआत कविता से होती है। हमारे सिलेबस में भी ऐसा ही था कि उस लेखक ने पहले कविताएँ लिखी और बाद में गद्य लिखा। और कविता छोटी होने से लिखने में आसानी होती। कहानी, उपन्यास लिखने के लिए बहुत चिन्तन और कल्पना की जरूरत होती है। कविता चार-पाँच लाइन की होती है। और उस वक्त कविता क्या लिखें तो प्रेम कविता। उस वक्त हमारे सिलेबस में भी प्रेम कविताओं की भरमार थी। हमें 'प्रेम' पढ़ाया जाता था। और उस समय ऐसी मान्यता ही थी कि लेखक प्रेम कविता लिखता है। और प्रेम कविता लिखने से वह कवि बन जाता है। कविता का विषय और आशय प्रेम ही होता था। प्रेम के सिवा भी कविता का दूसरा विषय होता है यह उस वक्त हमें मालूम ही नहीं था। उन

दिनों यही मान्यता थी कि कविता प्रेम की होती है, गुलाबी होती है, रोमैंटिक होती है, उसके सुन्दर चेहरे को देखकर लिखी जाती है और उसका चेहरा ही जीने का मकसद होता है। उसके चेहरे के सिवा, उसकी आँखों के सिवा, उसके होठों के सिवा हमारे सिलेबस में कुछ नहीं था। उस वक्त का सिनेमा भी ऐसा ही था। हम जवान हुए लेकिन हमें किसीका प्यार नहीं मिला। मगर प्रेम कविता तो लिखनी चाहिए। फिर हम हेमामालिनी, वहिदा रहमान, सायराबानू का चेहरा सामने लाकर कविता लिखते थे।

- **मतलब यह प्रेम काल्पनिक था?**

➥ हाँ, प्रेम काल्पनिक था, कवि बनने के लिए था। तुरन्त लिखने का विषय होने से मैं कविता की ओर गया। दूसरे, कविता छापने के लिए भी आसान होती थी। छापने के लिए, नाम कमाने के लिए ऐसे ही कविताएँ लिखीं। याने वह एक रद्दी लेखन था। वह उस काल का प्रभाव था। चूँकि उन दिनों ऐसी ही कविता लिखी जाती थीं। उस काल के मध्यवर्ग के लेखक, कवि इस प्रकार का लेखन करते थे, उसका हम पर प्रभाव था।

- **याने यह लोक नहीं वह लोक की बात...**

➥ हाँ, सब ऐसा ही था। एक काल्पनिक, झूठा, मक्कारा साहित्य हमें पढ़ाया जा रहा था। हम उसका पाठ कर रहे थे, पढ़ रहे थे, इम्तिहान दे रहे थे, उत्तीर्ण हो रहे थे। एक वृत्तीय साहित्य हम पढ़ रहे थे। और स्कूलों में हजारों शिक्षक ऐसा साहित्य पढ़ाकर एक पीढ़ी को बरबाद कर रहे थे। ऐसा साहित्य तब लिखा जा रहा था जिसका जीवन से दूर-दूर तक सम्बन्ध नहीं था।

- **यद्यपि आपने आरम्भ में प्रेम कविताएँ लिखीं जो काल्पनिक थीं लेकिन बाद में 'उत्पात', 'श्वेतपत्रिका' और 'उद्रेक' में आपकी प्रगल्भ एवं सशक्त कविता सामने आती है, लेकिन आपने कविता लिखना क्यों छोड़ा?**

➥ नहीं, नहीं। मैं तो पद्य और गद्य ऐसा फर्क ही नहीं करता। जो अभिव्यक्ति है, जो रचना-प्रक्रिया है वह कविता की ही है। हम शिक्षक, छात्र, आलोचक साहित्य का स्वरूप समझने के लिए भेद करते हैं। मूलतः अभिव्यक्ति एक व्यापक महाकाव्य है। फिर वह किस रूप में व्यक्त होती है यह गौण है। मैं तो ऐसा कहूँगा कि साहित्य में काव्य होना चाहिए, चिन्तन होना चाहिए, प्रतिभा

होनी चाहिए तभी वह साहित्य हो सकता है।

- **विधा कोई सी भी हो उसमें सौन्दर्य और मानव जीवन के विविध पहलू आने चाहिए?**

➥ हाँ। सभी पहलू आने चाहिए। आज तक साहित्य में प्रतिभा थी, चिन्तन था मगर आम आदमी नहीं था। हमने वह जोड़ दिया। दलित साहित्य सौन्दर्य को नकारता है, कला को नकारता है ऐसा नहीं है। हम कला को मानते हैं, सौन्दर्य को मानते हैं। कला महत्त्वपूर्ण है, कलामूल्य महत्त्वपूर्ण हैं। साहित्य अत्यन्त उच्च्य कोटि का होता है और होना चाहिए ऐसा हम मानते हैं। साहित्य का महत्त्व हम नकारते नहीं। और हम सौन्दर्य का महत्त्व भी नहीं नकारते। साहित्य में सौन्दर्य होना चाहिए, प्रतिभा होनी चाहिए, कल्पना होनी चाहिए। उसके सिवा वह साहित्य हो ही नहीं सकता। केवल मुझ-पर अन्याय अत्याचार हुए ऐसा बताने से साहित्य का निर्माण नहीं होता है। अन्याय-अत्याचार को व्यक्त करने के लिए प्रतिभा, सामर्थ्य होनी चाहिए। क्योंकि वह साहित्य के रूप में पढ़ा जानेवाला है और साहित्य के रूप में चिरन्तन बननेवाला है। समाज में घटित अन्याय-अत्याचार को साहित्य में व्यक्त करते समय कला के माध्यम से व्यक्त करना होता है। इसलिए उसमें कला मूल्य होने ही चाहिए। उसके सिवा वह चिरन्तन साहित्य हो ही नहीं सकता। और जिस साहित्य में अन्याय-अत्याचार विरोधी भावना होती है, वही साहित्य चिरन्तन बनता है। 'रामायण', 'महाभारत' चिरन्तन क्यों बना? क्योंकि उसमें अन्याय-अत्याचार के विरुद्ध का स्वर प्रमुख है। आम आदमी पर जहाँ अन्याय होता है उसे न्याय देने के लिए जो साहित्यिक लड़ाई होती है और अन्ततः जिस पर अन्याय होता है उसे न्याय मिलता है। हमारे यहाँ इस तरह की असंख्य कलाकृतियाँ निर्मित हुई हैं। सिनेमा में भी ऐसा ही होता है। और यह सभ्य समाज की भूख है कि जिस पर अन्याय होता है उसे न्याय मिलना चाहिए। साहित्य में कुछ काल तक यह माँग उपेक्षित रही थी। वह माँग हम फिर एक बार प्रस्तुत कर रहे हैं। अब तक हम एक समाज पर हुए अन्याय-अत्याचार के विरूद्ध ही बोल रहे थे। उससे भी एक व्यापक समाज है जिस पर अन्याय-अत्याचार हुए हैं। उन पर हुए अन्याय अत्याचार भी साहित्य के विषय बनने चाहिए। इसलिए दलित लेखक लिख रहा है। और लिखते समय उसे सब प्रक्रियाओं से गुजरना होगा।

- **सर, आत्मकथा सामान्यतः अन्तिम पड़ाव में लिखी जाती है, लेकिन**

आपकी आत्मकथा उम्र की पच्चीस साल की अवस्था में लिखी गयी है...

➥ देखो, ऐसा है। आत्मकथा जिन्दगी की अन्तिम अवस्था में लिखी जाने का हमारे यहाँ प्रचलन रहा है। सभी लोग बूढ़े होने पर लिखते हैं, मैं कितना अच्छा जिया, मैंने जिन्दगी में कितने कष्ट उठाए, और अब मैं...याने 'सक्सेस स्टोरी'। सभी आत्मकथाएँ बड़े आदमियों ने लिखी हैं। और वे अपने बच्चों को, पोतों को सुनाने के लिए लिखी हैं।

मैं किसी भी मनुष्य की जिन्दगी वर्षों में नहीं गिनता हूँ। मैं, मेरी उम्र सालों से नहीं, वेदना से गिनता हूँ। मैंने कितनी वेदना झेली, कितना संघर्ष किया यह महत्त्वपूर्ण है। मैंने पच्चीस साल की अवस्था में आत्मकथा लिखी। लेकिन उन पच्चीस सालों में मैंने मुझ पर लाद दी गयी हजारों सालों की अमानवीय व्यवस्था को जी लिया और उस अमानवीय वेदना के विरूद्ध मैंने प्रतिक्रिया व्यक्त की। मेरी जिन्दगी के पच्चीस साल सौ सालों से महत्त्वपूर्ण हैं। मनुष्य कितने साल जीता है यह महत्त्वपूर्ण नहीं, है वह कैसे जीता है यह महत्त्वपूर्ण है। यदि वह पच्चीस सालों में हजारों सालों की विषम व्यवस्था जिया होगा और उसके विरुद्ध उसने विद्रोह किया होगा तो वह पच्चीस साल की जिन्दगी लिखने के लिए महत्त्वपूर्ण है। दूसरी बात यह है कि यदि मैंने पच्चीस साल की अवस्था में न लिखा होता और साठ साल की अवस्था में लिखता तो मुझ पर जो अन्याय-अत्याचार हुए वह मैं भूल जाता। उसकी धार और तीव्रता भी कम हो जाती। उस तीव्रता को व्यक्त करने के लिए उसी समय लिखना चाहिए। दलित लेखकों में भी शंकरराव खरात, प्र. ई. सोनकांबले, बेबी कांबले आदि ने उम्र की अन्तिम अवस्था में आत्मकथाएँ लिखीं। उन आत्मकथाओं में इतना विद्रोह नहीं है अपितु संयम और ठहराव है। जिन्होंने उम्र की पच्चीस से पैंतीस साल की अवस्था में आत्मकथाएँ लिखी वे विद्रोही हैं, आक्रमक हैं। युवा अवस्था में जो आत्मकथाएँ लिखी गयीं वे आँधी की तरह व्यक्त हुई हैं और उम्र के आखरी पड़ाव पर लिखी गयी आत्मकथाओं में न तीखा स्वर है न बेबाकी। मैं आज 'अक्करमाशी' नहीं लिख सकता । उस वक्त मुझे किसी की चिन्ता नहीं थी इसलिए मैं बेबाकी से सब कुछ बता सका। उस समय मेरा व्यवस्था से कोई ताल्लुक नहीं था। जब व्यवस्था से आपके सम्बन्ध निर्माण होते हैं तब उन्हें निभाना पड़ता है। जब आपके कोई सम्बन्ध नहीं होते...तो नग्नता, निर्लज्जता, निडरता आ जाती है। आज वह नहीं हो सकता। आज मेरी बहू ब्राह्मण होती है, दामाद मराठा होता है, उन्हें मैं गालियाँ नहीं दे सकता।

मेरे सहकर्मी, मित्र अन्य जाति के होते हैं और वे मुझसे अच्छा बर्ताव करते हैं तो मैं उन्हे कैसे गालियाँ दे सकता हूँ। उस वक्त मैं अन्याय के विरूद्ध जिस तीव्रता से व्यक्त हुआ आज वह तीव्रता कम हो जाती। मुझे लगता है कि अनुभवों की ताजगी एवं सच्चाई के लिए उसका उसी समय व्यक्त होना आवश्यक होता है। और अनुभव व्यक्त होने के लिए साल महत्त्वपूर्ण नहीं होते, तो अनुभवों की सच्चाई और अभिव्यक्ति महत्त्वपूर्ण होती है।

- **आपकी 'अक्करमाशी' आत्मकथा वैश्विक स्तर पर पहुँची उसकी मराठी में ही नहीं, भारतीय और वैश्विक स्तर पर चर्चा हुई। उसकी जो अंतरकथा है, उसके बारे में आप क्या कहेंगे?**

➥ मूलतः वह ऐसा काल था कि डॉक्टर को रोगी जैसे अपनी पीड़ा बताता है और दवा माँगता है उस काल में इसी तरह की मेरी मानसिकता थी। तब 'बलुतं', 'उपरा', 'आठवणीचे पक्षी', 'तराल अंतराल' ये आत्मकथाएँ आ चुकी थीं। उनके माध्यम से दलित समाज की छटपटाहट, उन पर हुए अन्याय-अत्याचार सामने आ रहे थे। मुझे भी लगा कि मुझ पर जो अन्याय-अत्याचार हुए हैं, उन्हें प्रस्तुत करूँ। और मुझ पर हुए अन्याय-अत्याचार औरों की तुलना में अलग थे। और मैंने जो यह अलग जिन्दगी जी है, अन्याय सहे हैं, वह लोगों को बताने चाहिए ऐसा मुझे लगा। यह वेदना समाज के सामने आनी चाहिए ऐसा लगा। इस कारण मैंने लिखा। मेरी पीड़ा यह केवल मेरी पीड़ा नहीं थी, हमारे समाज की पीड़ा थी। मैं तो प्रतिनिधि था। हमारे समाज का दर्द बताना मेरा कर्तव्य था। यदि हम नहीं बोलते तो इतिहास हमें माफ न करता। हम पहली पीढ़ी के लोग शिक्षित होने से न्याय-अन्याय समझ रहे थे। हमारा असन्तोष व्यक्त करना जरूरी था, समय की माँग थी। और यदि हम यह दर्द नहीं बताते तो क्या अगली पीढियाँ बतातीं। हम हमारे समाज के पहले वकील थे। हमारे समाज के प्रश्न, समस्याएँ, व्यथा, बताना यह इतिहास द्वारा हम पर सौंपी जिम्मेदारी थी। उसे हम टाल नहीं सकते थे।

- **इस सन्दर्भ में दया पवार की 'हे आदिकवि' नामक कविता मिलती है। इसमें वे महर्षि वाल्मीकि को कठघरे में खड़ा करते हैं कि मैं तुम्हें महाकवि नहीं मानता। यदि तुमने अपनी जाति की पीड़ा व्यक्त करने के लिए एक श्लोक भी लिखा होता तो मैं तुम्हे महाकवि मानता।**

➥ वाल्मीकि से लेकर दया पवार के पर्व तक किसी ने दलित जीवन को यथार्थ

वाणी ही नहीं दी। दया पवार ने पहली बार यह लिखा इसलिए वे हमारे वाल्मीकि बन गये। यदि वे नहीं लिखते तो हमारी एक पीढ़ी बरबाद होती। यह केवल दलितों में ही नहीं, हर समाज में शिक्षित पहली पीढ़ी का कर्तव्य है कि अपने समाज की व्यथा प्रस्तुत करें और उनका दिशा निर्देशन करें। वरना उनके शिक्षित होने से क्या लाभ? उनकी मनुष्यता का क्या अर्थ? हमारी मनुष्यता का अर्थ याने हमारा साहित्य है।

- **दलित साहित्य की रचनाओं ने विद्रूप व्यवस्था का पंचनामा समाज के सामने प्रस्तुत किया है...**

➥ हमने विद्रूप समाज का पंचनामा करने के लिए ही लिखा है न। याने हमारे लेखन का वह एक उद्देश्य रहा है।

- **'अक्करमाशी' आत्मकथा काफी चर्चित रही। जैसे-जैसे उसके अन्य भाषाओं में अनुवाद होते रहे वैसे तहलका मच गया, लेकिन 'पुन्हा अक्करमाशी' चर्चित न हो पाई?**

➥ नहीं, नहीं। क्या है 'पुन्हा अक्करमाशी' क्या है यह लोगों को पता नहीं है। 'अक्करमाशी' श्रीविद्या प्रकाशन, पुणे ने छापी थी। वह किताबें बेच रहा था और मुझे पैसे नहीं दे रहा था। उसका तीसरा संस्करण निकला था और वह मुझे हिसाब नहीं दे रहा था। इसलिए मैं 'अक्करमाशी' दूसरे प्रकाशक को देना चाहता था। लेकिन वह कानून की बात कर रहा था। उस वक्त मेरे दिमाग में आया कि 'अक्करमाशी' का अनुवाद चलता है। 'अक्करमाशी' के हिन्दी तथा अन्य भाषाओं में जो अनुवाद हुए हैं वे प्रमाण भाषा में हुए हैं। आंचलिक भाषा में नहीं। फिर भी अनुवाद चर्चित हो रहे थे। इससे मुझे लगा कि 'अक्करमाशी' जो बोली भाषा में है उसे मराठी प्रमाण भाषा में लिखूँ। इससे क्या होता है, यह भी पता चल जाएगा। और मैं दुबारा 'अक्करमाशी' लिखूँगा तो दूसरे प्रकाशक को देकर पहले प्रकाशक को सबक सिखा दूँगा। दूसरे, 'अक्करमाशी' बोली भाषा में होने से सवर्ण, सभ्य समाज उसे पढ़ने में हिचकिचाता था। बच्चों को कहा जाता कि 'इसमें गालियाँ है, यह अश्लील है, इसे मत पढ़ो।' यहाँ के भट-ब्राह्मण तथा बुद्धिजीवियों ने 'दलित साहित्य वीभत्स है, अश्लील है' ऐसा प्रचार शुरू कर दिया था। ग्रन्थालय में स्थित पुस्तक के पहले पन्ने पर यह लिख देते कि 'यह पुस्तक मत पढ़ो' अन्दर कई स्थानों पर लाल स्याही से रेखाएँ खींच देते। दूसरे, दलित समाज के कॉन्वेन्ट में सीखे लड़के 'अक्करमाशी' को

समझ नहीं पा रहे थे। मेरी लड़की 'अक्करमाशी' समझ नहीं पा रही थी। क्योंकि वह बच्चे आगे जा चुके थे। पूरे समाज को समझने के लिए प्रमाण भाषा में लिखना आवश्यक होता है। बोली भाषा को केवल मुट्ठी भर समाज समझ सकता है। यह 'अक्करमाशी' प्रमाण भाषा में लिखी और 'पुन्हा अक्करमाशी' नाम से छाप दी।

- **आपने स्तरीय और सशक्त सृजनात्मक लेखन किया है, कर रहे हैं, बावजूद इसके आपने आरम्भ से सम्पादन भी किया है। आप सम्पादन की ओर कैसे मुड़ गये?**

➥ सम्पादन करना उस वक्त की माँग थी। उन दिनों बहुत कविताएँ नहीं लिखी जाती थीं, कथाएँ नहीं लिखी जाती थीं, आलोचना की कमी थी। और हमें हमारे साहित्य को 'दलित प्रवाह' को स्थापित करना था। किसी कवि ने पाँच कविताएँ लिखी थीं, किसी ने दस कविताएँ लिखी थीं। कविता संग्रह नहीं आए थे। सभी की कविताएँ लेकर एक कविता संग्रह निकालना जरूरी था। कथा और आलोचना को लेकर भी यही स्थिति थी। हर साल पाठकों के सामने दलित साहित्य का एक ग्रन्थ जाना आवश्यक था। जिन लेखकों का साहित्य ग्रन्थ रूप में प्रकाशित नहीं हुआ था उन्हें सम्पादित कर प्रकाशित करने की जरूरत थी। दुर्भाग्य से मराठी में सम्पादित किताबों की ओर देखने का नजरिया बहुत घिनौना है, मैं उसकी निन्दा करता हूँ। अंग्रेजी में सम्पादित साहित्य बहुत पापुलर है। कई टॉपिक पर कई किताबें मिलती है। अनुसन्धान पर कलेक्टिव वर्क मिलता है। अकेला व्यक्ति एक विषय पर सोचता है और उस विषय पर चार लोग सोचते हैं तो उस विषय को चार आयाम मिलते हैं। और काम भी जल्दी होता है। एक बड़ी किताब का अनुवाद करने में एक अनुवादक को एक साल लगता है, मगर वह काम दस अनुवादक करें तो एक महीने में पूरा होता है। और अलग-अलग शैलियाँ भी मिलती हैं। एक विषय पर दस लोगों से लेख लिखवाकर लेना और उसको प्रकाशित करना और उस विषय पर बहस छेड़ना उस वक्त की माँग थी। मैंने दलित साहित्य को स्थापित करने के लिए, विभिन्न मुद्दों को उठाने के लिए और नये लेखकों को लिखने को प्रेरित करने के लिए, उन्हें मान्यता दिलवाने के लिए सम्पादन का काम किया है।

- **वाकई आपने जो सम्पादन का काम किया है वह महत्त्वपूर्ण है। ये पुस्तकें अन्य भाषाओं में जानी चाहिए।**

➥ हाँ। अभी 'शतकातील दलित विचार' यह किताब हिन्दी मे आ चुकी है। इसमें आपने भी अनुवाद किया है। डॉ. रणसुभे जी ने कई लोगों से यह काम करवाया है। अब वे मेरे द्वारा सम्पादित 'प्रज्ञासूर्य' पुस्तक पर काम कर रहे हैं। हमारा यह प्रयास है कि सम्पादित किताबें भी अन्य भाषाओं में ले जाएँ।

- **सम्पादित किताबों के अन्तर्गत आपने 'विवाहबाह्य सम्बन्ध' इस अलग विषय पर एक पुस्तक सम्पादित की है। इसके पीछे कौन सी भूमिका रही है?**

➥ हमारे समाज में इन सम्बन्धों को लेकर लिबरल या उदार मानसिकता नहीं है। अभी विवाहबाह्य सम्बन्ध, स्त्री-पुरुष सम्बन्धों की ओर मैत्र, मैत्री के रूप में देखने की नयी दृष्टि विकसित हो रही है। विवाहबाह्य सम्बन्धों में ओर आज तक केवल लैंगिक सम्बन्ध के रूप में देखा गया है। लेकिन इन संबंधों में मित्रता का भी परिमाण है। ये मानवीय सम्बन्ध हैं। और विवाहबाह्य सम्बन्ध केवल दो मनुष्य के सम्बन्ध नहीं तो एक सामाजिक समस्या है। और उसकी चर्चा होनी चाहिए, लोगों के सामने उसके सब पहलू आ जाएँ इसलिए यह सम्पादन किया है। इस सामाजिक समस्या पर चर्चा हो, इसके विविध पहलू समाज के सामने आएँ यह उद्देश्य इसके पीछे रहा है।

- **आपके 'नरवानर', 'बहुजन', 'हिन्दू' और 'झुंड' ये दलित जीवन के सशक्त उपन्यास हैं। लेकिन इन उपन्यासों में दलित समस्या के साथ अन्य सन्दर्भ और समस्याएँ भी उठाई गयी हैं। मतलब आपके उपन्यासों में व्यापक सोच मिलती है। इस सन्दर्भ में आप क्या कहेंगे।**

➥ बराबर है। मेरे लेखन का जो पहला दौर रहा है तब मैं मेरी महार जाति और उनकी समस्याओं के बारे में ही सोचता था। पहले हम ऐसा विचार करते थे कि भारत यह दुनिया का एकमात्र ऐसा देश है जहाँ जाति व्यवस्था है और हिन्दू यह दुनिया का एकमात्र धर्म है जिसमें जाति व्यवस्था है। लेकिन यह झूठ है। जाति व्यवस्था तो अनेक देशों में, अनेक धर्मों मे हैं। और केवल महारों पर ही जातीय अन्याय होते हैं ऐसा नहीं है। मातंग, चमार तथा जनजातियों पर भी अन्याय होते हैं। मैं शिक्षित हुआ, अन्य समाज के लोगों से मिलता गया। तो अपनी जाति से बाहर आ गया। इसका अर्थ यह नहीं होता कि मैं सामाजिक परिवर्तन की मर्यादा लाँघकर बाहर गया। मेरा सोचने का दायरा बढ़ गया। मैंने देखा कि अन्य जातियों में भी छुआछूत है, अन्य जातियों पर भी जातिवादी

मानसिकता से अत्याचार होते हैं। याने मेरे मन में सामाजिक व्यापकता आ गयी। भारत में जैसी जाति व्यवस्था है वैसी नेपाल, जपान, श्रीलंका, मलेशिया, पाकिस्तान, यू. के., यू. एस. ए. में भी है। फिर मेरी भौगोलिक व्यापकता बढ़ गयी। पहले मैं केवल महाराष्ट्र, मराठी भाषा और अपनी महार जाति के बारे में सोचता था। फिर मैं भारत के बारे में सोचने लगा। मेरी सामाजिक, राजनीतिक, आर्थिक सोच व्यापक बन गयी। यह व्यापक होना अपनी सोच को मजबूत करना था, भूमिका से पलायन नहीं था। और इस सोच में अनेक मानव समूहों का समाना था। परिवर्तन की लड़ाई मजबूत जो करनी थी। हजारों सालों की ज़ातीय व्यवस्था से मुट्ठी भर समाज जूझ नहीं सकता था। जाति व्यवस्था तोड़ने के लिए हजारों जातियों को इकट्ठा करना आवश्यक था। उसके लिए व्यापक सामाजिक और राजनीतिक भूमिका लेना आवश्यक था। और इस व्यापक भूमिका से मैं विचार करने लगा। मेरी जो आरम्भिक रचनाएँ हैं उसमें केवल एक जाति का दुःख मिलेगा, एक जाति के अनुभव मिलेंगे लेकिन बाद की रचनाओं में अनेक जातियों का दुःख, अनेक प्रदेशों की भाषाएँ, अनेक आन्दोलन, अनेक समस्याएँ, अनेक सन्दर्भ मिलते हैं। और इन सभी का केन्द्र प्रजातन्त्र है। हमें प्रजातन्त्र मजबूत करना है। हम प्रजातन्त्र माननेवाले हैं। और इसका अर्थ है स्वातन्त्र्य, समता, बन्धुता मजबूत करना और फुले-आंबेडकर को अभिप्रेत सामाजिक व्यवस्था का निर्माण करना। बाबासाहब आंबेडकर ने जो संविधान लिखा, उसमें प्रजातान्त्रिक समाज व्यवस्था अभिप्रेत है। और संविधान को अभिप्रेत समाज व्यवस्था लाना है तो केवल एक जाति को लेकर बोलना-लिखना याने पूरे सर्वहारा समाज के बारे में बोलना-लिखना नहीं होता। मुझे यह एहसास हुआ और मैं तमाम शोषित जातियों के बारे में बोलने-लिखने लगा। सभी शोषितों की पीड़ा के प्रति मैं संवेदनशील बन गया ।

- **आपकी यह व्यापक भूमिका एक ओर दलित साहित्य एक आयामी है इस प्रश्न का उत्तर देती है तो दूसरी ओर दलित साहित्य यह भारतीय साहित्य से अलग नहीं है यह स्पष्ट करती है।**

➥ अब तक तीन प्रतिशत जाति ने भारतीयता का अर्थ सीमित किया था। अपनी जाति के हित को केन्द्र में रखकर 'सत्यं शिवं सुन्दरम' की परिभाषा की थी। हमें यह परिभाषा बदलनी है। राष्ट्रीयता और जनतन्त्र की परिभाषाएँ बदलनी हैं। कुछ जातियों का कल्याण याने देश का कल्याण नहीं है। हजारों जातियाँ है, हजारों शोषित वर्ग हैं। जब हम उनके कल्याण की बात करेंगे तभी जनतन्त्र

पुख्ता होगा। और जनतन्त्र मजबूत करने के लिए शोषित वर्ग की लड़ाई तेज करनी होगी। और उसके लिए ही दलित लेखकों को लिखना है। इसलिए जाति से बाहर आना होगा, जाति व्यवस्था को तोड़ना होगा। मैं मेरी जाति को तोड़ रहा हूँ, मैं और जाति का हो रहा हूँ।

- **आपके 'नरवानर' उपन्यास को क्या दलित राजनीति पर केन्द्रित पहला उपन्यास कह सकते हैं...**

➥ नहीं। मेरा पूरा लेखन ही राजनीति पर केन्द्रित है। मेरा यह आरोप है, कि हमारे जो आलोचक हैं वे इंटरडिसिप्लनरी ॲप्रोच नहीं रखते। हमारा आलोचक हिन्दी, मराठी या अंग्रेजी भाषा का अध्यापक होता है। एक भाषा को समझना, भाषा का पंडित होना और उस एक भाषा की विद्वत्ता से कलाकृति को नापना गलत है। दलित साहित्य को समझने के लिए यहाँ की जाति व्यवस्था को समझना होगा। आप यहाँ की जाति व्यवस्था को नहीं समझेंगे तो दलित साहित्य को समझ ही नहीं सकते। मैं तो अपनी रचनाओं को केवल साहित्यिक निर्मिति नहीं मानता। मैं उसके जरिए जनतन्त्र की बात करता हूँ। और जनतन्त्र यह पोलिटिकल कॉन्सेप्ट है। प्रजातन्त्र मजबूत करना यह राजनीतिक कृति है - पोलिटिकल एक्शन। लिखना यह एक्शन है। जब मैं लिखता हूँ तो मैं कुछ एक्शन लेता हूँ। और यह एक्शन पोलिटिकल एक्शन है। मेरा पूरा लेखन और मेरी पूरी सोच पोलिटिकल है। मै पोलिटिकल ध्येय से प्रेरित होकर लिख रहा हूँ। बाबासाहब आंबेडकर ने कहा है कि 'राजनीतिक जमात होना चाहिए'। मै शोषितों को, दलितों को, पिछड़ो को सत्ता के केन्द्र में लाना चाहता हूँ। उनके हाथ में सत्ता देना चाहता हूँ। उन्हें प्रमुख स्थानों पर देखना चाहता हूँ। और इसके लिए मुझे राजनीतिक जागृति करनी है। हक और अधिकार यह पोलिटिकल कॉन्सेप्ट है। उन्हें समझना होगा। गुलाम को गुलामी का एहसास दिलाए बगैर वे गुलामी के खिलाफ विद्रोह नहीं कर सकते। और इसके लिए राजनीतिक जागृति आवश्यक है।

मूलतः दलित साहित्य की राजनीतिक मीमांसा होनी चाहिए, जो कभी नहीं होती। दलित साहित्य के सभी समीक्षक भाषापंडित हैं। उनका समाजशास्त्र और राजनीतिशास्त्र का ज्ञान सीमित है। वे यहाँ की जाति व्यवस्था और राजनीति को समझ नहीं रहे हैं। आज जो बड़ी संख्या में दलित साहित्य लिखा जा रहा है वह राजनीतिक और सामाजिक विचार से प्रेरित है। उसकी ढंग से समीक्षा नहीं होती। समीक्षक नहीं जानते हैं कि केवल भाषा के तंत्र से इसका मूल्यांकन नहीं

हो सकता। इस कारण कोई भी समीक्षक इसका सही मूल्यांकन नहीं कर रहा है। क्योंकि मूल्यांकन करें तो उसे मुँह की खानी होगी। पहले कुछ भी लिखें तो चलता था लेकिन अब लोग शिक्षित हुए हैं। दलितों की लड़ाई राजनीतिक अधिकार के लिए हो रही है। और जो राजनीतिक अधिकार के लिए लिखा जा रहा है, राजनीतिक आन्दोलन के आधार पर लिखा जा रहा है, उस साहित्य का केवल साहित्यिक मूल्यांकन करना ढकोसला है। इसका राजनीतिशास्त्र की दृष्टि से मूल्यांकन होना आवश्यक है। लेकिन हमारे यहाँ राजनीतिशास्त्र के विद्वानों की पहुँच नहीं है। वे केवल राजनीतिशास्त्र के सिद्धान्त, पक्ष और आन्दोलन बताते हैं। साहित्य का भी राजनीतिशास्त्र से, इंटरडिसिप्लनरी पद्धति से अध्ययन होना चाहिए। जो शोषित लिख रहे हैं, उनके साहित्य का समाजशास्त्रीय तथा राजनीतिशास्त्र की दृष्टि से विचार होना चाहिए। सामाजिक परिवर्तन को भाषाशास्त्रीय दृष्टि से हम समझ नहीं सकते। इसके लिए आपको समाजशास्त्र और राजनीतिशास्त्र के सिवा विकल्प नहीं है। और क्रान्ति यह भाषिक नहीं होती, वह राजनीतिक घटना ही होती है। क्रान्ति से सत्तान्तर ही होता है। किसी राजसत्ता को जमीनदोस्त करना याने क्रान्ति ही होती है। और क्रान्ति के लिए लिखा साहित्य, राजसत्ता को उखाड़ना चाहता है। और दलित साहित्य चंद घरानों, चन्द पार्टियों की सत्ता उखाड़कर विस्थापितों की राजनीति लाना चाहता है। विस्थापितों की राजनीतिक आकांक्षाएँ, उनका राजनीतिक स्वप्न और सामर्थ्य समझे बगैर इस साहित्य की सही समीक्षा नहीं हो सकती। और मराठी में इतनी समझ रखनेवाला समीक्षक नहीं है।

• **मतलब दलित साहित्य की सही समीक्षा नहीं हुई है?**

➥ नहीं हुई है। और कोई इसे कर भीं नहीं सकता। इसके लिए उसे कार्यकर्ता होना चाहिए। उसे माहिर होना चाहिए कि वह समाज व्यवस्था और राजनीति को जाने, समाज व्यवस्था और राजनीति में जो उथल-पुथल हो रही है उसे समझे। यहाँ तो ट्रेडिशनल विचार हो रहा है। समाज में जो उथल-पुथल हो रही है, सामाजिक ध्रुवीकरण हो रहा है, सत्ता में जो नये लोग आ रहे हैं इसे देखना होगा ना। यहाँ के नये राजनीतिक समीकरणों को समझना होगा। लेकिन हमारे यहाँ अनुसन्धान भी ट्रेडिशनल ही हो रहा है। इसके लिए हमारा पाठ्यक्रम बदलना चाहिए। केवल रिफ्रेशर कोर्स से हमारे अध्यापक सुधर नहीं सकते। सभी को आन्दोलन में जाना चाहिए। समाज में जाना चाहिए, समाज से जुड़ना चाहिए। वह समाज में जाएगा तो उसका रिफ्रेशर होगा। केवल भाषण देने से,

सुनने से रिफ्रेशर नहीं होगा। भाषा और समाजशास्त्र के अध्यापक की समाज से नाल टूट गयी है उसे जोड़ना होगा। हम साहित्यकारों को, बुद्धिजीवियों को अलग निकालते हैं। इसे खत्म करना चाहिए। और इसे खत्म करने का काम दलित साहित्य करता है। हम जोड़ना चाहते हैं, तोड़ना नहीं। हजारों सालों से अलग-अलग तरीकों से मनुष्य को विभक्त करने की जो प्रोसेस है, उसे तोड़ना होगा। समाज से किसी व्यक्ति को तोड़ना, अलग रखना यह जातिवादी भूमिका से ही प्रेरित होता है। और समाज में व्यक्ति को लाकर मिलाना यह जाति व्यवस्था नष्ट करने की प्रवृत्ति है।

- **दलित साहित्य की ढंग से समीक्षा न होने के कारण; या समीक्षा में जो त्रुटियाँ थीं उसे पाटने के लिए आप समीक्षा लेखन की ओर मुड़े?**

➥ हमने जो शुरू किया वह नया साहित्य था। दलित साहित्य नया साहित्य है। दलित साहित्य केवल लिखने से स्थापित नहीं होता। उसके मूल्यांकन सिद्धान्त, सौन्दर्यशास्त्र, आलोचना का निर्माण करना आवश्यक था। 'इस साहित्य की आप आलोचना नहीं कर सकते, आपको यह नहीं समझ आएगा' ऐसा कहना भी ठीक नहीं होता।

- **इसी कारण आपने दलित साहित्य का सौन्दर्यशास्त्र लिखा?**

➥ सौन्दर्यशास्त्र लिखा, सम्यक आलोचना की। अन्य वर्ग तथा जाति के लोगों को राह दिखानी थी जिससे वे आगे बढ़ें। उनमें सही सोच निर्माण करनी थी। और वे दलित साहित्य को इस ढंग से और ध्यान से पढ़ें यह मेरी भूमिका थी। इसलिए मैंने आलोचना लिखी है।

- **सर, आपकी पुस्तकों के मुखपृष्ठ और उसमें होनेवाले रेखांकन बड़े ही कलात्मक हैं, वे काफी कुछ कहते हैं। मुझे लगता है कि यह आपके किताबों की खासियत है। क्या आप स्वयं इसमें आग्रही रहते हैं?**

➥ मेरी जब किताब आती है तब मेरी जो सोच है, मेरा जो विचार है, कमिटमेंट है वह उस चित्र में आ जाय इसके लिए मैं आग्रही रहता हूँ। पसन्द न आने पर कई चित्रकारों के चित्र मैंने फेंक दिए हैं। इस सन्दर्भ में मैं एक बात कहना चाहता हूँ। मेरी 'अक्करमाशी' आत्मकथा का चित्र एक जाने-माने चित्रकार ने बनाया था। और वह चित्र चन्दन तस्कर वीरप्पन जैसा था। यहाँ के जो कलावादी चित्रकार हैं वे दलित कहने पर वह काला रहेगा, उसकी नाक चपटी

होगी, वह गुंडा मवाली जैसा दीखता होगा ऐसा मानते हैं। मैं उस चित्रकार के घर गया। मैंने उस चित्रकार से कहा, 'मैं एसी कार से आया हूँ। मैंने अच्छे कपड़े पहने हैं। मेरा नाक-नक्शा अच्छा है। फिर तुमने मेरी किताब का कवर चन्दन तस्कर, डाकू जैसा क्यों बनाया? या तेरे दिमाग में ऐसा है कि दलित डाकू, मवाली, बदमाश, काले, विकृत होते हैं। और उनकी पुस्तकों के कवर भी वैसे ही होने चाहिए। पहले तुम अपनी सोच बदलो। हम सुन्दर हैं, अच्छा रहना चाहते हैं और आपके जैसे ही दिखाई देते हैं। फिर हमें ऐसा क्यों चित्रित करते हैं।' इसलिए मुझे लगता है कि, मेरी पुस्तक का कवर सुन्दर होना चाहिए, वह मेरी जाति को बदनाम करनेवाला नहीं होना चाहिए। दूसरे मेरी वेदना और विद्रोह की भावना उसमें व्यक्त होनी चाहिए। और दलितों में कुछ ऐसे कमिटेड कलाकार हैं जिन्होंने अपनी कला के माध्यम से वेदना ओर विद्रोह को प्रकट किया है। फिर मैंने ऐसे चित्रों का अपनी किताबों के लिए चयन किया है। जिस किताब में जिस तरह की पीड़ा है उसे व्यक्त करनेवाला चित्र उस किताब की मुखपृष्ठ पर हो इसके लिए मैं आग्रही रहता हूँ। इसीलिए प्रोफेशनल किताब से मेरी किताब अलग लगती है।

- **आप पुणे से लम्बी यात्रा करके यहाँ आये हैं। थके तो नहीं या ब्रेक लेंगे?**

➥ नहीं, नहीं। मुझे कोई दिक्कत नहीं। मैं तो पूरी रात बोलता रहूँगा। बस बोलते-बोलते चाय पीएँगे।

- **'दलित साहित्य की अवधारणा के बारे में आपके क्या विचार हैं?**

➥ दलित साहित्य के केन्द्र में दलित होना जरूरी है। क्योंकि जो पीड़ा है वह दलित लेखक को जन्म से मिली है। और जन्म से मिली पीड़ा को ध्वस्त करने के लिए जो चेतना चाहिए वह उसे जन्म से मिलती है। जैसे कि महिला जब प्रसूत होती है, तब उसकी जो वेदनाएँ होती है, उसे वह महिला ही जानती है। डॉक्टर उसकी प्रसूति करें तो भी डॉक्टर को उसकी पीड़ा मालूम नहीं हो सकती है। क्योंकि पीड़ा वह महिला स्वयं भोगती है ना। जन्म से दलित होना इसीलिए महत्त्वपूर्ण है। जो भोगता है, झेलता हैं वही व्यक्त कर सकता है। और हजारों सालों से गैरदलितों ने दलित साहित्य क्यों नहीं लिखा? उनको किसी ने रोका तो नहीं था। वे शिक्षित थे, लिख रहे थे, फिर क्यों नहीं लिखा? और आज दलित लिख रहे हैं तो कहतें है कि हम भी लिख सकते हैं। हजारों

सालों बाद जब दलित लिख रहे हैं तो उनका स्वागत करने की बजाय उनका खंडन करना गलत है। और गैर-दलित कल्पना से लिखना चाहते हैं। वे हमारी गन्दी बस्ती में आना नहीं चाहते। यदि वे आना चाहते हैं तो मैं उनका स्वागत करता हूँ। जो लेखक दलितों का भाईचारा से न्याय, स्वतन्त्रता की भावना से चित्रण करें उनका मैं स्वागत करता हूँ। मगर जो दलितों को निम्न दिखाएँगे, उनके प्रति दया, सहानुभूति दिखाएँगे ऐसी प्रवृत्ति की हम निंदा करते हैं। और गैर दलितों का पूरा लेखन दया से भरा हुआ है। दलित कभी उनके प्रमुख पात्र नहीं बने हैं। और बने हैं तो भी उनका वर्णन सही नहीं है। दलित लेखक जिस बेबाकी से यथार्थ को प्रकट कर सकता है, वैसा गैरदलित लेखक प्रकट नहीं कर सकता। इसलिए हम जन्म से दलित होना और अनुभूतिजन्य पीड़ा को महत्त्वपूर्ण मानते हैं। कोई जन्म से दलित होने से भी मैं उसे दलित लेखक नहीं मानता। मराठी कवि ग्रेस जन्म से दलित हैं लेकिन मैं उन्हें दलित लेखक नहीं मानता। केवल जन्म से दलित होना ही महत्त्वपूर्ण नहीं, उसके साथ दलित चेतना होना महत्त्वपूर्ण है। दलित चेतना दलित साहित्य की आत्मा है। और जिस साहित्य में वह होती है वही दलित साहित्य है। और मुझे लगता है कि गैरदलित लेखकों का साहित्य दलित चेतना से रहित है। दलितों द्वारा दलितों के बारे में दलित चेतना से लिखा साहित्य ही दलित साहित्य है।

- **महाराष्ट्र में दलित साहित्य का आरम्भ सन् 1960 के आसपास माना जाता है। याने अब दलित साहित्य अर्द्धशती की यात्रा पूरी करने जा रहा है। इस यात्रा में दलित साहित्य की कौन-सी महत्त्वपूर्ण उपलब्धियाँ रही हैं?**

➥ एक तो दलित साहित्य का निर्माण यही सबसे बड़ी उपलब्धि है। हजारों सालों से यह समाज मूक था, व्यक्त नहीं हो रहा था। और वह व्यक्त होने लगा। और यह व्यक्त होना याने 'राइट टू एक्सप्रेशन' यह फंडामेंटल राइट है। इस जनतांत्रिक देश में हमारा जनतांत्रिक होना यह एक बड़ी उपलब्धि है। पहले लब्धप्रतिष्ठ लोग ही साहित्य लिखते थे और उनकी भाषा प्रमाण भाषा थी। वह दलितों की भाषा नहीं थी। उसमें दलितों की वेदना और नकार नहीं था। दलितों ने भारतीय साहित्य को नयी भाषा एवं नया स्वर दिया। इसे मैं बड़ी उपलब्धि मानता हूँ। दूसरे, दलित साहित्य जब चर्चित हुआ, दलित साहित्य के प्रश्न जब पाठक पढ़ने लगे तब अन्य साहित्य प्रवाहों का जन्म हुआ। वहाँ भी नयी शिक्षित पीढ़ी लिखने लगी। दलित आत्मकथाओं से प्रभावित होकर महिलाओं

ने बड़ी संख्या में आत्मकथाएँ लिखीं। दलितों के आक्रोश और विद्रोह से ग्रामीण साहित्य प्रभावित हुआ और उसका स्वरूप बदला। सन् 1920 से स्वातन्त्र्य प्राप्ति तक के ग्रामीण साहित्य का स्वरूप अलग है और 1960 के बाद दलित साहित्य के प्रभाव से लिखे ग्रामीण-आंचलिक साहित्य का स्वरूप अलग है। दलित साहित्य ने मानवीय मूल्यों की महत्ता का प्रचार किया है। दलित साहित्य ने स्वातन्त्र्य, समता, बन्धुता इन मूल्यों को उठाया है। यहाँ जब मध्यवर्ग कलावादी विचार को समर्थन दे रहा था उस पृष्ठभूमि में दलित साहित्य आता है। दलित साहित्य के आगमन से कलावादी विचार पीछे हटता है और जीवनवादी विचार प्रबल होता है। साहित्य में जीवनवाद लाना, यथार्थवाद लाना, साहित्य में आम आदमी की महत्ता को स्थापित करना ये दलित साहित्य की महत्त्वपूर्ण उपलब्धियाँ रही हैं।

- **दलित साहित्य की भाषा तो काफी सशक्त रही है। आपकी 'अक्करमाशी' आत्मकथा की भाषा तो अलग अध्ययन की माँग करती है। बावजूद इसके दलित साहित्य की भाषा पर पर्याप्त चर्चा नहीं हो पाई है।**

➥ दलित साहित्य की भाषा अलग है। हजारों सालों से लब्धप्रतिष्ठ समाज कहता था कि 'ये गन्दी बस्ती के लोग हैं, वे गन्दी भाषा बोलते हैं, उनकी ओर जाना नहीं चाहिए।' इस प्रकार की एक मान्यता थी। दलित साहित्य ने गन्दी बस्ती की गन्दी भाषा को साहित्य में स्थापित किया। इससे साहित्य में गालीगलौज आ गयी। मगर यह खाली गालीगलौज नहीं थी। ईश्वर, धर्म तथा व्यवस्था को गाली देने के पीछे यह भावना थी कि आम आदमी धर्म तथा ईश्वर से भी पवित्र है। आम आदमी देश से भी पवित्र है। आम आदमी को केन्द्र में रखकर जो सोच व्यक्त हो गयी वह गाली नहीं थी। और दलित लेखक का सन्ताप व्यक्त करने का तरीका गालीगलौज का ही था। यहाँ की धर्म व्यवस्था ने हजारों सालों से हमें इतनी पीड़ा दी थी कि उसका विरोध शान्त भाव से, प्रेम से नहीं हो सकता था। वह गाली देकर ही हो सकता था। हमारी कविता खाली कविता नहीं थी। वह हमारी एक गाली थी। हम जब गालीगलौज करते तो वह कविता बन जाती थी। हम हमारी भाषा में सहज व्यक्त हो रहे थे। हमारी भाषा में सहजता है, सन्ताप है, बेबाकी है, हमारी गाली के सन्दर्भ हैं। ये प्रमाण भाषा में नहीं हैं। प्रमाण भाषा में हम 'बलुतं', 'अक्करमाशी', 'उपरा' नहीं लिख सकते थे क्योंकि उसमें जो आंचलिक शब्द हैं वे प्रमाण भाषा में नहीं है। प्रमाण भाषा अभिजन वर्ग की भाषा है और उन्हीं के परिवेश में वह विकसित हुई है।

और दलित साहित्य की भाषा वहाँ की है जिस गाली को लब्धप्रतिष्ठित वर्ग गन्दी गाली समझता था। और यह भाषा अलग थी। इसका स्वर अलग था। यह गालीगलौज, सन्ताप व्यक्त करनेवाली भाषा थी। हजारों सालों से इसको साहित्य में प्रवेश नहीं मिला था, इसका अध्ययन नहीं हुआ था। जब यह भाषा नये शब्द, नया स्वर और नये मुहावरे लेकर व्यक्त हुई तो लोगों को लगा कि यह कुछ अलग है। इस अलग रसायन का भाषाशास्त्रीय दृष्टि से अध्ययन होना आवश्यक था। मगर जिन शब्दों को वे नहीं जानते थे उन शब्दों को उन्होंने गन्दे कहकर टाल दिया। ये लोग अमरीका, यूएसए., यूके, के अंग्रेजी शब्द डिक्शनरी लेकर देखते हैं लेकिन अपने गाँव के बाहर रहनेवाले लोगों की भाषा, उनके शब्द नहीं समझते। यह खेदजन्य बात है। और ये शब्द किसी डिक्शनरी में नहीं है। और जो भाषाशास्त्री थे वे लब्धप्रतिष्ठ वर्ग के थे, उच्च वर्ग के थे, उनको इस भाषा की समझ नहीं थी। अतः इस भाषा को गन्दी कहकर टाल देना यह आसान तरीका था। इसलिए दलित साहित्य का 'यह गटर साहित्य है' इस प्रकार का भी प्रचार किया गया। मुझे लगता है कि दलितों का सामाजिक, आर्थिक, राजनीतिक ही नहीं तो भाषिक शोषण भी हो गया है। और किसी समाज को ज्ञान से दूर रखना हो तो उस समाज को ज्ञान की भाषा से दूर रखा जाता है। संस्कृत में ज्ञान था और संस्कृत पढ़ने का शूद्रों पर प्रतिबन्ध लगाया गया था। बाबासाहब आंबेडकर जब संस्कृत पढ़ना चाहते थे तो उन्हें संस्कृत सीखने नहीं दी। उन्हें पारसी सीखनी पड़ी । संस्कृत यह 'देववाणी' थी लेकिन 'लोकवाणी' नहीं थी। यह भेद की भाषा याने 'लैंग्वेज ऑफ डिस्क्रिमिनेशन' रही है। यह एक को पवित्र और दूसरे को अपवित्र माननेवाली भाषा है। इस भाषा को गाड़ देना चाहिए। और जब तक इसे गाड़कर अंग्रेजी को आत्मसात नहीं करेंगे तब तक हम आगे नहीं बढेंगे। इस प्रकार की समझ अब दलितों में आ रही है।

दलितों को इतनी भाषाओं में क्यों बाँटा है? हमारे यहाँ बयालिस घूमन्तू जातियाँ है और हर एक की भाषा अलग है। इनकी भाषा एक क्यों नहीं? यदि इनकी भाषा एक होती तो ये एक-दूसरे से संवाद करते। एक-दूसरे से मिलते, परस्पर पीड़ा बाँटते और उनमें एक क्रान्ति की चिनगारी उत्पन्न होती। लेकिन उन्हें बाँटने में, अज्ञान के अन्धकार में रखने के पीछे सांस्कृतिक जीवन ध्वस्त करने की साजिश थी। यहाँ के जातिवादी बुद्धिजीवियों ने दलितों का भाषिक शोषण किया है। और हजारों सालों से शोषित भाषा का अध्ययन होना जरूरी था मगर यहाँ के भाषाशास्त्रयों ने वह नहीं किया है। और वे कर भी नहीं सकते क्योंकि

उनमें इतनी हिम्मत और क्षमता नहीं है।

- **दलित जीवन का प्रभावपूर्ण प्रकटन किस विधा से होता है, ऐसा आपको लगता है?**

➥ मराठी में यह आत्मकथा के रूप में मिलता है। दलितों ने आत्मकथाएँ क्यों लिखीं? उसका कारण यह रहा कि साहित्य लिखने के लिए प्रतिभा आवश्यक मानी जाती थी। जिसके पास अनुभव है वह लेखक बन सकता है इस प्रकार की मान्यता नहीं थी। लेखक कौन बन सकता था? जो सरस्वती का पुत्र है, जो शब्दप्रभु है, जिसे ईश्वर की देन है, जिसके सपने में आकर देवदूत प्रेरणा देता है वही लेखक बन सकता था। और हम तो सरस्वती के मन्दिर में भी नहीं जा सकते थे। फिर हम कैसे लेखक बन जाते। लिखने के लिए हमारे पास योग्यता हीं नहीं है इस प्रकार की यहाँ मान्यताएँ थीं। दलित लेखकों ने इस मान्यता को रद्द कर दिया, तोड़ दिया। लिखने के लिए तो अनुभव चाहिए, वेदना चाहिए, स्वयं की भाषा चाहिए, यह जिसके पास हो वह लिख सकता है। और यह आत्मकथा के माध्यम से आसानी से लिखा जा सकता है। अपने अनुभवों का बयान करने के लिए उच्च शिक्षा की भी जरूरत नहीं है। जिसे लिखने को आता है, वह लिख सकता है। एक दुकानदार लिख सकता है, एक कुली लिख सकता है, एक पॉकेटमार भी लिख सकता है। लक्ष्मण गायकवाड एक पॉकेटमार था जिसने 'उचल्या' (उचक्का) आत्मकथा लिखी। आप्पा कोरके एक कुली था जिसने 'मी तर एक हमाल' (मैं तो ठहरा कुली) आत्मकथा लिखी। पहले लेखक की जाति तय थी, पेशा तय था, उसकी गली तय थी, उसके पाठक तय थे और प्रकाशक तय थे। मगर दलित लेखकों ने यह सब तोड़ दिया। जिसके पास अनुभव हैं वह लिख सकता है इस प्रकार की नयी मान्यता स्थापित की। और यदि यह मान्यता हजारों सालों से होती तो भारतीय साहित्य का चेहरा अलग होता। खाली किसी एक जाति के साहित्य को भारतीय साहित्य नहीं कह सकते।

- **लेकिन ऐसा कहा जाता है कि एक व्यक्ति एक बार आत्मकथा लिख देता है तो उसके अनुभव पूरे हो जाते हैं...**

➥ यह तो ब्राह्मण पंडितों द्वारा चलाया गया प्रचार है कि 'एक लेखक जो आत्मकथा लिखेगा वह खत्म हो जाएगा'। किसी भी दलित लेखक पर यह वक्तव्य लागू नहीं होता। संत ज्ञानेश्वर ने केवल पाँच-छः किताबें लिखी है।

खाली 'ज्ञानेश्वरी' को लोग जानते हैं। किसी लेखक की एक किताब लोगों को मालूम होती है और उसके लिए वह काफी होता है। अण्णा भाऊ साठे ने इतने उपन्यास लिखे लेकिन लोगों को केवल उनका 'फकिरा' उपन्यास मालूम है। बाबुराव बागूल ने इतना लिखा लेकिन लोग केवल उनके 'सूड' उपन्यास को जानते हैं। दया पवार ने इतनी किताबें लिखी लेकिन लोग केवल उनकी 'बलुतं' आत्मकथा को जानते हैं। याने लेखक उसकी सफल, चर्चित किताब से पहचाना जाता है। और उसी किताब को लेकर उसकी पहचान बन जाती है। और आत्मकथा लिखने से लेखक खत्म होता है ऐसा मैं नहीं मानता। लेखन यह सागर जैसा, कुएँ जैसा होता है। हम कुएँ से पानी निकालेंगे तो क्या कुएँ का पानी खत्म होगा? नहीं होता, दूसरा पानी आता है। कोई आत्मकथा लिखे तो उसके निजी अनुभव खत्म होंगे लेकिन उसका सोचना, उसका सपना, उसकी प्रतिबद्धता, सक्रियता यह बातें खत्म नहीं होतीं। यथा समय नया पानी आता है, नया मोड़ आता है, नया लेखन आता है। और दलित लेखकों ने काफी लिखा है। केवल एक ही किताब लोगों ने पढ़ी है और उसको लेकर टीका-टिप्पणी हुई है। और किसी लेखक ने यदि एक किताब लिखी होगी तो क्या फर्क पड़ता है। वह लेखक लगातार किताबें लिखे ऐसा क्यों? सृजन प्रक्रिया थोड़े ही फैक्टरी है। जब तक उसके पास ऊर्जा है, ऊर्मी है, अनुभव है तब तक वह लिखे। अब विश्राम बेडेकर ने 'रणांगण' यह एक ही उपन्यास लिखा लेकिन उन पर ऐसी अभद्र टिप्पणी नहीं होती। क्यों नहीं होती? होनी चाहिए ना। (हँसते हैं)

● **अब हिन्दी में भी दलित साहित्य अपनी पहचान बना रहा है। 'हिन्दी दलित साहित्य मराठी की कलम है' ऐसा कहा जाता है। इस सन्दर्भ में आप क्या कहेंगे?**

➥ देखिए, हिन्दी दलित लेखक इसे नकारते हैं। मराठी में दलित साहित्य सन् 1960 से प्रकाशित हो रहा है। और हिन्दी में दलित साहित्य 1990 से प्रकाशित हो रहा है। हम मराठी के दलित लेखक दया पवार, लक्ष्मण माने, प्र. ई. सोनकांबले, लक्ष्मण गायकवाड आदि पहले हिन्दी में चर्चित हुए। हिन्दी में दलित साहित्य की चर्चा मराठी लेखकों से शुरू हो गयी। उन पर विशेषांक निकाले गये कमलेश्वर ने दया पवार को हिन्दी में काफी चर्चित किया। राजेंद्र यादव ने दलित साहित्य पर बहस शुरू की। और नवें दशक में हिन्दी दलित लेखकों की पुस्तकें प्रकाशित होती दिखाई देती हैं। दूसरी बात यह कि मराठी

में दलित साहित्य आने से पहले यहाँ अमरीकन ब्लैक लिटरेचर की चर्चा होती थी। मैंने 'अक्करमाशी' लिखने के दौरान ब्लैक लिटरेचर पढ़ा नहीं था। लेकिन उसकी चर्चा ने भी मुझे प्रभावित किया था। यदि हिन्दी लेखकों ने मराठी लिटरेचर पढ़ा नहीं होगा लेकिन इस चर्चा से प्रभावित हुए होंगे। और इससे प्रभावित होकर उन्होंने लेखन किया है। हाँ, यह मराठी की कलम नहीं है। कलम कहना गलत है।

- **मतलब मराठी दलित साहित्य से वे प्रभावित हुए हैं?**

➥ हाँ, प्रभावित हैं। और मराठी दलित लेखक भी अमरिकन ब्लैक लिटरेचर से प्रभावित हैं। और किसी अच्छे विचार से, साहित्य से प्रभावित होना यह तो लेखक का धर्म ही होता है। यदि वह इतना संवेदनहीन है तो वह लेखक नहीं बन सकता। और मुझे लगता है कि, हिन्दी दलित लेखक संवेदनहीन नहीं हैं। मुझे लगता है कि उन्होंने मराठी दलित लेखन से प्रेरणा ली है। और कई हिन्दी दलित लेखक यह स्वीकार भी करते हैं।

- **मराठी की दलित आत्मकथाएँ हिन्दी में ही नहीं, न बल्कि भारतीय तथा विदेशी भाषाओं में चर्चित हुई हैं लेकिन हिन्दी या अन्य भाषा की आत्मकथा मराठी में चर्चित न होने का क्या कारण है?**

➥ देखिए, यह सवाल बार-बार उठाया जा रहा है। 'मराठी में दलित साहित्य क्यों निर्माण हुआ?' ऐसा भी सवाल उठाया जाता है। मुझे दिल्ली में यही सवाल पूछा गया था। और कहा जाता है कि मराठी में फुले-आंबेडकर हुए इसलिए मराठी में दलित साहित्य का निर्माण हुआ। यह सही है मगर बाबासाहब किसे मानते थे? बाबासाहब बुद्ध, कबीर और फुले को मानते थे। फिर बुद्ध और कबीर तो उधर ही हुए ना। फिर वहाँ क्यों पहले साहित्य निर्माण नहीं हुआ? मुझे लगता है कि जहाँ युवाओं का आन्दोलन होता है वहाँ समाज सक्रिय होता है। और समाज का सक्रिय होना मुझे महत्त्वपूर्ण लगता है। यहाँ दलित पैंथर का आंन्दोलन था। यहाँ के दलित युवकों ने संगठित होकर बहुत संघर्ष किया है। अन्य प्रदेशों में दलित युवकों का ऐसा आन्दोलन नहीं मिलता है। अभी बसपा उत्तर भारत में काम कर रही है। एक पार्टी के रूप में उभर आयी है। ये नब्बे के बाद का माहौल है। मराठी में दलित युवकों का आन्दोलन था, फुले-बाबासाहब का विचार था इसलिए मराठी में दलित साहित्य बड़े पैमाने पर, सैलाब की तरह व्यक्त हुआ है। हिन्दी पट्टी में ऐसी सामाजिक परिस्थितियाँ

नहीं थीं। वहाँ बाद में ऐसी परिस्थिति आयी है।

दूसरी बात यह कि मराठी दलित साहित्य का तेवर बड़ा मिलिटंट है। मराठी साहित्य में जो विद्रोह है, मिलिटन्सी है वह अन्य भाषाओं में नहीं है। चूँकि यहाँ युवकों का आंन्दोलन रहा है, फुले-आंबेडकर का आन्दोलन रहा है। इससे यहाँ के युवक जब लिखने लगे तो उनका तेवर तीखा रहा है। हिन्दी का तेवर इतना तीखा नहीं है।

सन् 1960 से 1990 तक यहाँ के पाठकों ने अन्य भाषा की तुलना में मराठी दलित साहित्य की अनेक विधाओं को, अनेक लेखकों को पढ़ा है, पचाया है, चर्चा की है। इस परिप्रेक्ष्य में अन्य भाषा की आत्मकथा मराठी में चर्चित नहीं हुई। 'बलुतं' जैसी सशक्त मराठी दलित आत्मकथा से अन्य भाषा की आत्मकथा का मराठी अनुवाद कॉम्पिट नहीं कर सकता है। 'बलुतं', 'उपरा', 'उचल्या', 'अक्करमाशी', 'कोल्हाट्याचं पोर' ये जो मराठी की दलित आत्मकथाएँ हैं उनमें बेबाक अभिव्यक्ति हुई है। इतनी बेबाकी, इतनी मौलिकता, इतना विद्रोह मराठीतर दलित लेखकों की रचनाओं में नहीं है। और मराठी पाठक तथा समाज ने ऐसी मौलिक रचनाएँ पढ़ी होने के कारण वे अन्य भाषा की रचनाएँ पढ़ना स्वीकार नहीं करते होंगे। और मराठी की मौलिक किताबें हिन्दी में ही नहीं तो अन्य भाषाओं में भी गयी हैं। मेरी 'अक्करमाशी' आत्मकथा पहले हिन्दी में नहीं, कन्नड़ में गयी है। दया पवार की 'बलुतं' आत्मकथा पहले हिन्दी में नहीं, जर्मनी में गयी है। याने मराठी की दलित आत्मकथाएँ जैसे हिन्दी में प्रकाशित हुई हैं, वैसे अन्य भारतीय तथा विदेशी भाषाओं में भी प्रकाशित हुई है। हिन्दी पाँच-छ राज्यों की भाषा है। वहाँ की आबादी भी ज्यादा है। और अब वहाँ के दलित लेखक भी बड़े पैमाने पर लिख रहे हैं। और हिन्दी सम्पर्कभाषा होने के कारण हिन्दी लेखकों के नाम पूरे देश में जा रहे हैं। मगर मराठी रिजनल लैंग्वेज होने के कारण यहाँ के लेखक महाराष्ट्र तक सीमित रहे हैं। मुझे लगता है कि मराठी रचनाओं के गति से अनुवाद होने चाहिए।

मराठी भाषा की रचनाओं की एक अलग अर्थवत्ता है। हमारे यहाँ 1960 में दलित साहित्य को लेकर जो चर्चा हो रही थी वह अब तमिल, कन्नड़, गुजराती, तेलगु, मलयालम, पंजाबी आदि रिजनल भाषाओं में शुरू हुई है।

- **महाराष्ट्र में दलित साहित्य काफी गति के साथ विकसित हुआ है। हिन्दी पट्टी तो व्यापक है बावजूद इसके वहाँ संख्यात्मक और गुणात्मक दृष्टि से दलित साहित्य उतना उभर क्यों नहीं पाया?**

➥ प्रदेश कितना व्यापक या छोटा है यह महत्त्वपूर्ण नहीं होता है। आप कितने बड़े प्रदेश में रहते हैं यह महत्त्वपूर्ण नहीं होता, इसकी अपेक्षा आप कैसे प्रदेश में रहते हैं, वहाँ के परिवेश में कितनी जागरूकता है, यह महत्त्वपूर्ण होता है।

- **इधर दलित साहित्य के भविष्य को लेकर काफी चर्चा हो रही है, इस सन्दर्भ में आप क्या कहेंगे?**

➥ जब तक इस देश में जाति व्यवस्था है तब तक दलित साहित्य लिखा जाएगा। और मुझे नहीं लगता कि किसी चमत्कार से जाति व्यवस्था खत्म होगी। दलित साहित्य के भविष्य के बारे में प्रश्न खड़े करना तो एक षडयन्त्र है। मैं तो 1960 से देख रहा हूँ कई सवाल खड़े किए जाते हैं, लेखकों को घेरे में पकड़ा जा रहा है। यह षडयन्त्र उनकी तेज रफ्तार को धीमी करने के लिए है। और इस घेरे में हम नहीं आना चाहते। दलित साहित्य आगे भी लिखा जाएगा और वह सशक्त रहेगा। यहाँ तो जातिव्यवस्था नये चेहरे, नये संन्दर्भ, नयी भाषा लेकर व्यक्त हो रही है। और उसको तोड़ने के लिए और भी ताकत के साथ लड़ना है।

- **अब तो अन्य प्रदेश और भाषाओं से भी दलित साहित्य आ रहा है। इसके चलते भारतीय दलित साहित्य एक व्यापक रूप ग्रहण कर सकता है।**

➥ हर भाषा से दलित साहित्य आ रहा है। मेरी एक नयी किताब इस सन्दर्भ में आ रही है। साहित्य अकादमी ने शिवाजी विश्वविद्यालय, कोल्हापुर, में पूरे भारतीय दलित साहित्य पर एक सेमिनार आयोजित किया था। इसमें भारतीय भाषाओं में जो दलित साहित्य आ रहा है उस पर प्रस्तुत शोध आलेखों का संकलन है। इसे साहित्य अकादमी प्रकाशित कर रही है। इससे पाठकों को भारतीय दलित साहित्य का पता चलेगा। मुझे लगता है कि ऐसे और प्रयास होने चाहिए। क्योंकि हमारे यहाँ हर राज्य में जाति व्यवस्था अलग है, परिवेश अलग है, भाषाएँ अलग हैं। और हर जगह सामाजिक अन्याय है। हर जगह उच्च जातियाँ नीची जातियों को पीड़ा देती हैं। और अब यह पीड़ा व्यक्त हो रही है। मुझे लगता है कि भारतीय साहित्य में एक व्यापक विद्रोह होगा। और जो कलावादी भारतीय साहित्य है, वह ध्वस्त हो जाएगा।

- **आप 'भारतीय साहित्य' इस संकल्पना को किस रूप में देखते हैं?**

➥ (उद्वेगित होकर) भारतीय साहित्य हिन्दू साहित्य है। कहाँ है भारतीय

साहित्य? हिन्दू ने लिखा और भारतीय साहित्य बोल रहे हैं। भारतीय साहित्य अभी लिखा नहीं गया है। भारतीय साहित्य एक अर्थ में सभी भारतीय भाषाओं का साहित्य भारतीय साहित्य है। कन्नड़, गुजराती, पंजाबी, तमिल, मलायम, मराठी आदि सभी से मिलकर भारतीय साहित्य बनता है। 'भारतीय भाषा है क्या?' 'भारतीय' साहित्य है क्या? 'भारतीय' संस्कृति है क्या? 'भारतीय' समाज है क्या? 'भारतीय' मनुष्य है क्या? और ऐसा नहीं है। समाज में अनेक जातियाँ हैं, अनेक भाषाएँ हैं। और इनमें परस्पर कलह हो रहे हैं। मैं तमिल में जाता हूँ तो वहाँ के लोग मुझे हिन्दी में बोलने नहीं देते, अंग्रेजी में बोलने का आग्रह करते हैं। हिन्दी तो पाँच-सात राज्यों में बोली जाती है, बाकी प्रदेशों में अंग्रेजी बोली जाती है। मैं जब अंग्रेजी में जाता हूँ तब भारतीय लेखक बनता हूँ। जब हिन्दी में जाता हूँ तब पाँच-सात राज्यों का लेखक बन जाता हूँ। हिन्दी सम्पर्कभाषा होने पर भी वह सम्पूर्ण भारत की भाषा नहीं है। इसलिए मैंने पुणे विश्वविद्यालय में सम्पन्न एक सेमिनार में माँग की थी कि दो सम्पर्क भाषाएँ होनी चाहिए। एक हिन्दी और दूसरी अंग्रेजी।

भारतीय साहित्य मूल में हिन्दू साहित्य है। हिन्दू धर्म की उच्च जातियों द्वारा लिखा साहित्य है। और चन्द जातियों के चन्द लोगों द्वारा लिखा साहित्य भारतीय साहित्य नहीं हो सकता। वह भारत का प्रतिनिधित्व नहीं कर सकता। भारत की सभी जाति-जनजातियों में शिक्षा का प्रसार हो रहा है, जनतन्त्र का प्रसार हो रहा है। शिक्षा और जनतन्त्र के प्रसार से लोगों में जागृति आ रही है। और इससे अनेक तबकों से लेखक आ रहे हैं। जब सभी सामाजिक स्तरों से अनेक लेखक आएँगे तब पूरा भारतीय समाज बोलने लगेगा। चन्द लोगों के साहित्य को भारतीय साहित्य कहना गलत है। पूरा समाज जब बोलेगा, लिखेगा, विचार करेगा तब जिस साहित्य का निर्माण होगा उसे भारतीय साहित्य कहेंगे। और आज 'इंडियन लिटरेचर' के नाम पर विक्रम सेठ, अरूंधति राय जैसे फाईव स्टार कल्चर, अच्छे ब्लॉक में रहनेवाले, गाड़ियों में घूमनेवाले और विदेशी लोगों को भारतीय परिवार, विवाह संस्था की जानकारी देने के लिए उनके द्वारा लिखी जानेवाली कथाएँ, उपन्यास सम्पूर्ण भारतीय समाज का प्रतिनिधि साहित्य नहीं है। 'भारतीय साहित्य' इस संकल्पना को साकार करने के लिए भारत की सभी जाति-जनजातियों को शिक्षित करना होगा। और शिक्षित समाज के संवेदनशील लोगों को हजारों सालों से शोषित मौन छोड़ना होगा। सभी भाषाओं से, सभी जातियों से जब दलित साहित्य व्यक्त होगा तो भारतीय साहित्य का चेहरा ही बदल जाएगा। और यह एक जातीय, एक धर्मीय चेहरा हमें बदलना है। और

इसे बदलने के लिए ब्राह्मणी स्वर के खिलाफ बहुजन स्वर बड़ी मात्रा में व्यक्त होना चाहिए। और दलित साहित्य के माध्यम से यह आरम्भ हो चुका है। अब आदिवासी साहित्य आ रहा है, मुस्लिम साहित्य आ रहा है, ईसाई साहित्य आ रहा है, जैन साहित्य आ रहा है। बहुजन साहित्य सम्मेलन हो रहे हैं।

• **मराठी दलित साहित्य और मराठीतर दलित साहित्य में क्या अन्तर दिखाई देता है?**

➥ अन्तर तो व्यक्त होने में दिखाई देता है। सब ओर जाति व्यवस्था है, सब ओर अन्याय-अत्याचार हो रहे हैं। जाति के नाम अलग हैं, प्रदेश के नाम अलग हैं, भाषाएँ अलग हैं मगर वेदना एक है, पीड़ा एक है। उस पीड़ा के खिलाफ बहुजन स्वर बड़ी मात्रा में व्यक्त होना चाहिए। विस्थापितों के मन में असन्तोष धधक रहा है और एक बहुत बड़े ज्वालामुखी के रूप में उसका उद्रेक होनेवाला है। यह प्रक्रिया शुरू हो गयी है। शिक्षा के माध्यम से, जनतन्त्र के माध्यम से शुरू हुई है। शिक्षा याने केवल सुशिक्षित होना नहीं है। शिक्षा का इतना सीमित अर्थ नहीं है। शिक्षा याने व्यक्ति को आत्मसम्मान का एहसास होना। जो अन्याय के विरूद्ध बोलना सिखाती है वह शिक्षा है। शिक्षा याने मनुष्य को मनुष्य होने का अर्थ समझना। सही शिक्षा व्यक्ति को आन्दोलन सिखाती है। आन्दोलन मनुष्य को मनुष्य बनाता है। अन्याय के विरूद्ध बोलने का एहसास दिलाता है। और महाराष्ट्र में ऐसे आन्दोलन बड़ी संख्या में रहे हैं। बाबा आढाव का 'एक गाँव एक पानवठा', लक्ष्मण माने का 'घूमंतू जातियों का आन्दोलन', नरेंद्र दाभोलकर का 'अन्धश्रद्धा निर्मूलन आन्दोलन', तथा अण्णा हजारे, मेधा पाटकर, बाबा आमटे, राणी बंग-अभय बंग इनके कार्य से यहाँ एक सामाजिक परिवर्तन का माहौल बना है। महाराष्ट्र को प्रगतिशील नेताओं की और आन्दोलनों की लम्बी परम्परा है। अन्य भाषाओं में यह परम्परा नहीं है। मैं यहाँ गलत बातों पर गुस्सा होकर गालियाँ देता हूँ। उधर नहीं दे सकता। मैंने प. बंगाल में एक बार 'हराम' शब्द का प्रयोग किया तो पूरा सभागार स्तब्ध हुआ। हम यहाँ जिस पद्धति से खुली चर्चा करते हैं, वैसी उधर नहीं कर सकते। उधर इतना खुलापन, प्रगतिशीलता नहीं है। उधर आज भी सामंती व्यवस्था और बन्द समाज है। अभी उनके मन में अज्ञान का अँधेरा है। उससे वहाँ दलित साहित्य कम मात्रा में मिलता है। यहाँ दलित साहित्य पर जितना लेखन हुआ है, उतना उधर नहीं मिलेगा। इधर सभी विधाओं से दलित साहित्य व्यक्त हुआ है अन्य भाषाओं में दो-तीन विधाएँ और सौ दो सौ भर किताबें मिलेंगी। यहाँ हजारों पुस्तकें मिलेगी।

और कोई भी साहित्य प्रवाह स्थापित होने के लिए अनेक लोगों द्वारा अनेक विधाओं में लिखा जाना चाहिए। मराठी जैसी व्यापकता अन्य भाषाओं में नहीं दिखाई देती। इसी कारण मराठी दलित साहित्य अन्य भाषाओं की तुलना में अलग है। और मराठी दलित साहित्य का अन्य भाषाओं में अध्ययन किया जाता है। यह एक मॉडेल रहा है। इसकी ओर मॉडेल के रूप में देखा जाता है।

- **भूमंडलीकरण का भारतीय जीवन पर, दलित जीवन पर क्या परिणाम हुआ है?**

➥ देखो, हजारों सालों से हिन्दू धर्म की वजह से दलितों पर भयानक परिणाम हुआ है। भूमंडलीकरण से वह नष्ट नहीं होगा। आज भी विषमता, अज्ञान उन पर होनेवाले अन्याय-अत्याचार यथावत् हैं। और भूमंडलीकरण से यदि किसी का नुकसान होनेवाला है तो वह यहाँ के हिन्दूओं का, उच्च वर्ग का, अमीरों का होनेवाला है। वे नाहक कहते हैं कि दलितों की बरबादी होगी। यहाँ टाटा, बिरला के स्थान पर कोई फर्नांडिस, ओबामा आये तो हमें क्या? हमें तो सिक्युरिटी गार्ड ही होना है। और दस फैक्टरियाँ आएँगी तो हम और सिक्युरिटी गार्ड तैयार करेंगे। भूमंडलीकरण से दलितों का भला ही होगा यह बताने की जरूरत है। यहाँ के वामपंथी आन्दोलन दलितों को गुमराह कर रहे हैं। अब दलितों को अंग्रेजी भाषा सीखनी चाहिए। इंपोर्टेड चीजों का उपयोग करना चाहिए। ये बजाज, टाटा, अपने कारखानों में उन्हें आरक्षित जगह नहीं देंगे तो विदेश की चीजें बेहिचक लेनी चाहिए। गाँधी जी ने विदेशी माल की होली की थी, मैं तो कहूँगा कि दलितों को देशी माल की होली करनी चाहिए। क्योंकि बड़ी संख्या में जो देशी माल तैयार होता है, उसका ग्राहक तो दलित है। क्योंकि दलितों की आबादी ज्यादा है। दलित याने एस. सी., एस. टी., ओ. बी. सी...सभी। फिर उच्च जाति के अमीर कारखाने चलाएँगे, लाभ उठाएँगे। जो हमारा शोषण करते हैं उनका हमें चुपचाप ग्राहक होना स्वीकार नहीं है। फिर बाहर का कारखानेदार आएगा तो हमें चलेगा। यहाँ के उद्योगपति मर भी जाएँ तो हमें चलेगा। क्योंकि आज तक उन्होंने हमारा शोषण ही किया है। वह हमें आरक्षण नहीं देगा।

'भारतीय' शब्द यहाँ विषमता स्थायी रखने के लिए, जाति व्यवस्था स्थायी रखने के लिए प्रयुक्त किया गया है। सही राष्ट्रवाद, राष्ट्रीयता, भारतीयता समझाने की जरूरत है। हमारे ऊपर अपनी जाति वर्ग का हित थोप रहे हैं। मैं तो कहूँगा कि दलितों को भूमंडलीकरण का स्वागत करना चाहिए। इतिहास गवाह है कि जब

यहाँ मुसलमान आये तब यहाँ के दलितों को गर्दन उठाने का मौका मिला और दलित समाज से सन्त निर्माण हुए। बहुजन समाज से सन्त आये। इस देश में ईसाई धर्म आया और फिर फुले-आंबेडकर हुए। ईसाई, अंग्रेज न आते तो फुले, आंबेडकर नहीं हो सकते थे। जब-जब विदेशी सत्ता, संस्कृति, भाषा, उद्योग इस देश में आते हैं तब-तब जाति व्यवस्था आतंकित होती है और घबराकर प्रचार करती है कि भारत डूबेगा, राष्ट्रीयता, संस्कृति धोखे में आ जाएगी। मैं तो कहता हूँ कि यहाँ पब निर्माण होने चाहिए, यहाँ वेलेंटाइन डे मनाना चाहिए जिससे यहाँ का संकुचित जातीय आचरण बदल जाएगा। भारत में मुस्लिम, ईसाई, जैन, सिक्ख, हिन्दू ये सब मेल्टिंग पॉट होने चाहिए, एक-दूसरे में घुलमिल जाने चाहिए। यह एक-दूसरे में घुलमिल न जाय, जातिवाद बना रहे, विशुद्ध हिन्दुत्ववाद रहे इसलिए विरोध कर रहे हैं। भूमंडलीकरण के विरुद्ध शोर करने में एक नम्बर पर हिन्दुत्ववादी हैं। कॉन्वेन्ट का विरोध करनेवाले यही हैं। इनके बच्चे अंग्रेजी स्कूल में जाएँगे और ये मराठी बचाने का नारा लगाएँगे। मतलब दलित समाज बोली भाषा में अटका रहे, आंचलिक मुद्रा में रहे। ये अलबत्ता खुले रहेंगे। याने इस समाज को गुमराह कर उसे नयी दुनिया का पता न चले, नये एहसास से वे दूर रहें इसलिए भूमंडलीकरण का विरोध करनेवाले कागारोल कर रहे हैं। मैं भूमंडलीकरण का समर्थन और स्वागत करनेवाला हूँ। दलितों को इसका स्वागत करना चाहिए। बहुत जल्द अंग्रेजी भाषा सीखनी चाहिए। पिछले मास यूपी में एक बडा त्योहार हुआ। हमारे यहाँ जैसे देवी का, पीर बाबा का उत्सव होता है वैसा उत्सव हुआ। उन्होंने वहाँ अंग्रेजी देवी की खोज की। कहा कि अंग्रेजी माता यह देवी है। और उन्होंने 'ए. बी. सी. डी.' का मन्त्र कहने को कहा। याने 'ए. बी. सी. डी.' यह आधुनिक युग का मन्त्र है और वह सभी को कहना चाहिए। हम राष्ट्रीय प्रवाह में क्यों जाएँ? राष्ट्रीय भाषा क्यों सीखे? हम वैश्विक प्रवाह में जाकर वैश्विक भाषा सीखेंगे। हमें पूरी दुनिया के रास्ते खुले हैं। हम विश्व का अभिवादन करने के लिए तैयार हैं।

- **आतंकवाद से पूरा विश्व प्रभावित हो गया है। भारत भी इससे प्रभावित हो रहा है। इससे मुक्ति कैसे होगी?**

➥ आतंकवाद एक तरह की लड़ाई ही है। पहले जो लड़ाइयाँ होती थीं उसमें कोई एक किसी पर हमला करता था और दूसरा उसका मुकाबला करता था। अब वैसी लड़ाइयाँ नहीं हो सकती हैं। पहला और दूसरा विश्वयुद्ध हुआ वही पर्याप्त है। वैसे युद्ध अब समाज सह नहीं सकेगा। इसीलिए अब ऐसी छोटी लड़ाइयाँ

आतंकवाद के रूप में हो रही हैं। एक देश द्वारा दूसरे देश में आतंकवादी भेजे जाते हैं। निरन्तर मात देना, अपनी शक्ति प्रदर्शित करते रहना, विध्वंस करना इस तरह का यह आतंकवाद है। इसी कारण आतंकवादी भेजे जाते हैं। लेकिन यहाँ जो मुस्लिम आतंकवाद है जो मूलतत्त्ववादी है उसका हमें निषेध करना चाहिए। जो तालिबानी आतंकवाद है उसका हमें निषेध करना चाहिए। जिन्होंने अफगान में बुद्ध की मूर्तियाँ तोड़ दीं और जो आज भी महिलाओं को अधिकार देने के लिए तैयार नहीं हैं। जो महिलाओं को गुलाम मानकर उनके साथ व्यवहार करते हैं। उनके अभिव्यक्ति स्वातन्त्र्य को नकारते हैं। जो तानाशाही प्रवृत्ति के हैं, ऐसे जो अतिरेकी हैं, उनका हम विरोध करते हैं। लेकिन हमारे देश में हिन्दू आतंकवादी भी हैं जो दंगा-बवाल मचाते हैं। मालेगाँव आदि घटनाओं में हिन्दू आतंकवादी मिले हैं। आतंकवादी किसी एक धर्म में नहीं होते। यह एक प्रवृत्ति है जो समाज में विध्वंस फैलाती है। उपने देश में हिन्दू आतंकवादी और मुसलमान आतंकवादी दोनों उतने ही खतरनाक हैं। दूसरे, हमारे यहाँ जो नक्सलवादी आन्दोलन हो रहा है उन्हे भी आतंकवाद मानकर पुलिस द्वारा उसका खात्मा किया जाता है। लेकिन इसमें ९९ प्रतिशत आदिवासी लोग हैं। हजारों सालों से वे जंगल में जीवन जी रहे हैं। उनके पास अभी योजनाएँ, विकास नहीं पहुँच पाया है। उन्हें मूलभूत सुविधाएँ तक नहीं मिलती। वे पशुवत जीवन जी रहे हैं। और वे मजबूरन अपने विकास के लिए हाथ में हथियार उठा रहे हैं। वे भारतीय हैं, आतंकवादी नहीं हैं। वे अपने विकास की लड़ाई लड़ रहे हैं। उनके आन्दोलन को हम आतंकवाद नहीं कह सकते। इसीलिए नक्सलवाद की समाप्ति हेतु सरकार और बुद्धिजीवियों में दो अलग मत मिलते हैं। मैं तो कहता हूँ नक्सलवादियों के हाथ में हथियार देने की अपेक्षा उनका सामाजिक परिवर्तन कर उन्हें वोट का महत्त्व समझा देना चाहिए। उन्हें बताना होगा कि, आपके पास इतने वोट हैं कि आपको सत्ता काबिज कर लेनी चाहिए। जनतन्त्र की व्यवस्था में रहकर जनतान्त्रिक पद्धति से सत्ता काबिज करनी चाहिए। बाबासाहब आंबेडकर को यही अभिप्रेत था। उन्होंने मार्क्स को नकार कर बुद्ध को क्यों स्वीकार किया? बाबासाहब को हिंसा मान्य नहीं थी, वे अहिंसा के माध्यम से सत्तान्तर चाहते थे। आदिवासियों को, नक्सलवादियों को आंबेडकरी विचार समझाना चाहिए। उन्हें हथियार से दूर करके विचार की ओर ले जाना चाहिए। उन्हें अपने वोट का महत्त्व समझा देना चाहिए। उन्हें यह एहसास दिलाना होगा कि चुनाव के माध्यम से वे अपना विकास कर सकते हैं। इसलिए मुझे लगता है कि आदिवासी, नक्सलवादी लोगों को प्रजातन्त्र की प्रक्रिया में आना चाहिए।

उसके माध्यम से उन्हें अपने प्रश्न प्रस्तुत करने चाहिए। और उनके आन्दोलन लोकआन्दोलन होने चाहिए। और जब तक ऐसा नहीं होगा वे अकेले ही लड़ते रहेंगे। और चन्द लोग हाथ में हथियार लेकर इतने बड़े महाकाय देश और लश्कर को हरा देंगे ऐसी कल्पना करना मूर्खता है। यहाँ के धनवानों की सत्ता का मुकाबला हथियार से नहीं, चुनाव और विचार से हो सकता है– इसका हर एक को एहसास होना चाहिए। यदि आन्दोलन करनेवालों को यह एहसास न हो तो यह खेदजनक है।

- **बाजारवाद से भारतीय जीवन काफी प्रभावित हो रहा है...**

➥ होने दो। पब में कौन जा रहा है, पिज्जा कौन खाता है, फाइवस्टार में कौन जा रहा है? हम नहीं जा रहे हैं। हम तो दो जून की रोटी को मोहताज हैं। तो जो हैं, उन्हें जाने दो भाड़ में। ये जो धनवान हैं ना, उनका जीवन प्रभावित हो रहा है, तो होने दो। और यदि हजारों सालों बाद ऐशोराम हमारे लोगों को मुहैया हो रहा है तो मिलने दो ना। क्या यह केवल उनकी बपौती है? अच्छा-बुरा सब हमारे पास आने दो। क्या अच्छा है और क्या बुरा है यह हम तय करेंगे। सत्य, शिव, सुन्दर आप नहीं, हम तय करेंगे। हम खाकर देखेंगे हमें हजम होता है या नहीं। आपकी बात पर हम विश्वास नहीं करेंगे। हमने काफी सहा है। और हम स्वयं भला-बुरा अनुभव करना चाहते हैं। हजारों सालों से हमने इसका अनुभव ही नहीं किया है। और बाजारवाद से यदि किसी का नुकसान होता है तो जिनके जेब में रूपये हैं उनका होगा। तो होने दो, हमें क्या? उन्होंने न कभी हमारा भला किया न कभी हमारे भले का विचार किया। फिर उसमें फँसनेवालों का विचार हम क्यों करें? हमें पीने को पानी नहीं मिलता, हमें नौकरियाँ नहीं मिलती, हमें अच्छी शिक्षा नहीं मिलतीं, हमें अस्पताल की सुविधा नहीं मिलती। हमारी औरतों को प्रसूति की सुविधाएँ नहीं मिलतीं। हमें अभी मूलभूत हक तक पता नहीं हैं। हमारे बुनियादी प्रश्न अभी हल नहीं हुए हैं। और बाजारवाद से किस पुणें, मुंबई, दिल्ली के धनिक विकृत होते हैं तो भाड़ में जाने दो। वे मूलतः विकृत ही हैं। उनका पतन होना है तो होने दो। उनकी चिन्ता हमें नहीं करनी हैं। हमें विस्थापित समाज की चिन्ता करनी है, उन्हें ऊपर उठाना है।

- **बाजारवाद और भूमंडलीकरण से यहाँ की भाषाएँ-बोलियाँ प्रभावित हो रही हैं...**

➥ (तपाक से) भाषाएँ मरती हैं तो मरने दो। मैं तो कहता हूँ कि यहाँ की भाषाएँ

मरनी चाहिए। जितनी भाषाएँ होंगी उतने हम बँटे रहेंगे। हमें बँटकर नहीं रहना है, ज्ञान की ओर जाना है। फिर वह ज्ञान की भाषा कौन सी है यह महत्त्वपूर्ण नहीं है। मैं तो अंग्रेजी को विदेशी भाषा मानता ही नहीं। ये कौन मूर्ख लोग हैं जो अंग्रेजी को विदेशी भाषा मानते हैं। अंग्रेजी भारतीय भाषा है। यहाँ के लाखों लोग वह भाषा बोलते हैं। और भाषा यह किसी की पैतृक सम्पत्ति नहीं होती। ईसा, पैगम्बर, नानक, आंबेडकर ये किसी की बपौती नहीं हैं। यह पूरे समाज द्वारा निर्मित अच्छी बाते होती हैं। उस पर सभी का अधिकार होता है। और अंग्रेजी भाषा किसी एक ने निर्माण नहीं की है। और भारत की अंग्रेजी भाषा और अमरीका की अंग्रेजी भाषा टोटली अलग हैं। यहाँ के उच्चारण तक वहाँ नहीं चलते। मैं कुछ दिन पहले उस्मानिया विश्वविद्यालय में हिन्दी के रिफ्रेशर कोर्स में व्याख्यान देने गया था। (हँसते हुए) तब मैंने तमिल, केरल तथा दिल्ली से आये हिन्दी प्रोफेसर को हिन्दी बोलते देखा। लेकिन हर एक की हिन्दी अलग-अलग थी। उसके पहले मैं केरल में गया था। वहाँ मैंने हिन्दी में भाषण दिया तो मुझे हिन्दी का विद्वान समझा गया। अब मेरी हिन्दी कैसी है आपको पता है! क्योंकि वहाँ हिन्दी तक मलयालम के माध्यम से पढ़ाई जाती है। वहाँ उद्घाटन और पहले दो सत्र तक मलयालम में ही सम्पन्न हुए। उन्होंने कहा कि कल हम हिन्दी का सेमिनार करेंगे। आज याने पहले दिन केवल मलयालम में ही सब होगा।

हाँ, तो बोली भाषाएँ जल्दी मरनी चाहिए। आप में से किसी को हिन्दी की फेलोशिप मिलती है, एम. फिल. या पी. एच. डी. की उपाधि मिलती है, इसलिए बोली भाषाएँ बनाए रखनी चाहिए? साला, भाड़ में जाए वह फेलोशिप। यथाशीघ्र बोली भाषाएँ मरनी चाहिए। वे आदिवासियों को जानवरों की तरह छलाँग मारते हुए टीवी पर दिखाते हैं और कहते हैं कि यह लोकसंस्कृति है। यह कैसी संस्कृति? हजारों सालों से वे पशु जैसा जीवन जी रहे हैं जिसे आप लोकसंस्कृति और लोकसाहित्य कह रहे हैं। भाड़ में जाय यह सब। इधर आप मिक्सर, कूलर, वॉशिंग मशीन का यूज करो और उधर वे ओखली, जाँत अपनाते रहें। इस खाई को पाटने के लिए उन्हें यथासीघ्र मुख्य भाषाओं की ओर, जिन भाषाओं में ज्ञान है उसकी ओर ले जाना चाहिए। मैं अंग्रेजी का प्रचार करनेवाला या समर्थक नहीं हूँ। जिस भाषा के माध्यम से हम दुनिया से सम्पर्क कर सकते हैं, जिस भाषा से हम दुनिया को समझ सकते हैं, जिस भाषा के द्वारा यन्त्र-तन्त्र को समझ सकते हैं, उस भाषा की ओर हमें जाना चाहिए। बोली भाषाओं के समूहों को गति से जाना चाहिए। और बोली भाषाओं को बनाए रखने

की जिद करनेवाले जातिवादी हैं। वे उन समूहों को, उनके प्रदेश में, उनकी भाषा में, उनके संस्कार में, अज्ञान, अन्धकार में रखेंगे। और अपने बच्चों को कॉन्वेन्ट में भेजेंगे, यह तो दोगलापन है। इसलिए मैं कहता हूँ कि उनके पहले हमें बदलना चाहिए। और जो बोली भाषा के गुट हैं उन्हें वैश्विक भाषा की ओर आकर्षित होना चाहिए। और अंग्रेजी, फ्रेंच, चीनी जो कोई भाषा हो उसे अपनाना चाहिए। महाराष्ट्र शासन ने पहली कक्षा से अंग्रेजी अनिवार्य की यह प्रगतिशील राज्य का लक्षण है। आप अंग्रेजी केवल सदाशिव पेठ या उच्च वर्गों की पाठशालाओं में ही अनिवार्य करेंगे? सुदूर अंचल, आदिवासी पाड़ों तक हमें अंग्रेजी को ले जाना है। वे साले, स्पोकन अंग्रेजी की क्लास की भीड़ करेंगे। वहाँ बोली-भाषा के कोर्स या क्लास क्यों नहीं होते? और इधर अलबत्ता कहेंगे कि आदिवासियों की बोली भाषाओं को बनाए रखो। क्योंकि हमें उस पर अनुसन्धान करना है। यह नहीं चलेगा। सभी ओर स्पोकन अंग्रेजी के क्लास शुरू कर दो।

- **क्या भारतीय मुसलमान भारत में सुरक्षितता महसूस करते हैं?**

➥ कभी नहीं सुरक्षितता महसूस करते। उनमें एक तरह का अपराधबोध है, असुरक्षितता की भावना है। और यहाँ का हर मनुष्य असुरक्षितता महसूस करता है। क्योंकि हम परम्परा और जाति अन्धता के दबाव में जी रहे हैं। दलितों को तो हजारों सालों से व्यक्त ही नहीं होने दिया। अब व्यक्त होने से किसी को क्या लगेगा, दुःख तो नहीं होगा इसकी चिन्ता करनी पड़ती है। हमें अभिव्यक्ति का मूलभूत अधिकार है बावजूद इसके हमें डरना पड़ता है कि बोलने से क्या होगा। और अल्पसंख्य समाज यह हमेशा दबा हुआ होता है। केवल मुस्लिम ही नहीं यहाँ अल्पसंख्य होनेवाले सिक्ख, जैन, ईसाई आदि को भी डरकर रहना पड़ता है। जहाँ मुसलमान समाज बड़ी संख्या में रहता है, वहाँ वे डरते नहीं हैं। पुराने हैदराबाद में मुसलमान बड़ी संख्या में हैं तो वहाँ वे डरते नहीं, वहाँ हिंन्दुओं को डर लगता है। अहमदाबाद के मुस्लिम बहुल इलाकों में हिंन्दुओं को डर लगता है। मैं मालेगाँव में गया था। मैं खजूर का जूस पीना चाहता था इसलिए वहाँ पूछताछ की तो मुझे बताया, कि आपको उधर पाकिस्तान में जाना पड़ेगा। मैंने कहा, 'पाकिस्तान कहाँ है यहाँ?' तो बताया गया कि मालेगाँव में इधर हिंन्दुस्थान है और उधर पाकिस्तान है। हमारे यहाँ जहाँ-जहाँ मुस्लिम बहुल आबादी है वहाँ हिंन्दुओं को डर लगता है और जहाँ-जहाँ हिंन्दुओं की संख्या ज्यादा है वहाँ मुसलमानों को डर लगता है। यह अल्पसंख्य और बहुसंख्य का प्रश्न है। पंजाब में सिक्ख नहीं घबराते, हिन्दू घबराते हैं। हम गुरुद्वारा में जाते

समय घबराते हैं और उन्हें हमारे प्रार्थनास्थल में आते समय डर लगता है। जब महात्मा गाँधी की हत्या हुई थी तब ब्राह्मण डर गये थे और जब इंदिरा गांधी की हत्या हुई तब सिक्ख डर गए थे। और जब मनुष्य अकेला होता है, संख्या में कम होता है, तब डरता है। जब समाज एक सूत्र में संगठित होगा, एक सुसंस्कृत सभ्य धागे से इकट्ठा होगा तब यह हिंस्रता और भय नष्ट होगा। समाज से भय और हिंस्रता नष्ट करने के लिए सुसंस्कृतता और सौहार्द्रता को बढ़ाना आवश्यक है। और मुझे लगता है कि हम उस सुसंस्कृतता की ओर जा रहे हैं।

- **भारतीय राजनीति की यात्रा किस दिशा में हो रही है?**

➥ भारतीय राजनीति? चन्द चार घरानों की सत्ता को भारतीय राजनीति नहीं कह सकते। समाज की अनेक जातियों के नेता इसमें कहाँ हैं? हमारी राजनीति में कोई एक व्यक्ति विधायक बनता है, फिर उसका बेटा या बहू उसके स्थान पर आती है। और किसी एक घर का भला होना याने 'राजनीति' नहीं है। किसी एक पार्टी का कल्याण होना याने राजनीति नहीं है। पूरे समाज का कल्याण होना चाहिए, सम्पूर्ण समाज को प्रजातान्त्रिक होना चाहिए। समाज के सभी नागरिकों को अपने हक और अधिकार का एहसास होना चाहिए। प्रजातन्त्र याने केवल संसद में अधिवेशन आयोजित करना नहीं है। प्रजातन्त्र तो संसद में भी होना चाहिए और अपने घर में भी होना चाहिए। हम अपने घर में अपनी पत्नी, बहन, बच्चों से प्रजातान्त्रिक भावना से आचरण करते हैं क्या? जब तक हम अपने घर में जनतन्त्र नहीं लाते उसे केवल पार्लियामेंट तक सीमित रखते हैं तो वह जनतन्त्र नहीं है। हम सभी प्रजातंत्र के नागरिक होना चाहते हैं तो हमारे घर में, आचरण में जनतन्त्र आना चाहिए। और हमारे आचरण में जनतन्त्र आना याने जाति व्यवस्था नष्ट होना। जातिगत भेद नष्ट होना। और यह तभी होगा जब सही जनतन्त्र आएगा। जनतन्त्र सभी को समान मानता है। प्रजातन्त्र, स्वातंत्र्य, समता, बंधुता इन मूल्यों को मानता है। और ये मूल्य सभी लोगों में विकसित होने चाहिए। इससे प्रजातन्त्र मजबूत होगा। और प्रजातन्त्र मजबूत होगा तो जाति व्यवस्था खत्म हो जाएगी। और इसी में सभी की भलाई है।

- **आदिवासी साहित्य का अलग अध्ययन आवश्यक है?**

➥ क्यों नहीं? दलित साहित्य का जैसा अलग अध्ययन हो रहा हे वैसा आदिवासी साहित्य का भी होना चाहिए। हम मनुष्य की किसी बीमारी के लिए अलग-अलग टेस्ट करते हैं। उसी प्रकार समाजपुरुष जिस जाति से जर्जर हो गया है और

जाति व्यवस्था की असाध्य बीमारी दूर करने के लिए सभी साहित्यिक प्रवाहों को अलग अलग रूप में व्यक्त होने देना चाहिए, बढ़ने का मौका देना चाहिए। फिर कुछ काल गुजर जाने पर शोषित एक हो जाएँगे। अचानक वे एक नहीं होंगे। क्योंकि सभी के दिमागों में जाति व्यवस्था है न। इधर मराठों ने 'शिवधर्म' शुरू किया तो दलितों ने कहा कि, 'शिवधर्म क्यों बुद्धधर्म ले लो।' तो उन्होंने कहा कि हमारे मराठा 'बौद्ध धर्म' नहीं ले सकते। लेकिन यदि वे 'शिवधर्म' के माध्यम से ब्राह्मणीकरण का विरोध कर रहे हैं तो उन्हें अलग स्थान देना ही होगा। याने जातीयता का विरोध करनेवाले सभी गुटों को इकट्ठा लाने के लिए हमें व्यापक विचार करना होगा।

आदिवासी हजारों सालों से मूक थे। अब वे शिक्षित हो गये हैं, व्यक्त हो रहे हैं। उन्हें प्रकट होने देना चाहिए। उनके साहित्य की अलग चर्चा होनी चाहिए। बड़ी संख्या में आदिवासी साहित्य आना चाहिए। फिर आगे चलकर आदिवासी, दलित, ओबीसी इन सभी को एकत्र करने के सिद्धान्त की मान्ग करनी चाहिए। लेकिन इसके लिए समय शेष है। अभी तो शुरुआत हो रही है। पानी गन्दा है, विस्फोट हो रहे हैं। और उन्हें होने दो। यदि आप उस पर आचारसंहिता लगा देंगे तो नहीं चलेगा। आदिवासी, मुस्लिम, दलित सभी तरह का साहित्य आना चाहिए। उसकी स्वतन्त्र पहचान होनी चाहिए। क्योंकि एक बड़े पेड़ के नीचे छोटे पौंधों का अच्छा विकास नहीं हो सकता। पौधों को अलग लगाकर उन्हें विकसित होने का मौका देना होगा। फिर वनराई तैयार हो जाएगी। एक ही पेड़ को बड़ा करने से काम नहीं चलेगा। इसलिए आदिवासी साहित्य, दलित साहित्य, ग्रामीण साहित्य के अलग-अलग पौधे लगाने होंगे। फिर आपका जो बड़ा पेड़ है वह छोटा हो जाएगा। और फिर तय करेंगे कि कौन-सा पेड़ बड़ा है। सभी पौधों का 'बोधिवृक्ष' बन जाएगा तब तुलना करेंगे। आज बबूल के पेड़ को ही 'बोधिवृक्ष' कहा जा रहा है।

- **बदलते आर्थिक परिवेश की ओर आप कैसे देखते हैं। अब शोषितों की समस्या का हल कैसे किया जा सकता है?**

➥ हम कहाँ हैं इस अर्थ व्यवस्था में । और मुक्त अर्थ व्यवस्था आ रही है तो आने दो। मैं तो कहता हूँ कि सूचना क्रान्ति सभी के पास पहुँचनी चाहिए। जितनी यह प्रक्रिया बढ़ेगी उतना हमारा समाज घुलमिल जाएगा। भूमंडलीकरण याने साधनों का बढ़ना ही है। भूमंडलीकरण से वॉशिंगटन यहाँ नहीं आएगा। बाहर का माल आएगा, उद्योग आएँगे, बाहर की संस्कृति आएगी, भाषा आएगी।

इम्पोंटेड कपड़े आएँगे। जिसे खुली अर्थ व्यवस्था कहते हैं वह आने दो। अब तक यहाँ का व्यापारी हमारा शोषण कर रहा था। खुली अर्थव्यवस्था आएगी तो स्पर्धा होगी और सस्ती होगी। एक परचून की दूकान के स्थान पर दस दूकानें बने तो लाभ ही होगा। एकाधिकार खतरनाक होता है। बचपन में बस कंडक्टर मुझे बस में चढ़ने नहीं देता था, गालियाँ देता, मारता, नीचे उतरने को कहता। आज कितना परिवर्तन हुआ है। पहले एक ही होटल होता। दलितों से तो वहाँ छुआछूत मानते थे। अब बड़ी संख्या में होटल हो गये हैं तो वे वेश्याओं की तरह बुला रहे हैं। बाजारवाद के चलते कितने शॉपिंग सेंटर खुल गये हैं, मॉल हो गये हैं। उन्हें तो सर्वायवल होना है। फिर हम उसकी चिन्ता क्यों करें। यदि उससे हमें अच्छी सेवा मिल रही है तो अच्छा ही है। हम तो ग्राहक हैं। जितनी दूकानं बढ़ेंगी उतने हमें ऑप्शन मिलेंगे। और हम रुपये देते हैं तो अच्छी चीजें, अच्छी सेवा चाहते हैं। भारतीय बाजार अच्छी चीजें नहीं दे सकता है क्योंकि उसकी गति धीमी है। यहाँ खुली अर्थव्यवस्था आने से अच्छी चीजें मिलेंगी, अच्छे प्रॉडक्ट मिलेंगे, ऑप्शन मिलेंगे, अच्छी सेवा मिलेगी। इसी के चलते सूचना क्रान्ति भी हम तक पहुँच रही है। इंटरनेट पहले अंग्रेजी में था अब विविध भाषाओं में आ रहा है। मोबाइल में प्रमुख भाषाएँ आ रही है। एक ओर बोली भाषाएँ मर रही हैं लेकिन बड़ी भाषाओं को तो स्पेस मिल रहा है। मराठी के लेखक बाहर जा रहे हैं। आज भूमंडलीकरण न होता तो मराठी में शरणकुमार लिंबाले को कोई नहीं पूछता। मैं केवल मराठी में ही रह जाता। आज मल्टीनेशनल प्रकाशक मेरे पीछे पड़े हैं। पहले मेरी पुस्तक पुणे में छपकर यहीं वितरित होती थीं। आज मेरी पुस्तक दुनिया के सभी शो रूम्स में लगाई जाती है। तो फिर मैं भूमंडलीकरण का विरोध क्यों करूँ। इसी के चलते मेरी पुस्तक अमरीका में है, जर्मनी में है, पाकिस्तान में है, इंग्लैंड में भी है। बीवी जब तक घर में है तब तक हम उसे मारेंगे लेकिन जब वह बाहर निकलेगी, उसे दुनियादारी का पता चलेगा तो वह हमें मारेगी। आप उस पर पतिव्रता के बन्धन लाद देंगे। वह कुछ ऐसा-वैसा करे तो आप कहेंगे 'तुम छिनाल हो'। लेकिन वह कहेगी कि 'मैं छिनाल हूँ, तुम क्या करोगे?' तो आप उसके पैर पकड़ेंगे। हमें सभी परिभाषाएँ बदलनी हैं न। हमें यहाँ की प्रस्थापित मूल्य व्यवस्था के विरुद्ध विद्रोह करना है। 'मैं छिनाल हूँ' ऐसा कहना विद्रोह है। स्त्री द्वारा ऐसा कहना पुरुषसत्ताक व्यवस्था के खिलाफ विद्रोह है। आप कहेंगे - साला, क्या बोलता है लिंबाले। 'हराम' परम्परा है यह। 'हराम' कहना यह विद्रोह है। यह असन्तोष है, यह स्फोट है। आज तक आप उद्धत थे अब हम उद्धत बनेंगे। आज तक

आप ही मस्तवाल थे अब हम मस्तवाल बनेंगे। और अगर आप हमसे ऐसा आचरण नहीं चाहते तो आप भाईचारे का पालन करें, हम भी भाईचारे का पालन करेंगे। आज यदि भूमंडलीकरण से परिवर्तन का आन्दोलन अवरूद्ध हुआ होगा तो आगे चलकर भूमंडलीकरण से ही उसे गति मिलेगी।

- **आप कई सालों से एक विश्वविद्यालय से जुड़े हुए हैं। मुक्त विश्वविद्यालय के संचालक जैसे महत्त्वपूर्ण पद पर कार्यरत हैं। क्या आपको लगता है कि वर्तमान शिक्षा व्यवस्था मनुष्य का गठन करने में सक्षम है।**

➥ बिल्कुल नहीं। शिक्षा व्यवस्था को घुन लग गयी है। अब तक के सभी कुलपति गधे थे, मूर्ख थे। यदि विद्वान कुलपति मिलते तो आज हमें यह कहने की नौबत न आती कि शिक्षा व्यवस्था सदोष है, बाबू बनानेवाली है। हमें यह सोचना होगा कि क्यों नहीं मिले विजनवाले कुलपति? क्यों नहीं मिले विजन रखनेवाले प्राचार्य और अध्यापक? और आज तो अत्यन्त खतरनाक चर्चा हो रही है। आज शिक्षा को विधायक दिशा में नहीं ले जा रहे हैं। यहाँ के बुद्धिवादी शिक्षा को पूँजीपतियों के कोठे पर बिठा रहे हैं। यहाँ के जो शिक्षाशास्त्री हैं, कुलपति हैं, शिक्षामंत्री हैं, वे 'इंडस्ट्री बेस एज्युकेशन' की बात करते हैं। ये क्या हो रहा है कि यहाँ कोई उद्योग निकालता है। उसके उद्योग में मदद करने के लिए आप युवाओं को तैयार करें। याने यहाँ कोई साबुन की फैक्टरी निकाल रहा है तो आप पाठशाला में साबुन कैसा तैयार करना यह सीखएँगे। यहाँ कोई फोर विलर की फैक्टरी निकाल रहा है तो यहाँ हम पार्ट बनाना, इंजिन असेम्बल करना, रंग देना सीखाएँ। याने यहाँ के उद्योजक, पूँजीपतियों की पूँजी बढ़े, उद्योग चले इसलिए कम रुपयों में मानव संसाधन मुहैया करना। क्योंकि आपको ट्रेनी देने हैं ना। वहाँ बाप पूरे वेतन पर काम करता है। और आप उसके स्थान पर चार ट्रेनी बच्चे कम वेतन में दे रहे हैं तो बाप गया भाड़ में। चार बच्चे वही काम कम वेतन में करेंगे। और बिना अनुदान पद्धति से ये सब मुहैया करेंगे। इधर इंडस्ट्री बेस एज्युकेशन यही चलाएँगे। आपको ट्रेंड बनाने के लिए डोनेशन की मोटी राशि लेंगे। और उधर अपनी ही फैक्टरी में आपको कम वेतन पर बँधुआ बनाएँगे। ये शोषण के नये अड्डे हैं। पैसेवालों के अड्डे हैं। इंडस्ट्री बेस एज्युकेशन याने यहाँ के धनवानों का उद्योग बढ़ाने के लिए हमारी पीढ़ियाँ बर्बाद करने का षडयन्त्र है। हमें देश चलाने के लिए क्या केवल इंजीनियर और डॉक्टर चाहिए? ऐसा नहीं है। इंजीनियर, डॉक्टर के साथ हमें वकील, लेखक, समाजशास्त्री, अनुसन्धाता, कलाकार आदि की भी जरूरत है। हमें केवल उद्योग नहीं चलाना

है, देश चलाना है। और देश चलाने के लिए इंडस्ट्री बेस एज्युकेशन नहीं तो वैल्यू बेस एज्युकेशन आवश्यक होता है। और आज जो इंडस्ट्री बेस एज्युकेशन की चर्चा हो रही है, वह मूर्खतापूर्ण है। 'हमारे शिक्षाशास्त्री और उद्योगपतियों की यह मिलीभगत है। इसलिए जो इंडस्ट्री बेस एज्युकेशन की चर्चा करते हैं, भाषण करते हैं उन्हें जाहिर प्रश्न पूछना होगा, 'साहब आपको उद्योग चलाना है या देश चलाना है?' देश चलाने के लिए सभी की जरूरत होती है। और यह इंडस्ट्री बेस एज्युकेशन में नहीं है। हमें इंडस्ट्री बेस समाज नहीं, जनतन्त्र पर आधारित समाज निर्माण करना है। इंडस्ट्री बेस एज्युकेशन की ओर ले जानेवाले विद्वान भारतीय शिक्षा को गलत दिशा में ले जा रहे हैं। इसे पहचानने की आवश्यकता है।

• **इस सन्दर्भ में हमारे पाठ्यक्रम भी सक्षम नहीं हैं?**

➥ अब तक का पाठ्यक्रम एक धर्म का, एक जाति का चन्द लोगों से हित सम्बन्ध रखनेवाला हम पर थोपा गया था। जनतन्त्र केन्द्रित समाज तथा निधर्मी व्यवस्था को मजबूत करनेवाला हमारा पाठ्यक्रम नहीं है। किसी ऐरे-गैरे की रचनाएँ पाठ्यक्रम में लगाने से क्या होगा!

• **आपकी एक रचना में जिक्र हुआ है कि बी. ए. तक आपको डॉ. बाबासाहब आंबेडकर पढ़ने को नहीं मिले?**

➥ नहीं न। मिडल स्तर पर महात्मा फुले थे, सावित्रीबाई फुले थीं। मैं बी. ए. होने तक डॉ. बाबासाहब आंबेडकर को पढ़ न सका। केवल इतिहास में संक्षेप में एक सन्दर्भ था कि, सन 1932 में डॉ. बाबासाहब आंबेडकर और गाँधी में 'पुणे करार' हुआ। और हम इतना ही पढ़ पाए। इस पद्धति से क्या होगा? आप इतिहास छिपाकर रखेंगे, समाजशास्त्र, राज्यशास्त्र, धर्म, संस्कृति छिपाकर रखेंगे। भाषा सीखने नहीं देंगे। उन्हें जो सुविधाजनक है, वही सिखाएँगे और कहेंगे कि यह राष्ट्रीय प्रवाह है, यह भारतीयता है, यह संस्कृति है। यह नहीं चलेगा। अब सभी समझदार हो गये हैं। अब कोई किसी की नहीं सुनेगा। और जनतन्त्र बुरा नहीं होता। एक की बात सभी क्यों स्वीकार करें?

• **2020 में भारत महासत्ता बनने जा रहा है, क्या यह सम्भव है?**

➥ हमारे देश में इतने युवक हैं, फिर इतने होंगे इसलिए हम महासत्ता बनेंगे। क्या सभी युवकों के हाथ में लाठियाँ देंगे क्या? इस पद्धति से महासत्ता होना

असम्भव होता है। हमारे यहाँ युवकों को काम नहीं मिलता। यदि उन्हें सही राह नहीं मिलेगी तो कल उनमें मुठभेड़ होगी। वे शराब पीएँगे, गुंडागर्दी करेंगे, मारपीट करेंगे। यदि युवा के हाथ को हम काम नहीं देंगे, उन्हें विचार नहीं देंगे, उन्हें दिशा नहीं दिखाएँगे तो वे गुंडे, मवाली बन जाएँगे। फिर काहे की महासत्ता? इन युवाओं को रचनात्मक दिशा देनी होगी, उन्हें काम देना होगा। खाली बातों से क्या होगा। इधर सौ रुपये देने से कोई भी काम झट से होता है। नोट देने पर काम होता है इस प्रकार की कल्चर सामने आ रही है। 'इजी मनी इजी सक्सेस' का मुहावरा चल रहा है। पूरे देश में भ्रष्टाचार हो रहा है। गुप्तचर विभाग में माधुरी गुप्ता हमारी जानकारी बेच देती है। आप अलबत्ता उधर से आतंकवादी गोलियाँ दागते है इसकी चर्चा करेंगे। माधुरी गुप्ता की चर्चा क्यों नहीं करते? अंडरसन पच्चीस हजार लोगों को मार देता है और उसे सरकारी हवाई जहाज से अमरीका भेज देते हैं। फिर कसाब ने तो केवल पचास लोग मार दिए उसे हवाई जहाज से पाकिस्तान में क्यों नहीं भेजते? मूलतः यहाँ की व्यवस्था ही गलत है, दोगली है।

- **क्या मीडिया का साहित्य पर परिणाम हो रहा है? मीडिया साहित्य पर हावी हो जाएगा?**

➥ नहीं। मीडिया के माध्यम से साहित्य ही आ रहा है। सीरियल के माध्यम से साहित्य ही तो आ रहा है। हाँ, वह साहित्य उच्च-मध्य वर्ग की पसन्द के अनुसार आ रहा है। उन्हीं का साहित्य प्रसारित हो रहा है। यहाँ के आम आदमी को क्या चाहिए, जनजातियों को क्या चाहिए यह दिखाया नहीं जा रहा है। उसके लिए लिखनेवाले, कार्यक्रम निर्माण करनेवाले, उसमें काम करनेवाले सभी उच्चवर्गीय हैं।

- **मतलब उसका रूप बदलना चाहिए।**

➥ उसके लिए निचले वर्ग से लोग तैयार होने चाहिए। आज उसमें काम करनेवाले लोगों के नाम देख लो। हमारे बच्चे रास्ते पर गुल्ली-डंडा, हुतुतू, खो-खो आदि खेलते हैं। और ऊँचे क्लब में जाने के लिए उसका सदस्य होना चाहिए और उसके लिए काफी रुपये लगते हैं। और यह किसानों के लड़कों को असम्भव है। हाँ, मीडिया से साहित्य को कोई हानि नहीं पहुँचेगी।

- **याने वाचन संस्कृति घटने का केवल हौवा खड़ा किया जा रहा है?**

➥ कहाँ घट रही है वाचन संस्कृति। अब देखो, कल मेरी पुस्तकें केवल मराठी में थीं आज वह पूरे विश्व में पहुँच रही हैं। मराठी में मेरी पुस्तक केवल सौ पाठक पढ़ते, आज उसके हजारों पाठक निर्माण हुए हैं। अब अच्छी किताबें पूरे विश्व में पढ़ी जा रही हैं। भविष्य में विश्व के अच्छे लेखक पढ़ने को मिलेंगे। अंग्रेजी किताबें कितनी सहजता और गति से आपको पढ़ने को मिल रही हैं। 'शांताराम' जैसी पुस्तक मराठी में आपको झट से पढ़ने को मिली। अनुवाद बड़ी संख्या में और गति से हो रहे हैं। मराठी में इतनी अच्छी पुस्तकें इसके पहले कभी पढ़ने को नहीं मिली हैं। अनुवाद के कारण विश्व के अच्छे लेखक और अच्छी रचनाएँ पढ़ने को मिलीं। वरना हम वही घटिया लेखन पढ़ते रहते। फिर आपको रद्दी पढ़ना है या अच्छा पढ़ना है? और अच्छा लेखन पढ़ना है तो देश-विदेश की किताबें यहाँ आनी चाहिए। और उसके लिए आपके दरवाजे खुले होने चाहिए।

- **भविष्य में आप और कौन-से विषयों पर लिखना चाहते हैं?**

➥ हमारे देश का जनतन्त्र मजबूत होना चाहिए। हमारा देश जातिविहीन होना चाहिए तभी वह सुन्दर होगा। और यहाँ जो विस्थापित समाज है ओ. बी. सी; एस. सी; एस. टी. अल्पसंख्य और स्त्रियाँ इन पर जो अन्याय-अत्याचार होते हैं उसके खिलाफ का एहसास दृढ़ करने के लिए और यहाँ के अन्याय करनेवाले समाज को सभ्यता सिखाने के लिए मैं लिखता रहूँगा।

- **भारत और भारतीय मनुष्य को आप भविष्य में कैसे देखते हैं?**

➥ भारत काफी गति से बदल रहा है। भारतीय मनुष्य गति से बदल रहा है। भारत अधिक सुन्दर बन रहा है। यहाँ का मनुष्य अधिक सुन्दर हो रहा है। मुझे तो लगता है कि भारत में चमत्कार जैसा परिवर्तन हो रहा है। मैं देश में, ग्रामीण क्षेत्रों में देखता हूँ कि देहात के बच्चे काफी होशियार हैं। मेरा पोता मोबाइल के साथ आसानी से खेलता है। मेरे बचपन में बजर्ग लोग मुझे रेडियो को हाथ नहीं लगाने देते थे कि तुम उसे बिगाड़ दोंगे। अब छोटे बच्चे सहजता से रिमोट से सब कुछ करते हैं। आज की पीढ़ी काफी स्मार्ट और काफी मेधावी है। और समाज शीघ्र गति से बदल रहा है। पुरानी अन्धश्रद्धाएँ, जाति व्यवस्था, हिंन्दुत्ववाद ये सब खत्म होनेवाला है। और नया प्रगतिशील समाज निर्माण होनेवाला है। और हमारा देश बलवान ही नहीं तो सुन्दर बननेवाला है। यहाँ इससे ज्यादा विज्ञान और तन्त्रज्ञान आएगा। और मुझे लगता है कि, हमारे देश में काफी 'टेलेंट' है जो जातियों में विभाजित होने से उभर नहीं पाया था। वह

अब सामने आ रहा है। भविष्य में जाति व्यवस्था, वर्ण व्यवस्था नष्ट होगी। यहाँ पहले वर्ण व्यवस्था के चलते पच्चीस प्रतिशत ब्राह्मण वर्ग को ही पढ़ने-लिखने का अधिकार था, बाकी पचहत्तर प्रतिशत लोगों को यह अधिकार नहीं था। पच्चीस प्रतिशत क्षत्रियों को ही लड़ने का अधिकार था, पच्चीस प्रतिशत वैश्यों को ही व्यापार करने का अधिकार था। और पच्चीस प्रतिशत शूद्रों से सेवा ली जाती थी। अब स्थितियाँ बदल गयी हैं। अब बाटा का आदमी चप्पल बेच रहा है। अब स्त्रियाँ पुलिस बन गयी हैं, पायलट बन गयी हैं। पुरानी वर्णव्यवस्था ढह चुकी है। वह जमीनदोस्त हो गयी है। सभी को शिक्षा का अधिकार मिला है, सभी को समान अवसर मिले हैं। सभी अपनी कुव्वत सिद्ध कर सत्ता काबिज कर सकते हैं। वरना मैं लिंबाले इतना आगे आता? सुशीलकुमार शिंदे मुख्यमन्त्री, ऊर्जामन्त्री बनते? जनतन्त्र के कारण यह सब सम्भव हुआ है। जनतन्त्र के कारण वर्ण व्यवस्था और जाति व्यवस्था ध्वस्त हो रही है। और हमारा देश दुनिया का बड़ा सफल जनतन्त्र बनने जा रहा है। आम आदमी में गति से जाग्रति आ रही है। और मुझे लगता है कि इससे देश को नया दर्शन मिलेगा। चूँकि मैं आशावादी हूँ। नयी पीढ़ी और आम आदमी से मुझे काफी उम्मीदें हैं। ये लोग काफी समझदार है। कैसे जीना चाहिए यह उन्हें समझ है। और मुझे लगता है कि ये जातियाँ फेंक देंगे, अन्धश्रद्धाएँ फेंक देंगे। देश को नया दर्शन देंगे, नया साहित्य देंगे। नया विचार देंगे। मैं सफेदपोश लोगों से कोई अपेक्षा नहीं करता। मैं आदिवासी अनुसूचित जनजातियों की ओर अपेक्षा से देखता हूँ। मुझे लगता है उन्हीं में से क्रांन्तिकारक निर्माण होंगे। उन्हीं से नया सपना आएगा।

● **आपको काफी कष्ट दिया। लगातार चार घंटे आप बोलते रहे।**

➥ ऐसी कोई बात नहीं। मैं पूरी रात बोलता रहूँगा।

● **धन्यवाद सर।**

➥ थैंक यू।

□□

शरणकुमार लिंबाले की 'अक्करमाशी'

भालचन्द्र नेमाडे

शरणकुमार लिंबाले की आत्मकथा मराठी आत्मकथा के समृद्ध क्षेत्र में महत्त्वपूर्ण प्रगति करनेवाली और इसीलिए ऐतिहासिक साबित होनेवाली है। ऐसा ऐतिहासिकत्व केवल लिखने की प्रक्रिया से प्राप्त नहीं होता, वह जीने की अनिवार्य प्रक्रिया के एक हिस्से के रूप में प्राप्त होता है। मराठी पाठक और मराठी मनुष्य के रूप में यह पुस्तक (पुणे : श्रीविद्या : 1984) पढ़ते समय मुझे किस लिए अभिमान हुआ, इसका कारण खोजते समय यह ध्यान में आया कि मराठी की दलित आत्मकथाओं ने जिस ऊँचाई को प्राप्त किया है, उससे भी अधिक ऊँचाई पर अब शरणकुमार लिंबाले जैसे लेखक अपने आप पहुँचे रहे हैं। इस देश में मनुष्य की जाति हो तो बाकी बहुत कुछ आ जाता है। महार लेखक को भी इस जाति का बहुत बड़ा आधार है - ऐसा दिखलाई देता है। परन्तु इस भूमि पर ऐसे भी लेखक हैं, जिनकी जाति भी नहीं है। समय आने पर चूहे के बिल की तरह व्यक्ति के काम आनेवाली- ऐसा डॉ. बाबासाहब आंबेडकर ने जाति का उल्लेख किया है, वही जिनके पास नहीं है - ऐसा समाज, ऐसे परिवार, ऐसे लोग अब लिख रहे हैं। इस चक्र को अधिक गति मिले ऐसी मेरी इच्छा है।

मराठी पाठक को एक नये अनुभूति विश्व में ले जानेवाली अक्करमाशी आत्मकथा है। इस संयमशील आत्मकथा में मनुष्यता का प्रौढ़ प्रत्यय देने की शक्ति है। यह संयमशीलता शरण लिंबाले को प्रखर जीवनानुभव से ही नहीं अपितु जीवन की ओर गम्भीर वृत्ति से देखने के कारण, यथार्थ से रूबरू हो जाने के कारण प्राप्त हुई है; इसका एहसास इसे पढ़ते समय पन्नों पन्नों पर से होता है। दलित साहित्य ने आधुनिक मराठी आत्मकथाओं को एक विशाल कैनवास पर पहले से ही ले जाकर रखा है। परन्तु शरणकुमार लिंबाले ने दलित परिधि में अपनी कथावस्तु खड़ी की है। अब तक चर्चित दलित आत्मकथाओं को जाति का और राजनीति का दृढ़ समर्थन प्राप्त था। परन्तु शरणकुमार लिंबाले को खुद के अस्तित्व के परे किसी भी प्रकार के पन्थ, जाति,

राजनीति, सामूहिक अथवा आर्थिक सहारा नहीं है। उन्हें अगर सहारा है तो मराठी समाज में वारकरी महानुभव से -मजबूरी में क्यों न हो परन्तु स्वीकारने जैसा समता का, मानवीयता का दर्शन। हमारा यह समाज आड़े-तिरछे, छोटे-बड़े, सूक्ष्म अतिसूक्ष्म ऐसे अल्पसंख्यकों से बुना हुआ है। इतने करोड़ों लागों के विशाल फैलाव में सुविधा हेतु बनाया गया जाति-जनजातियों का घेरा (फेन्स) हमेशा दृढ़ मजबूत नहीं रह सकता। कमजोर तबकों को रोज पेट भरने के साधन भी जहाँ न हों, उसमें भी स्त्रियों पर तो ऐसी अर्थव्यवस्था में भयंकर प्रहार होते रहते हैं। ऐसी ही एक जबरदस्त चोट हो जाने से निर्माण हुए संवेदनशील मराठी युवक का यह निवेदन पढ़कर किसी को भी एक अप्रतिम अनुभव का एहसास होगा। इस प्रकार अक्करमाशी इधर प्रकाशित एक अद्वितीय साहित्य रचना है। वास्तव में अक्करमाशी द्वारा निर्माण किये गये साहित्यिक, समाजशास्त्रीय सौन्दर्यात्मक प्रश्न इतने विस्तृत, व्यापक हैं कि उन्हें केवल स्पर्श करना भी समयाभाव के कारण कठिन है। इतनी असंख्य प्रतिक्रियाएँ यह आत्मकथा निर्माण करती है। इस आत्मकथा की छोटी-सी प्रस्तावना में लिंबाले का पहला ही वाक्य है - "कोढ़ी जैसे अपने कोढ़ को छिपाकर रखता है, वैसे ही मैं भी अपने जीवन को छिपाकर रखूँ-ऐसी इच्छा होती है।" यों तो अपरिचित दुःख, दैन्य, उलझन, भुखमरी, हीनत्व, पक्षपात— प्रत्येक क्षण इन सबको सहते हुए हमारे अपने समाज में एक उपेक्षित युवक इतना चरित्र सम्पन्न, ईमानदार और नैतिक भूमिका लेकर खुद का इतिहास पूरी हिम्मत के साथ प्रस्तुत कर सकता है, इसीमें हमारे आज के अनैतिक, ऐयाश, जातिगत और पाखंडी समाज के सभी स्तरों पर जीनेवाले लोगों को अपना जीवन कोढ़ी की तरह लगे और शरणकुमार लिंबाले ही केवल विशुद्ध जीवन जीनेवाला मनुष्य है ऐसा लगे-ऐसी आज की स्थिति है। हमारे इन ठहरे हुए मूल्यों को शरणकुमार लिंबाले की तरह उपेक्षित जीवन जीनेवाले ही सम्भवतः सम्भाल सकते हैं — ऐसी एक बड़ी आशा अक्करमाशी में स्थित श्रेष्ठ स्तर की नैतिकता का एहसास होने के बाद लगता है। क्योंकि इस तबके से आनेवाले कल के युवक किसी भी प्रकार की गलत जिद पकड़नेवाले नहीं होते। वे केवल और केवल मनुष्य के रूप में ही जीना चाहते हैं। हमारे इस समाज में इन्सानियत की भावना ही लुप्त होती जा रही है। इसका एहसास अक्करमाशी पढ़ते समय निरन्तर होते रहता है।

अक्करमाशी का अर्थ है अनैतिक सम्बधों से जन्मी संतति। समाजमान्य स्त्री-पुरुषों से जन्मी संतति वैध, जायज, बारामासी तथा अनैतिक सम्बन्धों से जन्मी संतति नाजायज, अवैध या अक्करमाशी, अशुद्ध ऐसा यह समाज मानता आया है। इसमें भी माँ दलित महार जाति की और पिता सवर्ग, लिंगायत जाति का जमीदार। जो उससे प्राप्त बेटे को अपना नहीं समझता। ऐसी यह महाराष्ट्र-कर्नाटक सीमा-प्रदेश के एक देहात की घटना है। माँ और बाप भिन्न जाति के हो सकते हैं परन्तु उनकी संतति हमेशा शुद्ध होती है।

किसी का भी जन्म यह एक जीव वैज्ञानिक सत्य होता है। वह धार्मिक अथवा नैतिक सत्य हो ही नहीं सकता। इस अत्यन्त वैज्ञानिक विचार से विश्व की ओर देखने की दृष्टि बहुत कम लेखकों के हिस्से में आती है। यह भाग्य शरणकुमार के हिस्से में आया है — यह सच है। परन्तु इसके साथ आनेवाला भयावह दुःख भी उनके हिस्से में आया है। शुद्धता अशुद्धता का, वर्ण-जाति की निरर्थक समझ के कारण हिन्दू समाज विश्वभर में हास्यास्पद साबित हुआ है। जाति के अज्ञान में जन्म लेकर, अज्ञान में ही मरनेवालों की पीढ़ियाँ चली गयीं, जिन्हें विशाल मानवता का कभी स्पर्श ही नही हुआ। परन्तु शरणकुमार जैसों को यह स्पर्श केवल जन्म के कारण हो जाता है तब उनका सन्ताप खुद के इतिहास पर नहीं होता तो वह समाज के इतिहास पर होता है। इस प्रकार का परिपक्व एहसास हो जाने के कारण ही उन्हें यह आत्मकथा साहित्य के स्तर पर ले जाना सम्भव हो सका। इसी कारण शरण ने अपने बेटे का का नाम 'अनार्य' रखा। इतना सुन्दर नाम हमारे सुनने में नहीं था। दबा कर रखे गये इस आर्य-पूर्व मातृप्रधान समाजरचना का सन्दर्भ इस नाम से शायद होगा।

जिस धधगती आग की तरह की घटनाओं से, प्रसंगों से यह आत्मकथा व्यक्ति और समाज के अन्तर को जलाते जाती है, वे छोटे-छोटे प्रसंग अन्ततः धधकते अस्तित्व का निर्माण कर आश्चर्यकारक आस्था निर्माण करते हैं। शरणकुमार पर कभी अपने अस्तित्व को दृढ़ता से रखने के प्रसंग आते हैं, खुद की अस्मिता की रक्षा करने की नौबत जब उसपर आ जाती है, तब वह अपना वर्णन करता है — "मैं नागफनी की तरह खड़ा हो जाता।" नागफनी का यह प्रतीक उसने सारे उपेक्षित जीने को, बावजूद इसके टिके रहना, विशुद्ध मनुष्य के रूप में जीने की आश्चर्यजनक हिम्मत पूरी शान से वह व्यक्त करता है। यह हिम्मत, यह ज्ञान आधुनिक विश्व साहित्य में भी प्रभावपूर्ण दिखलाई दे - इतनी अभिजात है।

इस आत्मकथा की शुरुआत है, पहली याद से। स्कूल की ट्रिप जंगल में गयी थी, तब की याद से। प्रतिष्ठित सवर्ण बच्चे अपने-अपने डिब्बे लेकर आये थे, तो शरण के साथ आये हुए, दलित-बस्ती के बच्चे फटे हुए कपड़ों में रोटियाँ बाँधकर सवर्णों से दूर खाने के लिए बैठे। एक की झोपड़ी में फटा हुआ कपड़ा भी नहीं था, इस कारण उसकी रोटी शरण की रोटी के साथ बँधी हुई। ट्रीप के बाद सवर्णों के डिब्बों में बचा हुआ अन्न— उनका जूठन— घर पर ले जाने के बाद शरण की माँ कहती है, "बचा हुआ अन्न अर्थात जूठन अमृत होता है।" बाद में मास्टरजी ट्रिप पर निबन्ध लिखने के लिए कहते हैं। शरण इस अपमान की घटना पर क्या लिखेगा? कहाँ से साहित्य लाएगा? मास्टरजी कहते हैं "लिख नहीं सकते? बैल खा सकते हो?" ऐसा व्यवहार गाँववालों की ओर से तो उधर दलित बस्ती में 'अक्करमाशी' के रूप में और भी अपमानास्पद

व्यवहार! "हम हिन्दू परन्तु भगवान की ओर जानेपर प्रतिबन्ध!" विद्यालय जाते समय शरीर पर जाँघ की ओर से फटी हुई चड्डी। उस पर माँ ने लगाया हुआ थिगल! गाँव में विवाह की पंगत में जाने की शरण की इच्छा ही नहीं होती। परन्तु माँ जबरदस्ती से भेज देती है। "बहुत इज्जतवाला हो गया है रे, तू! तुझे खाने के लिए कहाँ से दूँ? देख, मुझे कोई खरीद लेता है क्या बाजार में!" "फिर मैं चुपचाप निकल जाता।" पेट को श्मशानभूमि की उपमा-हमेशा भूखा, जो मिले वह खा लेता। मरे हुए पशुओं का माँस घर पर ले आता, खेतों में चोरियाँ करता। बाजार में केलों को चुराते समय बहन की बेतहाशा की गयी पिटाई और इस कारण उसका रोना रुक नहीं रहा था। कैथा, बैल, मछली, तीतर, तीतर पक्षी के अंडे, सुअर, बगुले, मुरगाली जो मिला उसे खाने के बाद भी पेट की आग कभी ठंडी नहीं हुई। उसकी माँ की माँ अर्थात् नानी पशुओं के गोबर से निकले हुए अनाज के दानों को गोबर में से निकालकर, उन्हें धोकर, सुखाकर, पीसकर उसकी रोटी बनाकर खाती। झोपडी के सामने कुत्ता गरदन झुकाकर सोया हुआ, मिट्टी के तेल के प्रकाश में झोपड़ी में जीनेवाले चूहे छिपकर बैठते, नानी उन दानों को पीसकर रोटी बनाती, उस रोटी से गोबर की गन्ध निकलती। एक बार पत्थर फोड़नेवालों की रोटियाँ लेखक ने चुराई, तो उन रोटियों पर तले हुए 5-6 चूहे थे। दिनभर पत्थर फोड़नेवालों का यह भोजन! अंग्रेजों द्वारा और बाद में हमारी जनतान्त्रिक सरकार द्वारा श्रमिक लोगों का शोषण रुका नहीं, यह भयावह चित्र हमारे सामने आता है।

स्त्री-विषयक हमारी धारणा मूल रूप से बदल देने की ताकत अक्करमाशी के स्त्री चित्रण में है। इसमें माँ का बिम्ब केंद्र में है। सुन्दर रूप और अन्न का अभाव इसके शाप में जिन्दगी बरबाद हो जाने का प्रस्तुतिकरण अत्यन्त कलात्मक संयम के साथ यहाँ हुआ है। माँ की शादी हुई। उसके तीन बेटे हुए। उसका पति विठ्ठल कांबले एक लिंगायत जमींदार के यहाँ नौकर रूप में कार्यरत था। भयंकर श्रम करनेवाला। माँ जो भी काम मिले, वह करती थी। जमींदार ने माँ से सम्बन्ध जोड़ा। इस कारण जात-पंचायत ने उसे गाँव से निकल जाने पर मजबूर किया। अपने बेटों को छोड़कर वह निकली। तब उस जमींदार ने दूसरे गाँव में- अक्कलकोट में- एक घर किराए से लेकर उसे अपनी रखैल के रूप में रखा। पुरुष कितना भी बदमाश हो तो भी समाज में उसकी इज्जत होती है, व्याभिचारी होती है केवल स्त्री ही! अनैतिक होती है स्त्री ही! बहुसंख्यकों, सवर्णों और पुरुषों द्वारा तय की गयी यह नैतिकता कहाँ तक नैतिक होती है?।

परन्तु ये प्रश्न इस खराब, गन्दी नैतिकता का प्रहार झेलनेवाले शरणकुमार जैसों को जिन्दगीभर सहने पड़ते हैं। अक्कलकोट में शरण की माँ जब गर्भवतीं हुई तब उसे होनेवाली संतति अपनी संपत्ति में भागीदारी माँगेगी इस भय से जमींदार ने उसे छोड़ दिया। यह संतति ही शरण है। जमींदार ने छोड़ दिया। इसलिए माँ अपनी माँ के यहाँ

गयी। माँ की यह माँ एक मुसलमान कुली के साथ रहती थी। नये गाँव में नये लिंगायत पटेल ने माँ को रखैल के रूप में रखा। उससे माँ को आठ नौ बेटे-बेटियाँ हुयी। "वह मेरी आधी माँ, आधी पटेल की रखैल! इस चक्कर में कभी उसने प्यार से मेरे पीठ पर हाथ फिराया कि उसका वह स्पर्श मुझे जीवनदायिनी लगता।"

शरण का बचपन ऐसे जहरीले परिवेश में बीता। माँ की माँ के पास। नानी के यहाँ। पशुओं को चराते हुए, बेइज्जती सहते हुए। ऐसी सभी रखैलों के बच्चों का भविष्य क्या है? इनकी शादियाँ होना कठिन! "मैं पुरुष, बेटा, लड़का, रंडी के पास जाऊँगा परन्तु बेटियों का क्या?" उनके पैर फिसलनेवाले। माँ बाप की गलती की सजा बच्चों को किसलिए? माँ ने दारू का धन्दा शुरू किया। झोपेड़ी में गांव के शराबियों का रातभर अड्डा। घंटो बैठे रहते, पीते। और गालियाँ बकते। माँ बहन से अश्लील भाषा में बोलते। शराब का गिलास हाथ में लेते समय हाथ पकड़ते। इनमें से एक घटना का वर्णन है, वह घटना : उसका सगा बाप अक्कलकोटवाला जमींदार और उस समय माँ जिसकी रखैल थी, वह पटेल-दोनों मिलकर उसकी झोपड़ी में खाना खाने के लिए रात में आते हैं। उन दोनों में यह तय हुआ था कि पूर्व का जमींदार आज माँ के साथ सोएगा। परन्तु माँ उन्हें बाहर निकालती है। और शरण को अपने निकट लेकर सोती है। उसका रोना ज्वालामुखी के विस्फोट की तरह लगता है। वे दोनों पुरुष फिर से वापिस आकर दरवाजा खोलने के लिए कहते है। तब माँ कहती है - "वापिस जाओगे, या मैं खुद को जला लूँ?" तब अलबत्ता वे निकल जाते हैं। सर्वाधिक कमजोर इकाई को, किसी भी प्रकार का संरक्षण जिसे नहीं है, ऐसी अकेली स्त्री को, एक ही आधार होता है खुद को जला लेने का। स्त्री की इस असहायता को रामायण की सीता से लेकर शरण की माँ तक को हिन्दू संस्कृति में अब तक कोई दूसरा आधार प्राप्त नहीं हो सका है।

शरण अनेक प्रतिकूल अवस्थाओं में भी टिक कर रहता है। स्कूल जाता है। मैट्रिक की परीक्षा प्रथम श्रेणी में उत्तीर्ण होता है। सुविधाएँ और शिष्यवृति के कारण वह कॉलेज जाता है। बाद में नौकरी मिलती है। शादी के समय उसकी फिर बेइज्जती होती है। महार उसे अपना नहीं मानते। बाप लिंगायत होते हुए भी अपना नाम लगाने की इजाजत नहीं देता। महार लड़की से अगर सम्बन्ध रक्खे तो महार जान जाने तक पीटेंगे ऐसा डर उसे है। अन्त में एक का शराबी उससे कहता है, "हमारे बुद्ध धर्म में अक्करमाशी वगैरह नहीं होते। मैं देता हूँ, तुझे अपनी लड़की।" शादी होती है। परन्तु प्रत्यक्ष रूप में इस हल्की जाति के लड़के के यहाँ लड़की भेजने सास तैयार नहीं होती। यह अक्करमाशी है, ऐसा सम्बन्ध हमें नहीं चाहिए आदि। खैर, मराठवाड़ा वि. वि. के नामविस्तार आन्दोलन के समय शरण को अपनी जाति छिपानी पड़ी। महारों में उसे अभी भी बारहमासा महार हूँ - ऐसा कहना पड़ता है। ये जीवन-स्पंदन इतने उग्र रूप धारण करते

हैं कि उसका विशुद्ध मानवतावादी तेज हम सभी बारहमासा पाठकों को हम कितने क्षुद्र हैं का एहसास कराता है। महाराष्ट्र में गाँवों-गाँवों में शिक्षा का अभूतपूर्व प्रचार-प्रसार हो रहा है, और उसी कारण शहर तेजी से बढ़ रहे हैं। और इसी कारण मराठी मन पिछले 25 वर्षों में विभिन्न जाति-जमाती के विस्तीर्ण परिधि के साथ- मराठी साहित्य में पहली बार प्रतिध्वनित हो रहा है। शिक्षा के कारण मैं कौन हूँ, मैं कहाँ हूँ? अस्मिता के इन प्रश्नों को जोर-शोर से प्रस्तुत किया जा रहा है। शिक्षा की इस बहती गंगा के कारण हमारा जीवन शुद्ध होता जा रहा है। अक्करमाशी जैसी पुस्तक की नोटिस लेते समय अब यह गंगा रुके नहीं, ऐसा तीव्रता से महसूस होता है। दबाए गये समूहों को समाज के केन्द्रस्थान पर लाने का महत्कार्य ऐसे लेखकों के कारण हो रहा है। इसीलिए अक्करमाशी का जोरदार स्वागत होना चाहिए।

(लेखक के टीका स्वयंवर ग्रंथ, 1986 से साभार)

अनुवाद - डॉ. सूर्यनारायण रणसुभे

अक्करमाशी : एक दुःखयात्रा

डॉ. जनार्दन वाघमारे

॥ 1 ॥

मराठी साहित्य में शरणकुमार लिंबाले एक भलीभाँति परिचित हस्ताक्षर हैं। 1982 मे उनका पहला काव्य संकलन 'उत्पात' प्रकाशित हुआ था। दलित साहित्य मे यह एक महत्त्वपूर्ण काव्य संग्रह था। 'उत्पात' में दलित कविता के विद्रोह की लय दौडती हुई प्रतीत होती है। 'उत्पात' शीर्षक ही विद्रोही दलित संवेदना के विस्फोट को चित्रित करता है। इन्कार और विद्रोह दलित साहित्य का न्यायच्छेद लक्षण है। 'उत्पात' इन दोनों लक्षणों को रेखांकित करता है। फिर भी उसमें एक अलग तरह की अन्तर्मुखता का भी प्रत्यय आता है। असहनीय अन्तर्वेदना इस कविता में अनर्निहित है। इस अन्तर्वेदना ने इस कविता को अन्तर्मुखी बना दिया है।

शरणकुमार की कविता दलित मराठी कविता की दूसरी पीढ़ी की कविता है। शायद यह उसकी अन्तर्मुखता का कारण होगा। लेकिन वही एक मात्र कारण नहीं है। इतना निश्चित है कि एक तरह की अनिर्वचनीय अन्तरवेदना उनकी कविता की बुनियाद में बसी हुई है। उसकी पीड़ा ने उनकी कविता के शाखों, पत्तों और फूलों का रंग ही बदल दिया है। 'उत्पात' बेहद विद्रोही है। फिर भी वह आत्मपरीक्षण की राह से अपने आप को बचाती नहीं। यह कविता सामाजिक क्रांन्ति की माँग करती है, लेकिन उससे 'सम्यक्' होने का भी आग्रह रखती है, इसलिए वह समाज के साथ अपने पर भी हथियार उठाने में पीछे नहीं रहता।

"मेरी मुट्ठियाँ अपने ही खिलाफ क्यों तन जाती हैं।
मेरी अपनी ही बिरादरी क्यों मेरी दुश्मन बन जाती है?"

'लड़ाई' नाम की कविता में कवि का नाम ही 'लड़ाई' रखनेवाला और अपने तथा अपनी बिरादरी से ठेठ सवाल पूछनेवाला यह शायद पहला ही दलित कवि होगा।

शरणकुमार आमूलचूल परिवर्तन चाहते हैं। आंबेडकर के क्रान्तिकारी दर्शन के

आधार पर ही यह हो सकता है। लेकिन जो आंबेडकर को सस्ती पूँजी की तरह इस्तेमाल करते है उनके खिलाफ उनके मन में बडा गुस्सा है।

"बाप मेरे, मैं एक आंबेडकर
शिल्पकार! महामानव! संविधानकार!
मेरा पंचनामा करो, जाहिरनामा करो
भगवान बुद्ध तुम लेकिन
इन सारे अपराधिओं को क्षमा कर दो,
क्षमा कर दो
मैं एक बोधिसत्व आंबेडकर।"

लिंबाले की कविता विद्रोह की विवेकदृष्टि से सम्पन्न है। दलित समाज के प्रवक्ता के रूप में उनकी कविता में दलित समाज की व्यथा-वेदना अवश्य ही मुखरित हुई है लेकिन उसके साथ ही एक अलग और गहरी पीडा इस कविता में निहित है। अपने समाज की वेदना की ओर कवि कुछ एलिएशन अर्थात पराएपन की नजर से देखता है। शरणकुमार की कविता में एक बहती गहरा है। इस गहरी अन्तर्वेदना के पीछे क्या कारण हो सकता है?

॥ 2 ॥

शरणकुमार की 'अक्करमाशी' आत्मकथा में इस प्रश्न का उत्तर मिल जाता है। इस आत्मकथा में हमें दो आवाजें सुनाई देती हैं। दलित समाज की वेदना को अभिव्यक्त करनेवाली प्रातिनिधिक विद्रोही आवाज और दूसरी उनकी अपनी गहरी अन्तर्वेदना को मुखरित करनेवाली आर्त आवाज। बहिष्कृत समाज ने भी जिसे बहिष्कृत किया उस 'यतिहीन महार' युवक की दुःखयात्रा की कहानी है 'अक्करमाशी'।

'अक्करमाशी' उबलते तिरस्कार से लबालब भरे इस शब्द के पेट में सैकड़ों बिच्छुओं का जहरीला डंक छिपा हुआ है। इस शब्द को सुनते ही आदमी के मन में हज़ारों वेदनाओं की आग का भड़क उठना स्वाभाविक है। ऐसे व्यक्ति को समाज से ही नहीं; नियति के खिलाफ भी निरन्तर जूझना पड़ता है। इस संघर्ष में कानों के पर्दे फाड़ देनेवाला गगनभेदी चीत्कार भी उसे करना पड़ता है। लेकिन उसके इस चीत्कार से समाज के कानों पर जूँ भी नहीं रेंगती। इतना ही नहीं समाज अवहेलनापूर्ण अट्टहास करने में खुश हो जाता है। समाज का उपहासगर्भ अट्टाहास और अपना आर्त आक्रोश इन दोनों से निर्माण होनेवाली व्यामिश्र प्रतिध्वनियाँ लगातार उसके कानों पर पड़ती रहती हैं। इन प्रतिध्वनियों में बहती रहती है एक चिरन्तन असहनीय वेदना की धारा।

शरणकुमार की आत्मकथा 'अक्करमाशी' दरअसल ऐसी ही असहनीय वेदना की

ही आत्मकथा है। यह वेदना जितनी शरणकुमार की है उतनी ही उन सभी व्यक्तियों की है जो ऐसे अभागे हैं। यह आत्मकथा किसी 'पराये' की नहीं बल्कि ऐसे व्यक्ति की है जिसे बहिष्कृत समाज ने भी नकारा है। ऐसे व्यक्ति के पल्लू में जो 'बलुतं' अर्थात दान बाँधा जाता है, वह बेहद दर्दनाक होता है। इस 'दान' का हिस्सा माँगनेवाला कोई नहीं होता!

'अक्करमाशी' दलित आत्मकथा है। लेकिन शरणकुमार की यह आत्मकथा अन्य दलित आत्मकथाओं से भिन्न है। दलितों को दलित होने से जो दुःख उठाना पड़ता है वह तो उसमें है ही, लेकिन उससे भी अधिक दर्द देनेवाली वेदना उसमें है। वह दुःख है 'अक्करमाशी' अर्थात दोगला, अवैध, अनौरस संतति होने का। अक्करमाशी समाज की अनौरस संतति होती है। समाज उसकी लगातार अवहेलना करता रहता है। दलित आत्मकथाओं में लेखक और दलित समाज के बीच द्वंद्व नहीं मिलता। लेखक दलित समाज का प्रवक्ता होता है। उसका संघर्ष दलितेतरों से होता है। दलित समाज के प्रति उसमें आत्मीयता होती है। उसका समाज भी उसे आत्मीय दृष्टि से ही देखता है। अपने समाज में उसे 'पॉजिटिव आइडेंटिटी', सकारात्मक पहचान मिल जाती है। शरणकुमार लिंबाले के बारे में ऐसा नहीं कह सकते। दलित समाज के सन्दर्भ में भी उसका आत्मबिम्ब परका हुआ है। वह ऐसी फूटी काँच से बाहर की दुनिया को देखता है और उसे लगता है कि आसपास का सारा परिवेश उसे नकार रहा है। यह कहने में कोई अत्युक्ति नहीं कि 'अक्करमाशी' मानव रूप धारण कर जीनेवाले एक दुःस्वप्न की आत्मकथा है। यह लेखक दुःस्वप्न का शिकार है।

शरणकुमार लिंबाले का जीवनसंघर्ष सर्वव्यापी है। प्रस्थापित समाज के लिए उसका विद्रोह स्वाभाविक ही है, लेकिन उसके साथ ही दलित समाज के बारे में भी उसके मन में द्वंद्व है। यह आत्मकथन आत्मसंघर्ष में गहराई तक उलझा हुआ है। दरअसल आत्मसंघर्ष (सेल्फ कन्फ्रन्टेशन) ही 'अक्करमाशी' का विषय है। दलित की जिन्दगी दोनों ओर से जल रही है। शरणकुमार की जिदगी समूची जल रही लकड़ी जैसी है। अंगारों की ढेरी ही उसकी फलनिष्पत्ति होगी।

॥ 3 ॥

प्रत्येक दलित आत्मकथा प्रकारान्तर से दुःखयात्रा ही होती है। दलितों की जिन्दगी की राह पर जो पत्थर रोंदे गये हैं वे मात्र दुःख की दूरियों को ही बढ़ाते हैं। दरअसल उनकी जिन्दगी की राहें मृत्युप्रदेश से निकली हुई होती हैं। इसी उम्मीद पर उनको चलना पड़ता है कि इस मृत्युप्रदेश को पार करने के बाद की यात्रा सुख की हो सकती है। लेकिन उनको घेरनेवाला मृत्युप्रदेश इतना लम्बाचौड़ा होता है कि उसे पार करना उनके

बस की बात नहीं होती। दलित लोगों के ललाट पर यही राह फैली हुई रहती है। इस रास्ते पर उसे कभी सफलता मिल भी जाएगी, लेकिन क्या वह उस रास्ते पर दुबारा चलना चाहेगा? दरिद्रता और अस्पृश्यता की परिस्थिति के विरोध में लड़कर जिन्होंने अपनी जिन्दगी में सफलता प्राप्त की है ऐसे व्यक्ति सम्भव सम्भवहै दुबारा ऐसी लड़ाई लड़ने के लिए, चुनौतियों का सामना करने के लिए तैयार हो जाएँ। लेकिन जिन्हें मानव जीवन में सबसे निचले स्तर पर मजबूर होकर जीना पड़ रहा है, दुबारा उसी रास्ते पर चलने की इच्छा कैसे कर सकते हैं? इसीलिए बेंजामिन फ्रेंकलीन जो सोचते हैं वैसा ही वाशिंग्टन या फ्रेडरिक डग्लस नहीं सोच सकते। सामाजिक गुलामी और निम्न स्तर की मजबूर, हीन जिन्दगी मात्र दरिद्रता और विषम परिस्थिति से बिल्कुल अलग चीज होती है। जब तक हम इन दो बातों के भेद को ध्यान में नही लेंगे तब तक दलित आत्मकथा का अर्थशास्त्र हमारी समझ में नहीं आएगा।

दलित आत्मकथा का अर्थ समझने के लिए यह देखना जरूरी है कि उसका जन्म क्यों हो गया है। कोई व्यक्ति अपनी आत्मकथा क्यों लिखता है? प्रत्येक मनुष्य के मन मे यह सुप्त इच्छा होती है कि अपने जीवन में प्राप्त सफलता को दूसरे से कह दे। ऐसी आत्मकथाएँ प्रायः पुरुषार्थ गाथाएँ-सफलता के लिए कौन सी कुशलताएँ प्रयुक्त कीं, कैसे साहस किए और कामयाब हो गये, इन बातों को बताने की इच्छा स्वाभाविक है। अपनी पूरी जिन्दगी को दीपमाला की तरह लोगों के सामने प्रस्तुत करने की मन की उर्मि से आत्मकथा का जन्म होता है। आत्मकथाओं में प्रायः समकालीन कालखंड प्रस्तुत हो जाता है। आत्मकथा का लेखक ही उसका नायक होता है। उसका 'मैं' होता है उसकी 'अस्मिता'। आत्मकथा प्रायः कर्तृत्व की 'अचिवमेंट' की कहानी होती है। आत्मकथा अर्थात आत्मैतिहास! व्यक्ति के जीवन और कालखंड का इतिहास।

दलित आत्मकथा किस अचीवमेंट की कहानी होती है? उसके पीछे कौन-सा 'मैं' खड़ा है? कौन-सा सुप्त अहम् उसके पन्नों पर फैला हुआ है? जिस अमानुष सामाजिक परिस्थिति में दलित पददलितों को अपनी जिन्दगी गुजारनी पड़ती है, वह परिस्थिति उनके मानवीय अस्तित्व को ही नामंजूर करती है। बड़ी क्रूरता से उनका और उनके समाज का अमानुषीकरण (डीह्यूमनायजेशन) करती है। इसके बावजूद अपने अस्तित्व को बरकरार रखते हुए उसे अर्थपूर्ण बनाने की कोशिश भी अपने आप में एक करतूत है। अचीवमेंट है। मनुष्य का जीवन होने और बनने 'बीईंग और बिकमिंग' के बीच की 'डाइलेक्टिक्स' है। इस डाइलेक्टिक्स से अर्थात विरोध-विकास की प्रक्रिया से उसे अर्थ और आशय मिल जाता है। परिस्थितियाँ जहाँ बीईंग को नकारती हैं, वहाँ 'बिकमिंग' असम्भव बन जाता है। दलित समाज के जीवन का सबसे भीषण यथार्थ है, अस्थिरता। भारतीय समाज व्यवस्था ने जैसे दलितों पर थोपा इसे, ऐसा यह कुष्ठरोग है। कोढ़ी से भी बदतर स्थिति

को एक समाज इकाई पर सदियों से लादा गया। ऐसी बदहाली में भी जीने की कोशिश तो करनी ही पड़ती है। दलित आत्मकथा प्रधान रूप से दलित समाज पर सदियों से थोपी गयी अमानुष शोषण की दुःखकथा है। दलित लेखन ने यह सवाल उठाया है कि ''मुझ पर और मेरे समाज पर इस अमानुषता को क्यों लादा गया है?'' दलित आत्मकथा हमारे समक्ष इस यक्षप्रश्न को उठाती है। ऐसे ही दलित आत्मकथा पूरे दलित समाज की आत्मकथा बन जाती है। और दलित लेखक उसका ऐंटी हीरा- प्रतिनायक बन जाता है।

जितनी भी दलित आत्मकथाएँ अब तक प्रकाशित हुई हैं, उन सब के लेखकों ने इसी सवाल को शिद्दत से उठाया है। ''मुझ पर और मेरे समाज पर इस अमानुषता को क्यों लादा गया है?'' वे जिस दुःख को भोग रहे हैं, उसे उन्हें दुनिया को बताना जरूरी लगता है। इस अमानुषता के खिलाफ उन्होंने लगातार संघर्ष किया है। स्वतन्त्रता, समानता और सामाजिक न्याय ही उसकी प्रधान प्रेरणाएँ हैं। ये प्रेरणाएँ ही उनकी ऊर्जा है। दलित लेखक को अपने मानव जीवन को विद्रूप करनेवाली समाज व्यवस्था के खिलाफ लगातार लड़ना पड़ता है। 'ही इज आल्वेज एट वॉर विथ सिविलायजेशन। ही ईज इन्वाल्वड इन ए काइंड ऑफ एवरी डे सिविल वॉर, इजंट ही?' सभ्यता के साथ उसकी निरन्तर लड़ाई जारी है। एक तरह दो गृहयुद्ध में उसे रोजाना सड़ना पड़ता है, है न?''

॥4॥

उपर्युक्त विवेचन के सन्दर्भ में शरणकुमार लिंबाले की 'अक्करमाशी' का विचार करना चाहिए। उनका संघर्ष दकियानूसी संस्कृति के खिलाफ है। वह सर्वंकष है। उनकी 'अक्करमाशी' आत्मकथा प्रकारान्तर से 'वॉर डॉक्युमेंट' है। उनकी लड़ाई सभ्यता के साथ है। अपनी इस आत्मकथा में उन्होंने पाठक को बेचैन कर देनेवाले कई एक सवाल उठाए हैं। प्रधान रूप से सवाल उठाए हैं कि 'मै कौन हूँ? और क्या मैं समाज के लिए स्वीकार्य हूँ?' इन्ही दो सवालों के सन्दर्भ में अन्य कई सवाल उठ खड़े हो जाते हैं। ले-देकर सौ पृष्ठों की इस आत्मकथा में करीब-करीब तीन सौ सवाल मिल जाते हैं। 'कुछ सीधे-सादे हैं' अभिव्यक्ति की शैली के रूप में आ जाते हैं। लेकिन कुछ बेहद बुनियादी हैं। समाज व्यवस्था की चूलें हिला देनेवाले सवाल हैं। जमीन में जगह-जगह पर बारूद के सुरंगों की तरह इन सवालों को लिंबाले ने आत्मकथा के पन्ने-पन्ने पर छिपा रखा है। किसी ने कहा है आत्मकथा एक तरह की युद्धभूमि होती है। अक्करमाशी के सन्दर्भ सन्दर्भ में यह सौ फीसदी सच है। शरणकुमार लिंबाले की आत्मकथा पढ़ने के बाद उक्त कथन का मर्म पाठक समझे बिना नहीं रहता।

'मै कौन हूँ?' इस प्रश्न का उत्तर है 'अक्करमाशी'। लिंबाले ने यह प्रश्न अपने आप से ही पूछा है। जब प्रश्न अपने आप से पूछा जाता है, तब उसका उत्तर खोजने का दायित्व भी आपने आप पर ही होता है। इस प्रश्न का उत्तर इस आत्मकथा में दिया गया है।

दूसरा प्रश्न मौजूदा समाज व्यवस्था और संस्कृति से किया गया है। "क्या मैं समाज को स्वीकार्य हूँ?" उसका उत्तर खोजने का दायित्व मौजूदा समाज व्यवस्था पर है। परन्तु इस प्रश्न का सामना व्यवस्था नहीं करना चाहती। 'अक्करमाशी' पढ़ने के बाद भी यह प्रश्न हमें सताते रहता है। शेक्सपीयर के 'हैमलेट' नाटक में बाप का भूत हैमलेट के सामने से हटता नहीं उसी तरह यह प्रश्न भी पाठक का पीछा करते रहता है। जेम्स ओलनी ने कहा है कि आत्मकथा जीवन का बिम्ब या प्रतीक होता है। लिंबाले की आत्मकथा समाज और संस्कृति में बहिष्कृत एक 'अक्करमाशी' के जीवन का बिम्ब है। वह टूटा हुआ है। लेखक का दोचित्तापन उसके मन के तल को भेदकर आगे जा चुका है।

दरअसल कोई भी आत्मकथा इसी एक प्रश्न का उत्तर हुआ करती है कि 'मैं कौन हूँ?' आत्मशोध के प्रयास में लेखक एक प्रश्न का उत्तर ढूँढता है। शरणकुमार को इस प्रश्न ने बेहद परेशान किया हुआ है। 'मैं कौन हूँ' इस प्रश्न का उत्तर शरणकुमार सीधे 'मैं अक्करमाशी हूँ।' दे सकता है लेकिन इतनी सहजता से नहीं दिया जा सकता। इस उत्तर के पीछे बहुत बड़ा दैवदुर्विलास (आयरनी आफ फेट) है। शरणकुमार का प्रश्न इस आयरनी आफ फेट पर खड़ा है। वहाँ से उसे नीचे नहीं खींचा जा सकता। वह वहीं पर यक्ष की तरह खडा है। निःसन्देह इस लेखक की दशा हैमलेट जैसी है।

बड़ा व्यापक है यह प्रश्न कि मैं कौन हूँ? माँ-बाप, भाई-बहन, सगे-दूर के रिश्तेदार, मित्र और अपने जीवन के अनेक सन्दर्भ निर्माण करनेवाला समाज सब उसमें शामिल है। 'अक्करमाशी' आत्मकथा अपने जीवन के साथ-साथ माँ बाप, भाई-बहनों, रिश्तेदारों तथा दलित समाज की व्यथा का कथन है। इस आत्मकथा का टोन इसकी भूमिका से स्पष्ट होता है। शुरू में ही लेखक ने कहा है, "कोढ़ के चकत्ते की तरह इस जिन्दगी को छिपाना चाहता था । मैं अपना इतिहास माँ की सीमा तक ही बता सकता हूँ। ज्यादा से ज्यादा उसकी माँ तक। उससे परे मेरा कोई खानदान नहीं।"

"मेरी माँ महार तो पिता लिंगायत। माँ झोपड़ी में तो पिता कोठी में। पिता जमींदार तो माँ भूमिहीन। मैं अक्करमाशी।" स्त्री और पुरुष के अनैतिक संम्बन्धों से यह दाग पैदा हो गया। लेखक इस अनैतिकता को बलात्कार मानता है। अपनी जिन्दगी को बलात्कार का फल। यह बात उसे हरदम बेचैन बनाती है। 'इस कड़ए फल का नाम क्या है? 'अक्करमाशी?' 'मैं कौन हूँ?' यह प्रश्न हमेशा के लिए सीने पर सवार हो गया है।

अपने जैसे और अभागे हैं इस दुनिया में? लेखक पूछता है; "हू ॲम आय? नीग्रो की तरह आयडेंटिफिकेशन का-आत्म पहचान का-प्रश्न मुझे भी सताते रहता है। मैं सवर्ण हूँ या अस्पृश्य? मै कौन हूँ इस प्रश्न से यह आत्मकथा शुरू हो गयी। मैं अछूत और गरीब जैसा जिया वैसे ही शब्दों में मैंने रख दिया।" तात्पर्य, शरणकुमार का दर्द मात्र अस्पृश्यता से उत्पन्न दर्द नहीं है। अक्करमाशी के होने से इस दर्द पर एसिड डाल दिया गया है।

दलित साहित्य की तुलना अमरीकी नीग्रो साहित्य के साथ इसलिए की जाती है कि दोनों अपनी-अपनी समाज व्यवस्था के शोषितों का साहित्य है। लेकिन कोई नीग्रो जब 'मैं कौन हूँ' प्रश्न पूछता है तब अपनी रगों में दौड़नेवाले शुद्ध खून की संवेदना उसे बेचैन बना देती है। श्वेत पुरुष की वासना, पशुता और बलात्कार की शिकार काली औरत का वह बेटा होता है। उसकी जिन्दगी को भी कोढ़ का चकत्ता लगा हुआ है बास्टर्ड का। और वह इस दाग को छिपा नहीं सकता क्योंकि उसकी चमड़ी का रंग और सूरत बदली हुई होती है। लेकिन यह दाग किसी इक्के-दुक्के नीग्रो के बदन का दाग नहीं, वह पूरी नीग्रो जाति के बदन का दाग है। इतिहास ने, नहीं नियति ने इस भीषण यथार्थ को नीग्रो समाज पर थोप दिया है। भारतीय दलित के 'मैं कौन हूँ' प्रश्न के साथ यह आयाम नहीं होता। लेकिन शरणकुमार के प्रश्न को यह आयाम अवश्य प्राप्त हुआ है। उनका प्रश्न समूचे दलित समाज का प्रश्न नहीं है। लेकिन नीग्रो प्रश्न के साथ जो 'सामूहिकता' है वह शरणकुमार के प्रश्न के साथ नहीं है इसलिए तो उनका प्रश्न और भी बेचैन बना देता है। समाज व्यवस्था ने उनके जन्म को ही अनैतिक करार दिया है। पूरी जिन्दगी एक भीषण चक्रव्यूह में फँसी हुई है। उससे मरने के बाद भी छुटकारा नहीं है। दलित समाज में रहते हुए तथा उनके संघर्ष में भागीदारी करते हुए भी एक किस्म के अकेलेपन का सामना उन्हें दुर्भाग्य से करना पड़ा है। इसलिए इस आत्मकथा का नायक भारतीय समाज व्यवस्था का एकलव्य भी है और कर्ण भी है।

अमरीकी नीग्रो की दशा के साथ समानता का अनुभव वह करता है। 'क्रॉस' नामक कविता में लँडस्टन ह्यूज ने कहा है,

मेरा बाप गोरा था।
और मेरी माँ काली थी।
मैंने कभी अपने गोरे बाप को शाप दे दिया हो
तो मैं अपने शाप को वापिस लेता हूँ
मैंने कभी अपनी काली माँ को शाप दे दिया हो
और चाहा हो कि वह दोजख में जाएँ
तो मैं अपनी इस बुरी चाह के लिए दुखी हूँ

और अब मैं उसका भला चाहता हूँ।
मेरा बाप बड़ी हवेली में मर गया
मेरी माँ झोपड़ी में मर गयी
मुझे पता नहीं मैं कहाँ मरनेवाला हूँ?
क्योंकि न मैं गोरा हूँ, न काला हूँ।

इस अक्करमाशी के कन्धे पर भी ऐसा ही 'क्रॉस' है। गोरों के समाज और संस्कृति में कालों को सम्मान नहीं। उनका 'ब्लैक' होना ही एक 'स्टिग्मा' है। दाग है। लेकिन नीग्रो सिर्फ ब्लैक ही नहीं है, वह 'बास्टर्ड' भी है उसके कन्धे पर दोहरे यथार्थ की सलीब है। गोरों के समाज में काला होना यही उसके दुःख की जड़ है। इसलिए वह चीखता हैः

इस तरह काला
और नीला हूँ, तो
मैंने क्या किया है?

अछूत होना हिन्दू समाज के लिए स्टिग्मा है। लेकिन शरणकुमार लिंबाले नाम का लेखक सिर्फ अछूत नहीं, वह 'अक्करमाशी' भी है। शायद इसीलिए उसे अमरीकी नीग्रो अपना लगता है। उसने कहा है "मुझे अपनी जिन्दगी भी ऐसी ही लगती है। नीग्रो मुझे अपने माँ-बाप जैसा, भाई-बहन जैसा लगा। हमें एक साथ बाँधनेवाली बात है हम पर थोपी गयी अमानुष गुलामी। इसलिए जो भी कोई गुलाम है, गुलामी के खिलाफ लड़ रहा है, वह मुझे अपना लगता है।"

'अक्करमाशी' दरअसल एक दुःस्वप्न की आत्मकथा है। दोहरे और भीषण यथार्थ ने लेखक के समूचे जीवन को, दुःस्वप्न में बदल दिया है। अछूत बनकर उसने काफी कुछ दुख उठाया है। लेकिन अक्करमाशी के रूप में उसे जो भोगना पड़ता है वह बेहद असह्य है। उसका संघर्ष संस्कृति और नियति दोनों से है। मुझे लगता है कि उसका पूछा हर सवाल इस देश की संस्कृति और समाज व्यवस्था पर प्रहार है। इन सब सवालों से बन जाता है एक चक्रव्यूह। उससे बाहर कैसे निकलना? अक्करमाशी के पाठकों के सामने यह प्रश्न अवश्य ही उपस्थित हो जाता है।

॥5॥

अस्पृश्यों ने जो दुख भोगा वही शरणकुमार ने भी भोगा है। इसलिए इस आत्मकथा को दलित समाज का आत्मकथन मानना गलत नहीं होगा। अक्करमाशी का आरम्भ पाठशाला की वनभोजन की सैर की एक घटना से होता है। गरीबी और अस्पृशता से अपराजित होते ही रहे लेकिन इस अपमान को तीव्रता से महसूस किया वनभोजन की

घटना से। सवर्ण समाज के लड़के लड़कियाँ छतनार पेड़ की छाँव में बैठ गये तो अछूत बच्चे कुछ दूरी पर फटेहाल पेड़ के नीचे। अपने हीन दीन होने की संवेदना मन की तलहटी में जा बस गयी। मास्टरजी ने सवर्णों का जूठन अछूत बच्चों को परोस दिया। भूखों के लिए यह तो वरदान ही था। वे उस पर टूट पड़े। स्वाद लेकर खाते रहे। घर लौट आने पर शरणकुमार ने अपनी माँ से इस 'आनन्द' का बखान किया तो उसे भी खुशी हो गयी लेकिन उसने कहा, "हमारे लिए भी थोड़ा ले आते। बचा हुआ जूठन अमरित होता है।" लेकिन रोज ऐसा अमरित कहाँ से मिलता? भूख का मुकाबला करते हुए शरणकुमार पढ़ रहा था। गरीबी में कैसे लिखना? कुछ गलत हो गया तो गुस्से से चीखता, "भोसड़ी के, लिख तो। बैल खा सकता है क्या?" खैनी चबानेवाले शिक्षक के प्रश्न का उत्तर शरणकुमार नहीं दे सकता था। दरअसल इस बच्चे की आँख में वह उत्तर था। लेकिन अनाड़ी मास्टरजी की समझ में आना सम्भव नहीं था। उसने कभी सोचा ही नहीं होगा कि मरे हुए जानवरों को क्यों खाना पड़ता है। कहने की आवश्यकता नहीं कि शरणकुमार की आगे की जिन्दगी मे ऐसी घटनाओं का सिलसिला ज़ारी रहा। भूख ने तो इस बालक का लगातार पीछा किया। हर अस्पृश्य बच्चे को भूख का बेहिसाब ताप सहना ही पड़ता है। भूख आदमी को मजबूर बना देती है। शरणकुमार ने इसे बचपन से ही जाना था। भूख मिटाने के लिए घर में जवार का दाना भी नहीं था, फिर क्या किया जा सकता था? भीख माँगना ही आसान तरीका था। गाँव में शादी ब्याह होने पर उन घरों की अपेक्षा महार बस्ती के लोग ही ज्यादा खुश हो जाते थे। बेइज्जती को सह कर भी पेट का गड्ढा भरने का इन्तजाम हो जाता था। शरणकुमार सोचता था, "भगवान ने पेट देकर गलती की है।" शादी के घर पर हाथ से पेट पकड़कर खड़ा रह जाता था कि कब बुलावा भेजा जाता है।"

शरणकुमार को अपने पेट की चिन्ता के साथ ही मसामाय और संतामाय के पेट भरने का भी सवाल था। उनके लिए जो भी मिले, घर लाने की कोशिश करता रहता था। संतामाय गोबर के उपले बनाकर बेचा करती थी. कभी कभी गोबर में जवार के दाने मिल जाते थे। उन्हें धोकर रोटियाँ बनाई जाती थीं। 'कैसा होगा स्वाद इन रोटियों का' सवाल बेमानी है। भूख मिटाने के बाद ही स्वाद का सवाल पैदा होगा। शरणकुमार गोबर में मिले दाने चुनकर उन्हें धोने में मदद किया करता था।

अस्पृश्यों के लिए ऐसे काम करना मजबूरी थी। गाँव में कोई मर गया तो महार मांगों की बस्ती में पर्व की खुशी फैल जाती थी। शव को रास्ते में एक स्थान पर विश्राम के लिए अर्थी नीचे रखी जाती है। तब और जवारी उछाली जाती है। इन्हें चुनने में अछूत बच्चों में होड़ लग जाती थी। सवाल भूख का था। शरणकुमार ने लिखा है, "लगता था कि रोज अमीरों के घरों से अर्थियाँ निकलें। सिक्के उछाले जाएँ। उतने हीपैसे मिलेंगे।

जवार मिल जाएगी।''

गाँव में जानवर का मर जाना भी एक पर्व हुआ करता था। उस जानवर पर पूरी महार बस्ती का अधिकार होता था। उसे काटने के लिए मेहनत। फिर ज्यादा हिस्सा पाने के लिए झगड़े । बीमारी से मरनेवाले जानवर को पड कहा जाता है। उसे उठाने का अधिकार सिर्फ महारों को था। "जिस महीने में ज्यादा 'पड' वह महिना त्योहार था। कभी जानवर मरते नहीं थे तब जहर देकर भी मारे जाते।'' भूख की खातिर यह करना पड़ता था। जानवरों के मर जाने से भूख का मसला कुछ देर के लिए हल हो जाता था। "स्वर्ग से जिसकी डोर टूट गयी वह जानवर मर जाता था। सारी फिक्र तो भगवान को होती है। गाँव के काम कर खेती के उत्पादन से कुछ हिस्सा मिल जाता था। लकड़ियाँ तोड़ने का भी एक काम था। इसके बावजूद भूख का मसला नहीं सुलझा तो? चोरी! पकड़े जाने पर परिणामों का मुकाबला करने को भी तैयार। मेहनत करने में कभी कोताही नहीं। लेकिन काम मिलना चाहिए। देशी शराब बनाने का कारण भी भूख ही थी। लाभदायक लेकिन खतरनाक। पूरा बरबाद करनेवाला।'' शरणकुमार इन सभी राहों पर नंगे पाँव ठोंकरे खाते हुए चलता रहा। भूख कितना सताती है इसे बचपन में ही अनुभव किया था। आदमी, भूख और रोटी का एक उलझनभरा त्रिकोण बन जाता है। शरणकुमार ने इस सन्दर्भ में एक प्रमेय प्रस्तुत किया है— "रोटी आदमी जितनी, रोटी आसमान जितनी, रोटी सूरज जैसी गर्म, भूख आदमी से भी बड़ी। भूख सात पातालों से भी बड़ा। पेट आदमी से बडा। पेट मतलब एक धरती। पेट होता तो है बित्ता भर लेकिन सारी दुनिया को खाकर भरता है डकार। पेट नहीं होता तो क्यों होती लडाइयाँ, झगड़े, मारामारी। पेट नहीं होता तो क्यों होते पाप-पुण्य, स्वर्ग-नरक और ईश्वर भी क्यों होता पैदा? पेट नहीं होता तो क्या होता देश, सीमा, नागरिक, संसद, संविधान वगैरे। पेट से ही तो जनमी है दुनिया।'' दुनिया की जेनेसिस अर्थात उत्पति के बारे में शरणकुमार ने जो स्थापना की है उन विद्रोही शब्दों के पीछे का अर्थ पाठकों को समझ लेना चाहिए। भूख ही है जो आदमी को वहशी बना देती है। लेकिन शरणकुमार ने अपनी भूख के साथ अपनी माँ और छोटे भाई बहनों की भूख की भी चिन्ता की है। उसने कहा है, "गर्म रोटी का टुकड़ा मिल जाने पर मैं उसे माँ को दिया करता था। सोचता था कि उसके थनों में उतना ही दूध आ जाएगा। गेहूँ की रोटी मिल जाने पर छोटे छोटे टुकड़े बनाकर बाँटकर खाया करते थे।'' इस बँटवारे ने शरणकुमार के अन्तस में इन्सानियत के झरने बहा दिये हैं। अछूत होने से उसे कई अमानुष हादसों का सामना करना पड़ा है।

फिर भी पढ़ने की कोशिश वह करता रहा। अक्षरों की मध्यस्थता से जिन्दगी के कटु अनुभवों का अर्थ खोजने का प्रयास उसने किया। अछूत होने से समानता के व्यवहार की तो बात ही नहीं थी, पाठशाला में और बाहर भी साधारण हमदर्दी का भी

वह हकदार नहीं था। अछूत बालकों को पानी की तरह शिक्षा भी ऊपर से ही परोसी जाती थी। सवर्ण शिक्षक को डर था कहीं सरस्वती अपवित्र न हो जाय फिर संस्कृति की पवित्रता का क्या होगा? शिक्षक भी इस समाज व्यवस्था का शिकार था। लेकिन युग बदल रहा था। स्वतन्त्रता की हवा मूलभूत मानवीय अधिकारों का सन्देश लेकर महारों की बस्ती में देर-सबेर बहनेवाली थी। शरणकुमार जैसे दलित लड़के ने अगर उन्हें अपनी पतवार में पकड़ा न होता तो उसकी जीवन की नैया कॉलिज के बंदरगाह पर पहुँच ही नहीं सकती थी। विद्रोह की ताकत से वह दूर रह जाता। शिक्षा ने उसे अस्पृश्यता के खिलाफ लड़ने की शक्ति दे दी।

॥6॥

शरणकुमार की लड़ाई सिर्फ अस्पृश्यता और दरिद्रता के खिलाफ नहीं थी। नियति ने उसके माथे पर 'अक्करमाशी' की छाप लगा दी थी। इन गुदे हुए अक्षरों को कैसे मिटाया जा सकता है? अस्पृश्यता ने उसे गाँव के बाहर बाँध दिया। अक्करमाशीपन ने उसे हीनता दे दी। अपनी रगों मे दौड़नेवाले खून के साथ बैर करने की बारी आन पड़ी। मन में उत्पन्न द्वेषभाव को कैसे निकाल दे? आत्मसंघर्ष में उलझे शरणकुमार के सामने यक्षप्रश्न खड़ा हो गया, 'मैं कौन हूँ?'

मसामाय शरणकुमार की माँ। और बाप? हणमन्त लिंबाले! लेकिन मसामाय तो हणमन्त लिबाले की ब्याहता बीवी नहीं है। न ही हणमंता लिंबाले शरणकुमार को अपना बेटा मानने के लिए तैयार है। माँ महार है तो 'बाप' लिंगायत।' मैं कौन हूँ? महार? या लिंगायत? या लिंगायत महार? महार कहता हूँ तो बाप लिंगायत है। शरणकुमार न महार है न लिंगायत। फिर उसकी जाति कैसे निश्चित की जाएगी? हिन्दू समाज व्यवस्था में लिंगायत महार जैसी कोई संयुक्त जाति नहीं है। जातियों को जोड़ना ही इस समाज व्यवस्था को मंजूर नहीं है। इसलिए शरणकुमार के 'मैं कौन हूँ?' प्रश्न का उत्तर आसानी से मिलनेवाला नहीं है।

दूसरा प्रश्न था 'क्या समाज मुझे स्वीकार करेगा?' समाज व्यवस्था इस प्रश्न का उत्तर 'हाँ' में नहीं देगी। अगर देती तो पहले प्रश्न का भी उत्तर मिल जाता। इसलिए "मैं कौन हूँ?" यह प्रश्न 'शेष' है। यह कहना गलत नहीं होगा कि 'अक्करमाशी' इस प्रश्न की ही आत्मकथा है। उस प्रश्न का उत्तर है 'अक्करमाशी।'

मसाई की शादी विठ्ठल कांबले के साथ हुई थी। वह रूपवती थी। किसी ने नहीं सोचा था कि रूप ही उसके लिए अभिशाप बन जाएगा। विठ्ठल कांबले से उसको तीन लड़के हुए। विठ्ठल हणमन्त लिंबाले के पास नौकर था। वह दलित था। दरिद्र था। इसलिए मजबूर था। खेत में काम करनेवाले जानवरों की हैसियत थी उसकी। अमीर

हणमन्त लिंबाले ने उसकी गृहस्थी को उजाड़ देने की साजिश रची। उसने मसाई को अपनी वासना का शिकार बना दिया। खबर गाँव भर में फैल गयी। महारबस्ती की जात पंचायत ने फैसला सुना दिया। वह हणमन्त लिंबाले की रखैल बन गयी। विठ्ठल कांबले ने दूसरी शादी कर ली। लेकिन दागदार मसाई के साथ कौन शादी करता? हणमन्ता ने मसाई को कबूतर की तरह पाला। उससे मसाई के एक लड़का पैदा हो गया। आत्मकथा का नायक कहता है "मेरे जनम लेते ही तमाम पटेलों और जमीदारों की खानदानी हवेलियाँ परेशान हो गयी होंगी। मेरी पहली साँस से दुनिया की नीति घबरा गयी होगी। मेरे रोने से यहाँ की तमाम कुंतियाँ पेन्हाई हुई होंगी। मेरी माँ बलात्कार के लिए क्यों राजी हो गयी होगी? अनैतिक संभोग को क्यों उसने नौ मास नौ दिन पेट में पाला होगा? क्यों पलने दिया इस कड़ए गर्भ को? कितनी नजरों ने उसे व्यभिचारिणी मानकर सताया होगा? मेरे जनम के बाद किसने किसको मिठाई दी होगी? किसने मुझे हलराया-दुलराया? किसने माँ को चोली का कपड़ा दिया होगा? किसने किया होगा मेरा नामकरण संस्कार? मैं कौन से वंश का वारिस? किस हक के बाप का बेटा?"

समझ आ जाने पर शरणकुमार इन प्रश्नों को कैसे टाल सकता था? माँ ने अनैतिक काम क्यों किया।? मेरा हक का बाप कौन? इन दो प्रश्नों ने उसे निरन्तर सताया। मसामाय के लिए उसका दिल छटपटाता तो है लेकिन उसके बारे में एक बेनाम नफरत भी है उसके मन में। उसने मानो अपनी सुन्दर देह का बाजार ही बनाया था। स्वयं कलंकिनी बन गयी और अपने बेटे के माथे पर भी कलंक का टीका लगा दिया। शरणकुमार के मन में मसामाय को लेकर प्रेम भी है और द्वेष भी। अपने अक्करमाशी होने की संवेदना जैसे-जैसे बढ़ गयी वैसे-़वैसे माँ के बारे में द्वेषभाव भी बढ़ता गया। शरणकुमार को जन्म देने के बाद मसाई यशवन्तराव पाटिल की रखैल बन गयी। वह भी लिंगायत ही था। उससे उसके आठ बच्चे पैदा हो गये। मसाई शरणकुमार की परवरिश नहीं कर सकी। वह सन्तामाय के पास आ गया। सन्तामाय मसाई की माँ। वही शरणकुमार की माँ बन गयी। अपनी माँ से दूर रहने की नौबत आ गयी। और माँ व्यभिचारिणी बनकर जी रही है। इन बातों से शरणकुमार बेचैन हो उठता है। माँ के प्रति प्यार और नफरत एक साथ। हैमलेट को भी अपनी माँ का व्यभिचार पसन्द नहीं था। उसके मन में भी माँ के प्रति घृणा का भाव उत्पन्न हो गया था। शरणकुमार के मन में भी एक वात्याचक्र घूमता रहा। मसाई ने अनैतिक रास्ता क्यों अख्तियार किया होगा? शरणकुमार ने इस प्रश्न का हल खोजा है। दलित जाति में रूपवती का जन्मना अभिशाप है। खूबसूरत बीबी दूसरे की बदसूरत अपनी ऐसी कहावत ही है। खूबसूरत औरत पर गाँव की नजर होती है। मसाई को पति ने छोड़ दिया उसका कारण रूप ही था। हणमन्त ने भी भोगा और छोड़ दिया। अकेली कब तक रह सकती थी? हणमन्त के छोड़ देने

के बाद यशवंत पाटिल की रखैल बन गयी। व्याभिचार की श्रृंखला को तोड़ना उसके बस की बात नहीं थी। वह दलित, अबला, रूपवती थी इसलिए उसका लैंगिक शोषण होता रहा। जाति बाधा बनकर रह गयी। शरणकुमार इन बातों से वाकिफ है। उसने कहा है, "जिनके पास यहाँ के धर्म की दी हुई वर्णश्रेष्ठता की सत्ता है और बाप कमाई की जायदाद है, उन्होंने यहाँ की दलित आबरू का उपभोग किया है।" देहातों में खानदानी पाटिल की इज्जत उसकी रखैलों की संख्या पर कम ज्यादा मानी जाती थी। हकीकत यही है कि उनकी वासना की शिकार ज्यादातर दलित औरतें ही हुआ करती थीं।

शरणकुमार पर नियति ने हीनता लाद दी। हीनता की यह भावना उसके लिए मनोग्रन्थि (ऑब्सेशन) बन गयी। उम्र के साथ वह बढ़ती गयी। उसकी पूरी जिन्दगी को सने घेर लिया। उसकी हालत कटी पतंग जैसी हो गयी। जिस बात पर अपना कोई अधिकार नहीं। उसका नाम स्कूल में लगाना पड़ा। हणमन्त लिंबाले ने विरोध किया, स्कूल में आकर हेड़ मास्टर से उसने झगड़ा भी किया लेकिन खुद्दार भोसले गुरुजी ने साफ कह दिया कि "इस बच्चे के बाप का नाम इसकी माँ बताएगी और वही नाम मैं रजिस्टर पर लिखूँगा।" भोसले गुरुजी की वजह से शरणकुमार को बाप का नाम मिल गया। लेकिन बाप नहीं मिला । बाप ने माँ को निकाल दिया तो वह चाचा की रखैल बन गयी। चाचा यशवन्त पाटिल बड़ी हवेली में रहता था। मसाई झोपड़ी में। आगबबूला होनेपर भी हम हवेली में नहीं रह सकते। "ये खानदानी दीवारें मुझे कबूल क्यों नहीं करतीं?" बाप हवेली में, माँ झोपडी में, मैं सडक पर। आखिर मैं कहाँ मरनेवाला हूँ, कहाँ जीनेवाला हूँ। मेरी सही जड़ें कहाँ हैं?"

शरणकुमार को अपनी जड़ें नहीं मिलतीं। उन्हें खोजने की उसकी कोशिश ज्यादा है। अपनी मिट्टी हो तो जड़ों को बताया जा सकता है, बढ़ती भी हैं जड़ें। सड़क पर नहीं बढ़ सकती। अपनी सड़कछाप दशा के लिए कौन जिम्मेदार है अर्थात माँ। उसकी ममता मेरे हिस्से में नहीं आयी। माँ का प्यार नहीं मिला। वह मेरी पूरी माँ है ही नहीं। मेरी आधी माँ, पाटिल की आधी औरत। मेरा जन्म व्यभिचार का फल। क्यों किया होगा उसने व्यभिचार? शरणकुमार के मन में माँ के प्रति नफरत बेहद बढ़ जाती है। उसका प्रतिशोध लेने का अविचार भी मन में आता है। नारी का प्रतिशोध लेने के लिए बलात्कार के अलावा दूसरा कौन-सा उपाय बड़ा हो सकता है? जनम देनेवाली माँ व्यभिचारिणी है इस बात का दर्द उसे है। "इस व्यभिचारिणी औरत के बिस्तर पर मुझे क्यों नहीं जाना चाहिए?" उसका सवाल दरअसल इडिपस कॉम्प्लेक्स की उलझन है। परिवेश ने उसके मन में यह विकृत कुंठा उत्पन्न कर दी है। शरणकुमार का मन प्रतिशोध की आग में विवेकशून्य बन जाता है। लेकिन अन्ततः सुविचार या विवेक की जीत होती है। वह जानता है कि समाज में मसामाय जैसी कई औरते हैं। पेट की खातिर इन्हें अपनी आबरू

का सौदा करना पड़ता है। शरणकुमार यह प्रश्न भी उपस्थित करता है कि क्या सिर्फ पेट के लिए ही जिया जाता है? पेट से परे भी एक विराट दुनिया होती है। रोटी से परे भी एक जिन्दगी होती है। वह जिन्दगी गाँव के बाहर रहनेवालों के हिस्से में कभी नहीं आयी। उसका दुःख पाठक को बेचैन कर देता है।

लेकिन इस दुख का अन्त यहाँ पर नहीं होता। वह समाज व्यवस्था पर प्रहार करता है। संस्कृति को चीरता-फाड़ता है। उसे ईमानदारी से लगता है कि इस समाज व्यवस्था ने ही मेरी माँ को रखैल बना दिया है। 'रखैल' शब्द के मायने जब उसकी समझ में आ जाते हैं, तब वह बेहद बेचैन हो उठता है। इस शब्द के भीतर कितना जहर भरा हुआ है। एक व्यभिचारी योनि इस शब्द के पीछे से इशारे कर रही है। इस योनि के महाद्वार में कौन प्रवेश करेगा? शरणकुमार के आक्रोश की सीमा नहीं।

शरणकुमार के मन में दबी प्रतिशोध की भावना दूसरे रूप में उभरती है। कभी-कभी वह सोचा करता है कि चाचा उसे अपनाएगा। वह अपना बाप है इसलिए लाड़दुलार करेगा। लेकिन यह दुराशा थी। वह बाप नहीं था, माँ का उपभोक्ता था। चाचा के प्रति गुस्सा आने पर उसे लगता कि कभी तो इसकी माँ का भी बलात्कार करना चाहिए। दिमाग जलने लगा। प्रतिशोध विकृतियों को जन्म देता है। जब कोई आदमी किसी से नफरत करता है तो बात बेहद संजीदा तो नहीं होती, लेकिन जब वह अपने से नफरत करने लगता है तब वह बहुत गम्भीर मामला होता है। शरणकुमार की आत्म पहचान ने इस तरह गम्भीर रूप प्राप्त कर लिया है। वह सोचता है कि अपनी रगों में दौड़नेवाला खून तो एक व्यभिचारी खलपुरुष का है। उसे बदन से कैसे निकाले? उसकी चीख आसमान तक पहुँच जाती है, "मेरे बदन में एक सवर्ण का खून दौड़ता है। नीचे से ऊपर तक। अपने बदन के इस खून को निकाल बाहर कैसे कर सकूँगा मैं? मुझे अपने बदन से नफरत होती है। मैं जिस पीड़ा को जी रहा हूँ वह मेरी पीड़ा है। उतनी ही इस गाँव के बाहर की बस्ती की है। जमींदार की हवेली के नोचने से मैं घायल हो गया हूँ।"

इस सन्दर्भ में फिर एक बार अमरीकी नीग्रो की आयडेंटिटी के सवाल की याद आ जाती है। अपने बदन से गोरे खून को कैसे निकाला जाय? गोरा बाप अपनाना नहीं चाहता। उसकी हवेली में कदम भी नहीं रख सकते। उसकी पश्चिमी संस्कृति ने उसे नकारा है। अमरीकी नीग्रो सोचता है कि उसमें किसी तरह की कोई अस्मिता ही नहीं है। जेम्स बाल्डविन ने कहा है — "समस्या की जड़ यही है कि हम अपने सम्बन्धियों और बच्चों के साथ कैसे पेश आते हैं। काले आदमी महान पश्चिमी संस्कृति घर के तिरस्कृत और कटे हुए बच्चे हैं, नामहीन और नाम न देने योग्य हरामी (बास्टर्ड) हैं। यह तथ्य इतना साफ है कि उसे इन्कार करना निरा पागलपन होगा। कई पीढ़ियों से गोरे अमरीकी इस जानकारी के साथ मर गये हैं कि उन्हीं की अपनी सन्तानों को, उनकी

गोद में पैदा हुए बच्चों को उन्होंने नकारा है और कभी कभार उनकी हत्या भी की है।''

शरणकुमार की समस्या तमाम अमरीकी नीग्रो जैसी ही है। जटिल और उलझी हुई। हणमन्त लिंबाले सच्चाई को ठुकराकर, यर्थार्थ से मुँह मोड़कर जीनेवाला शख्स है। उसने यदि खुलेआम मसाई का स्वीकार किया होता और अपने बीज के फल को नकारा नहीं होता और तीनों ने मिलकर रूढ़ समाज व्यवस्था के खिलाफ संघर्ष किया होता तो समाज परिवर्तन की दिशा में वह एक क्रान्तिकारी कदम साबित हो गया होता। शरणकुमार की जिन्दगी ने एक नया मोड़ ले लिया होता। नूसी समाज के खिलाफ लड़ने के लिए उसे एक नयी ताकत मिल जाती। जीवन की दुःखयात्रा में भाई, बहनें और अन्य रिश्तेदार मिल जाते हैं। लेकिन उनसे कोई पहचान नहीं। शरणकुमार का रंज है : इस यात्रा में हमारी आँखें बाँधी हुई हैं। हम भटक गये हैं। धृतराष्ट्र, गांधारी जैसे, एकलव्य, अश्वत्थामा जैसे रणभूमि पर पिता, चाचा, बहन, भाई, माँ को जानते हुए भी अपने आप से ही लड़ रहे हैं। बैरी समझकर। क्योंकि हमारे सारे सूत्र जाति के हाथ में हैं। हम हारे हुए हैं फिर भी लड़ रहे हैं। फिर एक हार की खातिर, क्योंकि हम शरणागति नहीं चाहते।''

शरणकुमार जानता है कि हार अटल है। लेकिन निश्चय भी है कि शरणागति का स्वीकार नहीं होगा। ले देकर पच्चीस बरस की जिन्दगी में उसने एक संघर्षशील लेखक के रूप में अपनी अस्मिता को बनाया है। यह कोई कम बात नहीं है। उसके संघर्ष को एक मिथकीय आयात प्राप्त हो गया है। उसने शिक्षा प्राप्त की और शिक्षा ने लड़ने की प्रेरणा दी। शिक्षा ने अभियान को जगाया। आंबेडकर की विचाराग्नि से उसने अपनी जिन्दगी की मशाल जला ली। बाबासाहेब के बुत को देखकर उसे लगता था कि सात जन्मों की माँ से मिल रहा हूँ। वह विद्रोह से भर गया। दलित सांस्कृतिक आन्दोलन ने जिन्दगी की नयी राह दिखा दी। उसे लगा कि अपने भी खून में एक आन्दोलन गर्भ की तरह पला रहा है। दलित साहित्य आन्दोलन ने उसके अन्तरंग में नये युग का बीजारोपण कर दिया। दलित साहित्य की विराट शक्ति से वह अभिभूत हो गया। आंबेडकर दर्शन ने उसे प्रेरित किया। क्रान्ति के अनगिनत सपने वह देखने लगा। यथार्थ की आग में कभी-कभी सपने झुलस भी जाते हैं इसका भी अनुभव किया। फिर भी मौजूदा समाज व्यवस्था को बेचैन कर देनेवाले सवाल पूछने की हिम्मत उसमें आ गयी। यह कोई मामूली उपलब्धि नहीं है। सत्तर पीढ़ियों की गरीबी के बावजूद उसने शिक्षा प्राप्त की। अन्याय एक नया अर्थ बता रहा था। एक विराट चेतना जग रही थी। जो इस तरह की संवेदना को अन्तस में धारण करता है उसे भविष्य की पुकार सुनाई देती है। दुख आदमी की सोई शक्ति को जगाता है। शरणकुमार का कहना सही है कि दुख आदमी को आदमी के रूप में खड़ा कर देता है। शिक्षा ने उसे यह चेतना दी कि नाटकीय दुःख का करुणा से मुकाबला

करूँगा।

॥7॥

'अक्करमाशी' के रचनाकार का दिल मानवीय दर्द से भरा हुआ है। मानवतावाद ही उसका धर्म है। कल के समाज की रचना मानवतावाद के आधारपर ही होनी चाहिए। उसका कहना है कि आदमी को आदमी में ही जानना चाहिए। जाति, धर्म, रंग, कुल घराने आदि के बाद भी आदमी ही बच जाता है। इस आदमी को पहचानना चाहिए। शरणकुमार का दुःख है कि ऐसा होता नहीं है। वर्तमान समाज व्यवस्था धर्म, जाति, रंग, वंश आदि को घटाना नहीं चाहती। इतके विपरीत इन्हीं हथियारों से यह उन्हे बाँटती है। फल स्वरूप समाज में विभाजन, विघटन और संकीर्णता आ जाती है। और जन्मतः विनाश भी। आदमी के जटिल जीवन को गणितीय तरीकों से सुलझाया नहीं जा सकता। उसके लिए बीजगणित का इस्तेमाल करना होगा। किसी भी आदमी का मूलतः मूल्य होगा 'क्ष'। इस समीकरण में उसके चरित्र, विचार, कौशल, करतूत, ज्ञान, सेवाकार्य आदि का समावेश करना पड़ेगा। जाति, धर्म, रंग, कुल, लिंग आदि को मूल्यांकन नहीं माना जाएगा। माँ बाप के पाप से वह मुक्त होगा। मनुष्य की पहचान मनुष्य के रूप मे होने के लिए मूल्य परिवर्तन आवश्यक होगा। शरणकुमार की आत्मकथा इस मूल्यपरिवर्तन का आग्रह करती है। यह मूल्यपरिवर्तन कैसे होगा?

शरणकुमार की परवरिश जिस माहौल में हुई वह किसी तरह से उसके लिए अनुकूल नहीं था। यह बड़ी बात है कि इसके बावजूद उसने अपनी संवेदनशीलता को जीवित रखा। अमानवीय पर्यावरण में रहकर भी उसके मन में मानवतावादी मूल्यभाव विकसित हुए हैं। उसके मन में उन लोगों के प्रति सम्मान का भाव है जिन्होंने उसकी मदद की। उसकी नानी सन्तामाय ने महमूद दस्तगीर को अपना पति माना था। दोनों ने शरणकुमार की जान से परवरिश की। दिया न बुझे इसलिए उसे आँचल की ओट में छिपाया। इन दोनों के प्रति शरणकुमार के मन में कृतज्ञता का भाव है। सन्तामाय की आँखों के आँसुओं को वह महाकाव्य की तरह लिखता है। महमूद दादा उसे अपने बाप जैसा लगता है । दादा न माँ की जाति का न बाप की जाति का। उसकी ममता को किसी मजहब की बू नहीं थी। शरणकुमार को दादा से ही मानवतावाद की दीक्षा मिली है।

दलित समाज के अन्तर्विरोधों को भी उसने बचपन से ही जान लिया था। जाति उपजाति की दीवारें गाँव के बाहर भी खड़ी थीं। दलित समाज भी ऊँच-नीच के भेदभाव से बाधित था। महार के पानी को मांग छूता नहीं। मांग के घर का पानी पीने से महार अपवित्र हो जाता है। पानी ही पानी का बैरी बन जाता है। शरणकुमार इस विषमता को आंबेडकर जयंती के कार्यक्रमों में भी अनुभव करता है। तब वह अपनी हीनता को शिद्दत से महसूस करता है। शरणकुमार के हिस्से में दुख बहुत आया लेकिन इस दुख ने ही

उसे मानवतावाद के विराट दर्शन करा दिये। अपने सारे सौतेले भाई बहनों को वह अपने खून का मानता है। उनकी फिक्र करता है?

अक्करमाशी में पचीस वर्षों के जीवन की उथल-पुथल है। सब कुछ सहने के बाद जब वह आत्मविश्वास के साथ दुनिया के सामने खड़ा है। जीने की समस्या सुलझ गयी है लेकिन उसे डर है कि मरने के बाद जाति का सवाल फिर रुकावट बनकर सामने आएगा। उसका सवाल है जिसके जन्म को ही अनैतिक कहा गया उसे किस नीति का पालन करना चाहिए?

'अक्करमाशी' आत्मकथा शरणकुमार के जीवन की दुःखयात्रा की एक लम्बी चीख है।

॥8॥

अपने बारे में आवरणरहित सच कहने में ही आत्मकथा की शक्ति निहित होती है। शरणकुमार ने अपने जीवन के सच को बेहद आत्मविश्वास और निडरता के साथ 'अक्करमाशी' में कह दिया है। उसने परवाह नहीं की इसके क्या परिणाम होंगे। उसने अपने आप के साथ, मसाई, हणमन्त लिंबाले, दादा, चाचा, सन्तामाय आदि सब को ऐसे छीलकर पाठकों के सामने रख दिया है जैसे किसी जानवर को छील दिया जाता है। 'अक्करमाशी' सिंहद्वार पर टँगी हुई आत्मकथा है। उसे बाहरवाले भी देखें और भीतरवाले भी देखें। उससे खून टपक रहा है। शरणकुमार की पत्नी कुसुम ने पूछा कि इसे लोगों ने पढ़ लिया तो अपने बच्चों को कौन अपनाएगा? लेकिन शरणकुमार ने निडरता से परिणामों को सहने का खतरा मोल लेकर आत्मकथा लिखी। यही उसकी ताकत है।

ऐसा नहीं है कि साहित्यिक समीक्षा दृष्टि से यह रचना निर्दोष है। अपने अतीत से लेखक जब वर्तमान में आ जाता है तो कथ्य की पकड़ कुछ ढीली पड़ जाती है। बहुत सारी दलित आत्मकथाओं के साथ ऐसा होता है इसके कारणों की खोज होनी चाहिए। क्या दूसरा कारण यह तो नहीं है कि अपने पूर्वजीवन की ओर वह तटस्थ भाव से देखकर उत्कटता से लिखता है? पूर्वजीवन प्रायः देहातों का होता है। गरीबी और अस्पृश्यता के अमानुष अनुभव देहातों में झेलने मिलते हैं। उतने नगरों में नहीं। शिक्षाप्राप्त दलित लेखक, नौकरी व्यवसायार्थ शहर में आता है वह आर्थिक समस्या प्रायः सुलझी जाती है और अस्पृश्यता की पीड़ा भी।

अक्करमाशी में शरणकुमार के कॉलेज जीवन तक के काल का प्रभाव पूर्ण चित्रण हुआ है। कॉलेज जीवन के सम्बन्ध में, वैचारिक परिवर्तन के सम्बन्ध में, दलितों के सान्स्कृतिक आन्दोलन के सन्दर्भ में, दलित समाज के भीतरी प्रवाहों सम्बन्धी तथा विवाह

के प्रश्न सम्बन्धी निर्माण हुए प्रश्नों के सन्दर्भ में विस्तार से लिखना जरूरी था। परन्तु केवल 25-30 पृष्ठों में ही इस सम्बन्ध में लिखा गया है। कुछ वक्तव्यों, मुद्दों की पुनरावृत्ति भी हुई है।

बावजूद इसके शरणकुमार लिंबाले के व्यक्तित्व सम्बन्धी कुछ आयाम उनकी लेखन शैली मे सें प्रभावपूर्ण रूप में व्यक्त हुए हैं। कभी अत्यन्त योग्य ऐसी उपमा, कभी आशय सम्पन्न रूपक और कभी बहुत ही सीधा सादा वाक्य मानुष जीवन के अनुभव का गहरा अहसास करा देता है। लेखक ने इस आत्मकथा में अनेक अर्थपूर्ण बिम्बों को प्रयुक्त किया है। उन बिम्बों में से विभिन्न अर्थ के रंगो के साथ दलितत्त्व प्रतिबिम्बित होते गया है।

शरणकुमार लिंबाले के मन में मूलतः कहीं एक रोमंटिक जगह भी है। परिवेश के भयावह तथा धधकते यथार्थ के बीच खड़े रहते हुए भी उनके हृदय में स्थित संवेदनशीलता झुलस नहीं गयी है। उलटे, दुःख तथा वेदना के कारण उनकी संवेदनशीलता अधिक तरल हो गयी है। उनका दुःख, उनकी वेदना यही उनके लेखन की प्रेरणा है। यह वास्तविकता है। अपनी इस आत्मकथा से उनका खून का रिश्ता है। इसे अलग से कहने की जरुरत नहीं है।

अनुवाद : निशिकांत ठकार

विद्रोह की कविता

डॉ. यशवन्त मनोहर

शरणकुमार लिंबाले का जन्म धम्मक्रांन्ति के वर्ष में हुआ। डॉ. बाबासाहब आंबेडकर ने जब धम्म स्वीकार किया उस दिन शरणकुमार की आयु मात्र चार माह चौदह दिन की थी। नागपुर की दीक्षाभूमि पर चौदह अक्तूबर 1956 को डॉ. बाबासाहब आंबेडकर ने इतिहास निर्माण करनेवाले शब्दों को उच्चारा 'धम्मं सरणं...' यही वे शब्द थे जिसे साढ़े चार माह की आयु में शरणकुमार ने ये शब्द अपनी साँसें थामकर भी ग्रहण किया होगा, और धम्मदीक्षा भी स्वीकारी होगी, ऐसा मुझे लगता है। इसकी वजह है — शरणकुमार लिंबाले का जगमगाता भावी जीवन। डॉ. बाबासाहब आंबेडकर द्वारा दर्शाई दिशा को ही उन्होंने प्रमाण माना । इस दिशा को उन्होंने न कभी मलिन होने दिया न ही कभी विरोधियों के आगे लाचार बनने की मुसीबत आने दी। शरणकुमार लिंबाले की स्वाभिमानी प्रतिभा का मुझे अभिमान है। इसकी यह भी एक वजह है।

शरणकुमार लिंबाले प्रबल आंबेडकरवादी साहित्यिक हैं। इस आंबेडकर निष्ठा को क्षति पहुँचे ऐसे शब्दों का प्रयोग उन्होंने अपने साहित्य में कभी नहीं किया। प्रतिक्रान्तिवादियों के साहित्य में स्थित धार्मिक भूमिका को कलावाद कहा जाता है। डॉ. बाबासाहब आंबेडकर की जीवन दृष्टि से प्रतिबद्ध साहित्यिक शरणकुमार लिंबाले ने यह स्पष्ट रूप से जाना था। इसलिए इस साहित्यिक ने साहित्य के क्षेत्र में स्थित कलावाद के फासिज्म का कड़ा विरोध किया।

शरणकुमार लिंबाले ने प्रचुरमात्रा में पठन तो किया ही, परन्तु बहुत ही सूक्ष्मता से जो पढ़ा वह है 'शोषण व्यवस्था'। इस शोषण व्यवस्था के (कइयों को ध्यान में न आनेवाले) जटिल मानसशास्त्र को शरणकुमार लिंबाले ने अपनी बौद्धिक क्षमता के साथ पढ़ा और उसे सही ढंग से समझा। उनकी किताबों के नाम भी अगर हम पढ़ें तो उनके द्वारा किया गया शोषण व्यवस्था का आकलन हमें ज्ञात होता है। इस शोषण व्यवस्था का सामर्थ्य कौन-कौन सी विशिष्टताओं में है और उसे नष्ट करने के लिए निश्चित प्रहार

कहाँ करना है, इसका अहसास शरणकुमार लिंबाले को है। इसीलिए अन्य साहित्यकारों की तरह शरणकुमार लिंबाले मात्र शब्दों से लिखते नहीं, बल्कि वे दिमाग से लिखते हैं। इसलिए उनका हर शब्द उनकी जीवन दृष्टि का, उनके विजन का प्रतिनिधित्व करता है, ऐसा मुझे लगता है।

शरणकुमार लिंबाले की कविता में नकार तो है ही, पर वह मात्र नकार के लिए नहीं। बल्कि वह इस कविता में सकारात्मक बनकर आनेवाला विकल्प है। शरणकुमार लिंबाले का विद्रोह एकतरफा नहीं, ऐसा मैं कहता हूँ, इसकी यही वजह है। क्या नष्ट करना है और किसका संवर्धन करना है इसका गम्भीर अहसास इस प्रतिभासम्पन्न कवि को है। भूकम्प हो ऐसा प्रामाणिकता से कवि को लगता है, परन्तु इस भूकम्प में किन-किनका विध्वंस हो और उसके पश्चात भूगर्भ से, क्या क्या उग आये इसकी सूची 'उत्पात' नामक कविता में शरणकुमार ने दी है, वह पढ़ने लायक है। शरणकुमार लिंबाले की कविता का विद्रोह किसलिए? विद्रोह याने क्या? उच्चाटन किसका और नवनिर्माण किसका? इन सभी प्रश्नों के जवाब हमें इस कविता में मिलते हैं। शरणकुमार लिंबाले कहते हैं —

"भूकम्प होवे/ महारवाडे/ मांगवाडे/ ब्राह्मणवाडे/ पूरे धँस जाएँ जमीन में/ और बने फिर से/ पुरानी व्यवस्था बदलकर/ एक-दूसरे में मिल जुलकर/ उस घने अन्धकार में

न ज्ञात हो किसी का वर्ण-वर्ग/ कोई किसी को न पहचाने/ केवल मनुष्य ही/ मनुष्य के गले लगे..."

यह बुद्ध के कहे उस मनोरम मनुष्य जीवन का ही प्रारूप है। यह मनुष्य जीवन के सौन्दर्य की ही प्रस्तुति है। इस सौन्दर्य हेतु प्रकृति मे उत्पात हो, कुरूपता समग्रता से नष्ट हो। बबूल पर गुलाब खिलें। विषम संस्कृति बनानेवाले शब्दों की परिभाषा बदले। मनुष्य पंथ, धर्म, परम्पराएँ और ग्रन्थ समग्रता से परिवर्तित हों। इस कविता के अन्त में शरणकुमार लिंबाले कहते हैं —

"मन्दिर न दिखे/ न दिखे धर्म ग्रन्थ के अक्षर/ मनुष्य का बिखरे प्रकाश/ और मनुष्य ही/ मनुष्य के गले मिले।"

कवि शरणकुमार लिंबाले को यहाँ की विषमतामूलक संस्कृति द्वारा अनगिनत लोगों का संहार करनेवाला अमानवीयतापूर्ण दुर्व्यहार ज्ञात हुआ है और इस कृतार्थ की कैसी दुरावस्था हुई है, यह भी उन्हें मालूम है। मानव समाज से सम्बन्धित एक बहुत ही अच्छा आदर्श कवि ने हमारे सामने रखा है। यह आदर्श उन्हें बुद्ध और डॉ. बाबासाहब आंबेडकर ने ही दिया है। इस आदर्श का नाम है आदिम सांस्कृतिक समाजवाद! इस समाजवाद में विघटन का कोई भी प्रतीक नहीं है। उसमें भले ही विविधता हो, पर विरोध के काँटे नहीं। और एक-दूसरे को एक दूसरे से अलग करेनवाली दीवारें नहीं हैं। समग्र और सम्यक मनुष्य का समाज शरणकुमार लिंबाले को अपेक्षित है। जाति, धर्म, तथा

वर्ग निर्माण के पूर्व का और लिंग भेदा-भेद के काँटे बनने के पूर्व का समाज शरणकुमार लिंबाले को अपेक्षित है। मनुष्य से वियुक्त न किया गया, या एलिएशन न किया गया - अखंडित मन का मनुष्य शरणकुमार लिंबाले को अपेक्षित है।

विघटनकारी संस्कृति ने मूलतः एकसंघ मनुष्य का कई स्तरों पर विभाजन किया है, उसके इतने टुकड़े किए हैं कि इन सभी टुकेड़ों को विसर्जित कर उनमें से एकसंघ मनुष्य का शिल्प निर्माण करना इतना आसान नहीं। परन्तु यह शिल्प बनाने के लिए विकल्प भी नहीं है। शरणकुमार लिंबाले ने अपनी कविता में इस विकल्प का ख्वाब देखा है। इसका उल्लेख करने की आवश्यकता है, ऐसा मुझे लगता है।

यहाँ एक बात का निर्देश करना मैं आवश्यक समझता हूँ। गाली देने के लिए बहुत अधिक अध्ययन की आवश्यकता नहीं होती है। गाली देने के लिए संस्कृति और सभ्यता की तो जरा भी आवश्यकता नहीं होती है। शरणकुमार लिंबाले को यह अच्छी तरह मालूम है कि शोषण व्यवस्था गाली-गलौज से हतबल नहीं होती। गालियों से वह मरती भी नहीं। बल्कि समर्थ, सृजनशील, गतिमान तथा विधायक विकल्प खड़ा करने से शोषण व्यवस्था खुद ही अपने प्राण त्याग देती है। उसके अलग से प्राण लेने की आवश्यकता ही नहीं बचती है। शरणकुमार लिंबाले ने 'उद्रेक' में गालियों की बौछार नहीं की। बल्कि उन्होंने विषमता के विराट गढ़ की समीक्षा की। दार्शनिक स्तर से शोषण पर खड़ी समाज व्यवस्था का विकल्प सुझाया। क्योंकि विकल्प की बुलन्द चुनौती खड़ी करने से शोषण व्यवस्था डगमगाती है। यह न करनेवाले लोग गालियाँ देते हैं। और जिन्हें गलियाँ दी थीं, उन्हीं की कतार में जरूरत पड़ने पर जाकर खड़े होते हैं। गालियाँ देनेवाले लोगों की गालियों का गीतों में कैसे रूपान्तर होता है, इसका प्रदर्शन शोषण व्यवस्था देखती है। मन ही-मन में वह हँसती भी है और यह खेल हमें बताती भी रहती है। जिनके लेखन के पीछे निष्ठावान आंबेडकर का प्रमाणशास्त्र नहीं होता उनका लेखन लाचारपूर्ण बन जाता है। इन आपत्तियों से लिंबाले का लेखन अलिप्त रहा। आप शरणकुमार लिंबाले के उपन्यास पढ़ें, ताकि मैं जो कह रहा हूँ उसका परिचय आपको होगा। शरणकुमार लिंबाले ने खुद को तथा खुद की प्रतिभा की पवित्रता को सँभाला है। इस कवि के प्रति मुझे अत्याधिक अपनत्व महसूस होता है, इसका यही कारण है।

यहाँ एक बात का उल्लेख करना आवश्यक है। वर्ग व्यवस्था, वर्ण व्यवस्था, जाति व्यवस्था, शोषण व्यवस्था अथवा प्रस्थापित व्यवस्था ऐसे शब्दों का प्रयोग किया जाता है। सभी जगह पर 'व्यवस्था' नहीं होती अव्यवस्था ही होती है। यदि व्यवस्था होती तो उसका विरोध करने की कोई वजह हीं नहीं। इसीलिए ऐसी सभी जगह पर 'व्यवस्था' इस शब्द के बजाय संस्था, रचना ऐसे शब्दों का प्रयोग करना चाहिए, ऐसा मुझे लगता है।

शरणकुमार लिंबाले की साहित्यिक प्रगति

'अक्करमाशी' ने शरणकुमार लिंबाले को समग्र मराठी साहित्य में, भारतीय साहित्य में तथा भारत के बाहर भी पहुँचाया। अक्करमाशी ने उन्हें सच्चा साहित्यिक चेहरा दिया। मराठी की साहित्यिक संस्कृति में शरणकुमार लिंबाले का नाम स्पष्ट अक्षरों मे लिखा गया और स्पष्ट आवाज में वे उच्चारित भी होने लगा है। मैं इस सफलता के लिए उनका हार्दिक अभिनन्दन करता हूँ।

एक बात मुझे यहाँ कहनी ही होगी। और वह यह कि शरणकुमार लिंबाले नामक वृक्ष को पहली बहार कविता की आयी। उनके जलते प्राणों को ज्वाला के पहले पत्ते कविता में ही फूटे। कविता ने उन्हें उनके मन पर बोझ बने क्रोध के पहाड़ उतारने में सहायता की। सुलगते हुए अंगारों में पैर जलाते हुए भी सितारों के ख्वाब देखने की ताकत उन्हें सबसे पहले कविता ने ही दी । वास्तविक रूप में कविता लेखन प्रारम्भ करने के पूर्व वे जीते ही नहीं थे। वे कविता लिखने लगे और उन्हें जीने का मकसद मिल गया। उनके खुदके अहसास के जलते हुए जंगल से तड़पते और तिलमिलाते हुए दौड़ते समय कविता ने ही उनको तड़पकर पुनर्विचार करने और सार्थकतापूर्ण जीने की वजह दी। इस सन्दर्भ में यह कहना होगा कि उनका एक जन्म 1956 में उनकी माँ की कोख से हुआ। और 1976-77 के बीच उन्होंने जिसे जन्म दिया उस कविता की कोख से उनका दूसरा जन्म हुआ। यह जन्म उनके अर्थपूर्ण मानवी जीवन का तथा प्रकाशमान साहित्यिक जीवन का प्रारम्भ था।

'उत्पात' (1982), 'श्वेतपत्रिका' (1989), इन दोनों कविता संग्रह की कविताओं में स्थित कवि शरणकुमार लिंबाले बहुत ही जोशपूर्ण हैं। और अत्युच्च ऊर्मि भी उसमें है। इन दोनों कविता संग्रहों में चरम की बेचैनी है। "सामाजिक वास्तविकता ने मुझे कभी भी सुकून से जीने नहीं दिया। प्रियतमा की बाहों में होते हुए भी मुझे चीखें सुनाई देती हैं, आक्रोश सुनाई देता है...। मुझे सदा ही सांस्कृतिक बदलाव के ख्वाब दिखाई देते हैं। मैं अत्याचार करनेवालों का गला घौंटता हूँ। स्त्रियों पर जुल्म करनेवालों का खून करता हूँ। मनुष्य का मनुष्यत्व नकारनेवाले की आँखें फोडता हूँ। इस अन्याय-अत्याचार की ओर अनदेखी करनेवाली सरकार के खिलाफ मैं क्रोधित हो उठता हूँ। इस राष्ट्र पर संसद की जितनी नजर है, इस मिट्टी पर देशभक्तों का जितना प्रेम है, उससे भी अधिक प्रेम मैं राष्ट्र पर करता हूँ। मेरे देश में घटित होनेवाली अप्रिय घटनाएँ मुझे बेचैन करती हैं। और मैं लिखने लगता हूँ इस बेचैनी को, वही मेरी कविता है।" ऐसा लिंबाले ने श्वेतपत्रिका के बारे में इस शीर्षक के अन्तर्गत लिखे गये आशय में उन्होंने कहा है। "मेरे खून में मौजूद नाराजगी का शब्दरूप याने मेरी कविता। मेरी त्वचा के समान ही मेरी अपनी कविता है। उतनी ही वह कुचल दिये गये, दबाये गये उद्रेक की है। सामाजिक न्याय-

अन्याय का यह घोषित साक्षपत्र है। इस देश पर डेढ़ सौ वर्ष अंग्रेजों की सत्ता थी, पर हजारों वर्ष और आज भी सवर्णों की उन्मत्त सत्ता दूराचार से हम पर अतिक्रमण कर रही है। इसका अहसास होना आज की आवश्यकता है।'' मैं इसे प्रतिबद्धता मानता हूँ। इतने चरम की विध्वंसकता, विद्रोह और दुर्लभ होती बेचैनी इस कवि में है। कवि के ईद-गिर्द स्थित सामाजिक वास्तविकता का भयावह रूप कवि को जीने नहीं देता। ऐसी सुलगती प्रतिभा के कवि को श्वेतपत्रिका पर रुकना नहीं चाहिए था। सामाजिक न्याय और अन्याय का घोषित साक्ष्यपत्र श्वेतपत्रिका तक ही क्यों रुके? पर लिंबाले की कविता श्वेतपत्रिका तक आकर रुकी। उनका काव्य लेखन रुक जाना इस बारे में किसी को क्या लगता हो इसके प्रति मैं कुछ कहूँ यह उचित नहीं। परन्तु मुझे इस बात का अन्त्यत दुःख हो रहा है। यह बात यहाँ पर उल्लेखित करना मैं आवश्यक समझता हूँ।

'अक्करमाशी' (1984) ने शरणकुमार लिंबाले को अधिक मान, सम्मान तथा लोकप्रियता प्राप्त कराई। इसके साथ ही उनके लेखन के भविष्य का मार्ग भी बदला। 1989 में 'श्वेतपत्रिका' कविता संग्रह प्रकाशित हुआ भी हो, पर 'अक्करमाशी' के बाद उनके लेखन का अग्रक्रम ही बदला। उपन्यास लेखन, कथा, समीक्षा, स्वकथन पर लेखन और सम्पादन इस प्रकार के लेखन पर उन्होंने अपना ध्यान केंद्रित किया। अतः उनके इस बदले हुए रुख पर उनका अभिनन्दन करना ही होगा। परन्तु इन सभी ललित और समीक्षात्मक लेखन में खुद को झोंकते हुए शरणकुमार लिंबाले को कविता लेखन के क्षेत्र को सूना नहीं रखना चाहिए था। क्योंकि कविता लेखन ने ही उन्हें जीने का सम्मानजनक प्रारम्भ दिया था। उनका साहित्यिक जीवन कविता से ही शुरू हुआ था।

मैं उनके 'उपल्या', 'नर-वानर', 'बहुजन', 'झुंड' उपन्यास पढ़ चुका हूँ। उनका अन्य लेखन भी मैंने पढ़ा है। विशेष रूप से उनका उपन्यास लेखन, स्वकथन लेखन और कथा लेखन पढ़ते समय यह महसूस होता है कि उन्होंने अपने भीतरी कवि को अपने ललित गद्य लेखन में उतारा है और उतनी ही ताकत से कविता को गद्य लेखन में उतारना यह प्रक्रिया बिल्कुल विरोधी या असम्भव सी प्रक्रिया नहीं है। खुद मराठी में भी ऐसी प्रक्रिया यशस्वी कर बतानेवाले कुछ सम्मानजनक उदाहरण हैं। ऐसा सम्मानजनक उदाहरण बनने की साहित्यिक क्षमता शरणकुमार लिंबाले में है। इसलिए मैं यह लिख रहा हूँ, और श्वेतपत्रिका तक उन्होंने अल्पविराम लिया था, पूर्णविराम नहीं लिया था। ऐसा कल के महाराष्ट्र को कह सके ऐसा मुझे तहेदिल से लगता है।

शरणकुमार लिंबाले : एक स्थायी कौतुहल

एक इतिहास प्रदत्त सामाजिक और साहित्यिक परम्परा को पराजित कर शरणकुमार लिंबाले नाम का विजय साकार होता है। शरणकुमार लिंबाले की जन्मकथा दुःख में न

समानेवाली और उनके जीवन की कथा यातनाओं की किसी भी चौखट में न समालेनेवाली है। हजारों काँटे शरीर और कलेजे पर चुभ जाएँ तो क्या होगा? तो शरणकुमार लिंबाले के जीने की एक टीसभरी संहिता तैयार होगी। यहाँ की समाज व्यवस्था से शरणकुमार लिंबाले का किसी भी स्तर पर सुख के साथ सम्बन्ध नहीं आएगा इसका पूरा ख्याल रखा गया था। मुझे लगता है, शरणकुमार लिंबाले के रूप में मराठी साहित्य के हिस्से में एक और कर्ण गया है। महाभारत के कर्ण की तुलना में इस कर्ण के हिस्से कितना भयावह जीवन आया था। फिर भी प्रतिक्रान्ति की व्यूह रचना को इस कर्ण को पराजित करना नहीं आया। किसी के जीवन में हजारों मुश्किलें भर दें और मन को केवल जख्मालय यह नाम दें। ऐसा विलक्षण जीवन शरणकुमार लिंबाले के हिस्से में आया। कोई डरपोक मनुष्य होता तो वह हजार बार मर कर इन ज्वालाओं से मुक्त हुआ होता। परन्तु जन्म से ही जीवन के साथ बाँधी गयी इस लड़ाई को शरणकुमार लिंबाले ने समझ लिया और यह लड़ाई उन्होंने लड़ी और लड़ भी रहे हैं। एक प्रबल बेचैनी उनका साथ नहीं छोड़ रही है। और शरणकुमार लिंबाले द्वारा शुरू की गयी यह लड़ाई खत्म नहीं होगी। उन्हे भयंकर तकलीफ होती है। एक बेचैन पंछी अपने सुलगते हुए पंखों के बल पर जलते आकाश में उड़ता रहे, शोषण की व्यूह रचना को चुनौती देता रहे और अपने जलते हुए पंखों में मानव जीवन का सुन्दर स्वप्न खिलाता रहे। हमारे सांस्कृतिक और साहित्यिक जीवन में शरणकुमार का पात्र ऐसा ही है- ऐसा मुझे लगा है। मुझे इस कौतुहलपूर्ण सांस्कृतिक और साहित्यिक अस्तित्व के प्रति बेहद कौतुहल महसूस होता है उसका यही कारण है।

शरणकुमार लिंबाले ने 1982 में प्रकाशित 'उत्पात' काव्य संग्रह मुझे भेजा था। उस समय पहली बार आवरण पृष्ठ पर छपी उनकी तस्वीर से भेंट हुई। उस तस्वीर में मैंने एक युवा अंगारे को देखा। उनके तड़पते हुए दिल में बैठा हुआ 'उत्पात' मैने इस कविता संग्रह में महसूस किया। उनकी प्रतिभा ने मुझे प्रभावित किया। और उनकी तस्वीर की भावभंगिमा ने यह भी दर्शाया था कि आगे क्या-क्या करना है। उनके भीतर स्थित मधुर तलैया के पानी में तलवार की धार है, यह मुझे महसूस हुआ था। आगे 'अक्करमाशी' ने उन्हें मराठी में कौतुहलपूर्ण साहित्यिक घटना करार दिया था। इन समग्र घटनाओं के कारण शरणकुमार लिंबाले मेरे लिए सदैव स्नेह और गौरव का विषय साबित हुए।

मातृभाषा के सम्पन्न उद्यान में ही जो लोग जन्म लेते हैं, उनके लिए साहित्य का निर्माण चन्द लम्हों का मनोरंजन करने या करवाने का खेल होगा। परन्तु शरणकुमार लिंबाले जैसे अनगिनत लोगों की बात ही कुछ और है। समाज में स्थित प्रतिष्ठित जाति जिनको जन्म से ही प्राप्त होती है, तथा साहित्यिक परम्परा और भाषायी सम्पदा जिन्हे पिता से विरासत में मिलती है, उनकी बात ही कुछ और होती है। परन्तु शरणकुमार

लिंबाले जैसे लेखक को अपना जीवन, अपनी भाषा और अपना साहित्यिक व्यक्तित्व आदि सभी बातें खुद के खून पसीने की कीमत चुकाकर अदा करनी पडती हैं। आस-पास के नकारात्मक तूफान में खुद की लेखन शैली और साहित्यिक स्तरीयता को आविष्कृत करना पड़ता है। समाज व्यवस्था द्वारा दिया हुआ कमजोर जीवन आगे ले जाना शरणकुमार लिंबाले के लिए मुश्किलभरा काम है। इस जीवन को साथ ले चलने का मतलब है, मृत्यु को साथ ले चलना। इसीलिए यह जीवन शरणकुमार लिंबाले को नकारना पड़ता है। विषमता को आदर्श माननेवाले समाज व्यवस्था द्वारा दिये हु जन्म के खिलाफ और इस जन्म के साथ जुड़कर आनेवाली, सामाजिक, आर्थिक, धार्मिक आदि समग्र सन्दर्भ से सम्बधित क्षेत्र के विरुद्ध विद्रोह करना पड़ता है। खुद के और समाज के दिल से विषमता नष्ट करने के लिए संघर्ष शुरू करना पड़ता है। जीवन को एक संघर्ष मानना पड़ता है। और शरणकुमार लिंबाले ने ऐसा संघर्ष शुरू किया। शरणकुमार लिंबाले का लेखक इस अविरत चलनेवाली संघर्ष की उपज है।

शरणकुमार लिंबाले के सुलगते मन में डॉ. बाबासाहब आंबेडकर का संचार हुआ और उनके सुलगते हुए जीवन का प्रारम्भ हुआ। आज भी इस जीवन का जंगल सुलग ही रहा है। और इस भावविश्व को लगी आग बुझती ही नहीं और बुझेगी भी नहीं।

1982 में शरणकुमार लिंबाले का 'उत्पात' पहला कविता संग्रह प्रकाशित हुआ। सामान्यतः 1976-77 से उन्होंने लिखना प्रारम्भ किया, ऐसा हम मानेंगे। डॉ. बाबासाहब आंबेडकर ही क्रान्तिकारी प्रेरणा से मराठी में विद्रोही कविता का निर्माण हो रहा था। और 1965 के बाद दस-पन्द्रह वर्षों के दरमियान विद्रोही कविता ने खुद की एक साहित्यिक पहचान निर्मित की थी। डॉ. बाबासाहब आंबेडकर की प्रेरणा से मराठी कविता में अपूर्व ऐसा अग्निपर्व शुरू हुआ था। मराठी साहित्य के प्रस्थापित मानदंड और कलाओं के निकष प्रश्नांकित हो गये थे। यह युद्ध बुनियादी स्तर पर प्रस्थापित व्यवस्था के विरुद्ध शुरू हुआ था। ऐसा पहले कभी मराठी जनसमुदाय ने देखा नहीं था। एक सुलगता हुआ जंगल मराठी साहित्य में दाखिल हुआ था। 1968 के 'केवल' के अंक में बाबुराव बागूल की पन्द्रह कविताएँ 'विद्रोही कविता' इस शीर्षक से प्रकाशित हुई थी। बाबुराव बागूल, नामदेव ढसाल, केशव मेश्राम, दया पवार, त्र्यंबक सपकाले, ज. वि. पवार, अर्जुन डांगले, वामन निंबालकर ऐसे कई नाम मराठी काव्य समीक्षा में पहली बार चर्चा में आये थे। डॉ. बाबासाहब आंबेडकर द्वारा दर्शाई गयी क्रांन्ति की दिशा में विद्रोही कविता कूच कर रही थी। मराठी कविता के इतिहास में उसे विद्रोही कविता के रूप मे जगमगाता हुआ दाहक और मोहक चेहरा तथा सुलगता हुआ व्यक्तित्व प्राप्त हुआ था। उसे अपूर्व ऐसा ज्वलन्त साहित्यिक व्यक्तित्व प्राप्त हुआ था। प्रस्थापित व्यवस्था के खिलाफ इतनी आक्रमक भूमिका पहली बार ली जा रहा थी। मराठी समीक्षा जगत का यह संघर्ष

निर्णायक था।

बुद्ध और डॉ. बाबासाहब आंबेडकर को अपेक्षित मानव निर्मिति की ज्वलन्त कविता मराठी में पहली बार लिखी जा रही थी। 1970 के कालखंड में शरणकुमार लिंबाले इस अग्निपर्व को देख रहे थे। दावानल का निर्मूलन करनेवाले सितारों का दृश्य वे देख रह थे। यहाँ की समाज-संस्था ने उनके कलेजे पर एक चिता बाँधी थी। पर ऐसा सुलगता हुआ जीवन वे जिएँ या यह सुलगता हुआ जीवन देनेवाली शोषण व्यवस्था को ही जलाएँ? इसका निर्णय शरणकुमार लिंबाले ने लिया। शोषण व्यवस्था द्वारा उन्हे दी हुई मृत्यु को उन्होंने जलाने का या 'ॲनिहिलेशन ऑफ डेथ' करने का मन बना लिया था। चवदार तालाब को डॉ. बाबासाहेब आंबेडकर के हाथों का क्रान्तिस्पर्श हुआ और चवदार तालाब की अग्नि और चाँदनी को सेंद्रिय रूप प्राप्त हुआ। यह रूप अपने जलते हुए जीवन में समा लेने लिए शरणकुमार लिंबाले ने प्रारम्भ किया और प्रचुर मात्रा में लेखन करने लगे। आज उनके नाम पर तीस ग्रन्थ हैं। और पाँच-छः ग्रन्थों का निर्माण जारी है। इसके अलावा उन्होंने कई ग्रन्थों का सम्पादन भी किया है। और अध्यताओं की बड़ी सुविधा उन्होंने कर रखी है। पीएच. डी. जैसी सम्मान जनक उपाधि उन्होंने प्राप्त की। अंग्रेजी, मलयालम, कन्नड़, हिन्दी, पंजाबी, गुजराती, तमिल, तेलगु आदि अनेक भाषाओं में उनके साहित्य के अनुवाद हुए । लेखन का प्रारम्भ करने के पूर्व शरणकुमार लिंबाले कोई भी नहीं थे। पर उन्होंने लिखा और महाराष्ट्र तथा देश में अपना खुद का एक परिचय बनाया। लिंबाले ने खुद के कृतित्व को इतिहास के द्वारा दिये गये अभावों की चौखटों को तोड़ दिया। उस अभाव को ही उन्होंने कुचल दिया। और अपने तेजस्वी जीवन को मनोरम बनाया। लिंबाले ने बहुत ही परिश्रम और निष्ठा के साथ खुद का तेजोवलय निर्माण किया और यहाँ की शोषण व्यवस्था को पराजित किया।

निर्माण काल को मात देनेवाली कविता

'उद्रेक' इस कविता संग्रह में 'उत्पात' (1982) और 'श्वेतपत्रिका' (1989) इन दो कविता संग्रह की कविताएँ हैं। यह कविता 1990 के बाद की कविता लगती है। वह इक्कीसवीं शताब्दी की भी कविता लगती है। शायद आगे आनेवाले कालखंड के काव्य प्रेमियों को भी यह कविता अपने ही समय की कविता लगेगी।

इसका एक अर्थ यह कि अड़ोस-पड़ोस का भौतिक परिवेश बदलने के बावजूद यहाँ के समाज का मन नहीं बदला। आज भी अनेक सदियों का यह सनातनी मन ही है। कवि शरणकुमार लिंबाले डॉ. बाबासाहब आंबेडकर की कृतिपाठशाला मे पढ़ लिखकर बदले। परन्तु उनके आसपास की शोषण व्यवस्था उनके लिए असुविधाजनक है। इसका अर्थ यह कि न बदलनेवाली मानसिकता और बदली हुई मानसिकता इन दोनों के बीच

चल रहा यह महायुद्ध है। जाति, वर्ण, वर्ग, देवता-दैववाद, कर्मकांड इस विषमता की चौखट के बाहर जो निकले उन परिवर्तन वीरों ने यह युद्ध शुरू किया है। यह महायुद्ध मूलतः बुद्ध ने शुरू किया। डॉ. बाबासाहब आंबेडकर ने अपने कालखंड में और आगे के कालखंड की सम्भावित समस्याओं के सन्दर्भ में इस युद्ध को व्यापक रूप में नये आयाम दिये। आज मराठी में और भारत की लगभग सभी भाषाओं में अनेक साहित्यिकों ने इस युद्ध को अपनी-अपनी शक्ति के अनुसार सुलगाए रखा है।

यह युद्ध अनिवार्य ही था। इस युद्ध में दाखिल होनेवाली शरणकुमार लिंबाले की कविता मूलतः मानव प्रवृत्ति से ही मिलती है। शाक्य और कोलिय का रोहिणी नदी के पानी के कारण सुलगा हुआ झगड़ा आगे खत्म हुआ। सिद्धार्थ, तुम लौट आओ! ऐसा सन्देश सिद्धार्थ के पास गया। परन्तु सिद्धार्थ लौटा नहीं। रोहिणी नदी के पानी के मालिकाना हक के झगड़े के बहाने मानव जीवन के झगड़े का मूल तथा उस झगडे की मीमांसा उन्हें खोजनी थी। बात एक प्रश्न के सुलझने की नहीं थी, बात मानव जीवन को छलनेवाली प्रवृत्ति की थी । सिद्धार्थ इस प्रवृत्ति का उद्भव खोजने की जद्दोजहद कर रहा था। उसे उत्तर मिला। परन्तु बुद्ध खामोश हुआ नहीं, खामोश बैठा नहीं। वही उत्तर लेकर उन झगड़ा करनेवाले लोगों में घूमता रहा। उस समय के भी बहुत से लोगों को यह उत्तर ज्ञात हुआ। बुद्ध की दुःख मीमांसा लोगों को ज्ञात हुई पर उस पर अमल नहीं हुआ। आज भी प्रश्न वही है। ज्ञात होता है पर उस पर अमल नहीं होता। सुविधाजनक लगनेवाला हमारा जातिस्वभाव, वर्णस्वभाव और उससे सम्बन्धित संस्कार व्यूह छोड़ने के लिए मनुष्य आज भी तैयार नहीं।

तृष्णा की वजह से हमारी मनुष्यता अवरुद्ध होकर मर जाती है। अन्यों की भी मनुष्यता हमारी तृष्णा के कारण मर जाती है। बुद्ध जैसे महान व्यक्ति के द्वारा कहने के बावजूद भी लोग तृष्णा को नहीं त्यागते। वर्ण तथा जाति को पनाह देना तृष्णा का ही आविष्कार है। दुनिया को लगी हुई तृष्णा की आग बुझती नहीं। आज के पूँजीवादी भूमंडलीकरण के युग में तो यह आग और अधिक धधक रही है। दुनिया के लोग इस आग में खुद को जलाना पसन्द करेंगे, परन्तु तृष्णा छोड़ने को तैयार नहीं हैं। डॉ. बाबासाहब आंबेडकर की प्रेरणा से जन्मी विद्रोही कविता इस तृष्णा के महायुद्ध का अक्स उतारकर वैश्विक बनती है। जिस गहराई में जाकर जितनी मर्मभेदी पद्धति से कविता इस तृष्णायुद्ध से भिड़ती और उसका आविष्कार करती है उसी मात्रा में उसमें वैश्विकता विराजने आती।

उद्रेक में स्थित शब्द गौरव :

कवि शरणकुमार लिंबाले शब्द सम्राट हैं। शब्द को झुकाने की ताकत उनमें है। उनकी कविताओं के माध्यम से ही नहीं, बल्कि अन्य ललित लेखन से भी शब्दसृष्टि पर

व्यक्त उनके अधिकार का जगह-जगह अहसास होता है। कवि अपनी यह उद्रेकी कविता किसलिए लिख रहा है इस प्रश्न का उत्तर कवि ने इस प्रकार दिया है-

"और आज
धरती जिसकी हथेली पर सँवरी है
उनके नाम से बोलता हूँ।
यह आवाज मेरे ओठों से नहीं आती
यह युगविधान है, उन तनी हुई मुट्ठियों का।"

कवि यह कान्तिकारी युगविधान व्यक्त करने के लिए कविता लिख रहा है, यह तो ज्ञात ही है। पर कवि की कविता के नायक कौन हैं? तो श्रमिक, गरीब, दुःखी पीड़ित क्रान्ति के शिल्पकार लोग कवि की कविता के नायक हैं। क्रान्ति को खींच लाने के लिए उनकी मुट्ठियाँ तनी हुई हैं। धरती पर स्थित सम्पन्नता को जिन श्रमिको ने जन्म दिया है, उन्हीं के हाथों पर यह धरती सँवरी है। उनके सुख-दुःख को व्यक्त करने के लिए कवि बोल रहा है। और उनकी आजादी ही आज का युगविधान है। यह युगविधान और युगीन क्रान्ति संकल्प व्यक्त करने के लिए ही कवि अपनी कविता लिख रहा है। अपनी कविता को यथार्थ बनानेवाले शब्दों का गौरव कवि कर रहा है। और उद्रेक में स्थित कविताएँ जिन शब्दों से सच साबित हुईं, उन शब्दों को साहित्य न कहा जाय ऐसा कवि को लगता है। क्योंकि उद्रेक में स्थित कविताओं में व्यक्त शब्द जलते हुए मनुष्य की भूमिका निभाते हैं। मेरे शब्द याने जलनेवाले मनुष्य हैं। इन जलते हुए मनुष्य को साहित्य समझकर पढ़ने के उसे बाद दरकिनार न करो। जलनेवाले मनुष्य को बचाएँ, उन्हें लगी हुई आग बुझाएँ, ऐसा कवि कहता है। इसका तात्पर्य कवि अपनी कविता को साहित्य साबित करने के लिए नहीं लिखता, बल्कि जलते हुए मनुष्यों की आग बुझाने के लिए कविता लिखता है। मराठी कविता कवि की इन पंक्तियों को न भूले। यह पक्तियाँ लिखनेवाले इस कवि के प्रति मराठी कविता को धन्यवाद ज्ञापित करना चाहिए। यहाँ पर शब्द मनुष्य के प्रतीक बन रहे हैं। जलते हुए प्रतीक! शरणकुमार लिंबाले की यह शब्द धारणा, शब्द भी हैरान हो ऐसी है। अपनी कविता याने किसी बम विस्फोट का सत्र है, ऐसा माननेवाला यह संतप्त कवि अपनी कविता को इस दुनिया में जो भी विघातक है, उसे उड़ा देने के लिए कहता है। 'शिलालेख' कविता में उन्होंने अपनी कविताओं को बम विस्फोट के सत्र की भूमिका निभाने के लिए कहा है।

उद्रेक में स्थित कविता मानव जीवन के खूबसूरत कला के बारे में बोलती है। अड़ोस-पड़ोस की कुरूपता के कारण मेरी कविता को कोढ़ फैले ऐसा अर्थ फैलाती रहे ऐसा कवि कहता है। यह कविता कवि के मन में क्रोध उत्पन्न करनेवाली दुःखी-पीडितों के अत्याचार पर खड़ी भी हो, परन्तु आज —

''शब्द फैलते हैं अक्षरों से लोड़ की गयी बन्दूके बन मेरे आस-पास का धधकता असन्तोष मुझे ही सुलगाता है, कलम से कल के सन्दर्भ के रूप में''

पुरानी गुलामी के इतिहास की पृष्ठभूमि पर यह कविता किसी नये इतिहास के सम्बन्ध में बोलती है। कवि कहता है—

''क्या ज्ञात नहीं है, मेरे शब्द का संतप्त सौन्दर्य?
यह तूफन मेरे गुस्ताख श्वासों से उठते हैं।
मेरी ही हुंकार से प्रलय वर्धमान होता है, शोषितों के कंठ-कंठ में
मेरी प्रबल कलाईयों से बन रहा है नया चेहरा इस देश का
मेरे शब्द शब्द से तैयार हो रहा है, एक नया इतिहास।''

इन पंक्तियों में क्रान्तिकारी शब्दों की महत्ता कवि कहता है। एक नयी और खूबसूरत प्रतिमा यहाँ आती है। 'शब्दों' में स्थित संतप्त सौन्दर्य, यही वह प्रतिमा है। समग्र रूप में आनन्दवादी सौन्दर्यशास्त्र के सामने यह कविता सन्तप्त सौन्दर्य का विकल्प खड़ा कर रही है। और बुद्ध तथा डॉ. बाबासाहब आंबेडकर को अभिप्रेत तथा सुसम्मानित मानवी चेहरा इस देश को प्राप्त हो, इसलिए कवि लिखता है। मनुष्य को शर्मसार करनेवाले इतिहास को नेस्तनाबूत करते हुए कवि के शब्द मनुष्य का सम्मान करनेवाले नये इतिहास के निर्माण अभियान पर निकले हैं। समग्र रूप में इस कविता में शब्द कभी जलते मनुष्य बनते हैं, तो कभी नये इतिहास को जन्म देनेवाले आंबेडकर बनते हैं।

शब्द हमेशा रोशनी फैलाते और बाँटते ऐसा नहीं, बल्कि कई बार शब्द शोषण व्यवस्था के दलाल का काम भी करते हैं। इस देश में हजारों शब्दों को हजारों वर्षों से घृणा फैलाने का काम कराने के लिए कुछ लोगों ने प्रवृत्त किया है। मनुस्मृति के शब्दों ने तथा मनुस्मृति के परिवार के ग्रन्थो ने आज तक यही किया। चोर भी शब्द का इस्तेमाल करता है। झूठे नामों का मस्टर भरनेवाले क्लर्क का कार्य भी वे ही करते हैं। सभ्य लिबास में नीच नेताओं जैसा आचरण भी शब्द ही करते हैं। शब्द खांडववन जलानेवाली आग भी बनते हैं। और डॉ. बाबासाहेब आंबेडकर के कलेजे पर बिजली का खेल करनेवाली क्रांन्ति भी होते हैं। इस्तेमाल करनेवाला जैसा इस्तेमाल करना चाहे वैसे ही शब्द होते हैं। दुर्जनों के मुख के शब्द विध्वंसक होते हैं। सज्जनों के मन के शब्द अँधेरे में मार्गदीप बनते हैं।

'शब्द' यह कविता मुझे इस सन्दर्भ में बहुत ही अलग और महत्त्वपूर्ण लगती है। शब्दों के आस-पास कवि ने प्रश्नों की भीड़ खड़ी की है। इस प्रश्न से आप इस देश के बहिष्कृतों के हिस्से आये जीवन को कभी जिया है क्या? ऐसा प्रश्न कवि ने किया है। इस कविता में कवि ने अपनी कविता के शब्द सूर्य-समान बने ऐसा कहा है। वह भी बहुत अन्वर्थक है। और मुझे इस कविता की निम्न पंक्तियाँ जिन्होंने विगत हजारों

वर्षों का इतिहास सीने में समा रखी हैं, ऐसा लगता है। यह **पंक्तियाँ** इस प्रकार है—

**"शब्दों
तुम्हारे प्रेम की खातिर
कई बार मेरा सर कलम हुआ
मेरी जुबान भी काटी गयी
कान में शीशा भर दिया गया..."**

शब्द इस्तेमाल की, शब्दमय होने की तथा शब्दों पर प्रेम करने की सजा क्या होती है, यह मनुस्मृति के दहशतवादी श्लोकों से पूछो। इसका एक अर्थ यह है कि मनु को शब्दों की ताकत ज्ञात थी। इसलिए जिन्हें मृत जीवन जीने के लिए देते थे, उनके लिए पहले शब्द नकारने होंगे। शब्दों के अलावा यह मनुष्य केवल सूखी लकड़ियों के समान मात्र जलाने के काम तक शेष रहेंगे। यह मनु तथा उनके परिवार के सभी अमानवीय सदस्यों को मालूम था। शब्द तो मानवीय संस्कृति को मिला हुआ सुन्दरतम उपहार है। मनुष्य अपना कलेजा बाहर निकाल तो नहीं सकता, परन्तु कलेजे को वह शब्दों में बाँध सकता है। संस्कृति के लिए शब्द पद भी बनते हैं, और पथ भी। और उस पथ पर शब्दों के स्वप्नों का चमन भी खिलाते हैं। परन्तु संस्कृति और उनमें स्थित मनुष्यत्व के खलपुरुष जब कुछ लोगों को इन शब्दों के प्रकाश भंडार से वंचित रखते हैं, तब वे मानवी जीवन के सौन्दर्य संविधान के अनुसार एक अक्षम्य गुनाह करते हैं।

यातनाओं की आग में स्थित प्रेम की पूर्णिमाः

'श्वेतपत्रिका' के निवेदन में "प्रिया के ओठों के करीब होते हुए भी मुझे चीखें सुनाई देती हैं। आक्रोश सुनाई देता है।" ऐसा शरणकुमार लिंबाले ने लिखा है। कलेजे में आग लिपटे इस कवि की कविता पूरी तरह से अनोखी हो यह मुमकिन है। शरणकुमार लिंबाले ने 1986 में दलित प्रेम कविता का सम्पादन किया। विद्रोही कवि प्रेम नहीं कर सकते इस मीठी नींद में जब महाराष्ट्र था, तब शरणकुमार लिंबाले ने इस बुद्धिवादि और क्रान्तिकारी विद्रोही कवि के प्रेम को एक पलड़े में डालकर महाराष्ट्र की वह गलतफहमी दूर की। बुद्धिवादी कवि पुनर्जन्म मानते नहीं। इसलिए उनका प्रेम वे सात या अधिक जन्मों के विस्तीर्ण भूपृष्ठ पर फैलाते नहीं। उन्हें यह एक ही जन्म में स्वीकृत है। इसलिए उनका प्रेम अधिक प्रखर और गहरा होता है। कवि जिस तरह से कम-से-कम शब्दों में अधिक-से अधिक अर्थ भरता है, उसी प्रकार से बुद्धिवादी कवि अपने इस एकमात्र जन्म में प्रेम की गहराई बढ़ाता है। 'गीत' इस कविता में शरणकुमार लिंबाले की मन की प्रेम शब्द के परे स्थित बेचैनी व्यक्त हुई है। परिश्रम के पहाड़ तले यह लाश दबकर मरती नहीं, बल्कि वह विविध अपेक्षाओं की भीड़ में भी खिलती है।

परिश्रम से तैयार की गयी यह प्रेमिका खूबसूरत है। कवि भयंकर युद्धक्षेत्रनुमा आपा खोकर उसे बुलाता है। सड़क पर जीनेवाला यह कवि प्रियतमा को कहता है—

''तुम्हारे सर पर स्थित पल्लू
राष्ट्रध्वज के समान प्रिय लगता है
पुलिस की लाठियाँ झेलकर
आन्दोलन की शुरुआत की
अरे! तूने ही तो मला तेल
तूने ही सेका बदन के साँटों को
भरी आँखों से।''

ऐसी यह प्रेमिका! कार्यकर्ताओं के जीवन में प्रेमिका भी आन्दोलन की बेटी की ही भूमिका निभाती है। इसलिए उसके सिर पर स्थित पल्लू को राष्ट्रध्वज के सौन्दर्य की महत्ता प्राप्त हुई है। उसका बदन सेंकते समय आँसुओं से डबडबायी उसकी आँखें प्रेम को एक अन्य अर्थ देती है। उसके ओठों पर बाबासाहब के पुतले के आगे प्रज्वलित हुई हजारों मशालें कवि को दीखती हैं। उसके हाथ उन्हें मातृभूमि के समान लगते हैं। उसका हँसना संसद में प्रस्तावित बिल से भी कठोर लगता है। उसे उसके ओंठ नेहरू के कोट पर लगे गुलाब से भी अधिक खूबसूरत लगते हैं। वह कवि को 15 अगस्त से भी अधिक खूबसूरत लगती है। परन्तु इसी समय अपनी गरीबी और अपने हिस्से आयी अद्‌भुत बहिष्कृतता कवि को हैरान कर देती है। परन्तु इन यातनाओं के बीच भी यह प्रेम की पूर्णिमा प्रकृति को साथ लिए खिलती ही रहती है। शरणकुमार लिंबाले की इस प्रेम की कविता का चरम उत्कर्ष आगे की पंक्तियों में दिखता है। यह पंक्तियाँ बहुत ही सृजनशील हैं। 'चौदह अप्रैल' इस कविता में कवि ने लिखा है —

''क्या तुम्हें महसूस नहीं होता?
एक बेचैन गर्भ घूमता है यहाँ।
कहो प्रिये,
क्या तुम चौदह अप्रैल बनोगी?''

दुःख और दीनता तो है ही। प्रियतमा को यौवन में वृद्धत्व देनेवाली जी-तोड़ मेहनत भी है। परन्तु इस आग में जलते हुए भी कवि प्रियतमा को चौदह अप्रैल बनने के लिए कहता है। चौदह अप्रैल यह क्रान्ति को जन्म देनेवाला दिन है। युग को परिवर्तित करनेवाले पराक्रम का जन्म इसी दिन हुआ। कई माताएँ तथा पिता अपने बच्चों को बाबासाहब की तरह महान बनें ऐसा कहते हैं। शरणकुमार लिंबाले अपनी प्रेमिका को चौदह अप्रैल बनने को कहते हैं। लिंबाले की कविता का यह चरम है।

प्रश्नों के सुरंग बोनेवाली कविता :

'उद्रेक' का पहला कदम ही प्रश्न उपस्थित करता है— 'मैं कौन?' इस पहली कविता में ही प्रश्नों की ज्वालाएँ उफनती हुई हमें दिखाई देती हैं। 'मैं कौन हूँ?' इस प्रश्न का उत्तर सत्ता नहीं देती। और न देती है जनता, संस्कृति, वेद, शास्त्र या मनुस्मृति। और यदि इन प्रश्नों के उत्तर उपरोक्त कोई भी इकाई नहीं दे सके, तो जिसे वे संस्कृति कहते हैं, उसकी सांस्कृतिकता का दिवालापन निकलता है।

परन्तु इस प्रश्न का उत्तर बुद्ध ने दिंया है। शरणकुमार लिंबाले को इस प्रश्न का उत्तर डॉ. बाबासाहब आंबेडकर ने दिया है। 'तुम कई सम्भावनाओं के पुंज हो। तुम प्रतिभावंत हो। तुम प्रज्ञावंत साहित्यिक हो। तुम मनुष्य हो, और सम्यक मनुष्य के समान, तुम मनुष्य के सौन्दर्य की सर्जना करनेवाले साहित्यिक हो।' यही उत्तर लिंबाले के जीवन में सर्वांगपूर्णता से उदित हुआ है। इसलिए वे अपनी प्रियतमा को चौदह अप्रैल बनने के लिए कहते हैं।

शरणकुमार लिंबाले ने 'उद्रेक' के द्वारा प्रश्न पूछे हैं। देश पर फैलाईं नेहरू की राख मनुस्मृति की कैसी हुई? यह ऐसा ही एक विलक्षण प्रश्न है। 'वह आवाज, वह दिशा' इन कविताओं में, इस प्रकाश में मुझे मिला हुआ स्वराज्य क्यों नहीं मिलता? बकरी की तरह खामोश बलि चढूँ ऐसा मैंने क्या गुनाह किया? मेरी आवाज आपको सुनाई नहीं देती? क्या मेरा आक्रोश आपको सुनाई नहीं देता? क्या मैं आपका कोई भी नहीं लगता? ऐसे प्रश्न आते हैं। 'सीमा' इस कविता में भी ऐसे ही कुछ और मूलभूत प्रश्न हैं। मेरा समाज गाँव के बाहर क्यों है? उसे बहिष्कृत क्यों किया गया? इस प्रश्न के साथ एक और बहुत ही महत्त्वपूर्ण प्रश्न 'जुल्म करना, जुल्म नहीं' ऐसा महसूस करनेवालों को कवि ने इसी कविता में यह प्रश्न पूछा है—

''हम मुक्त हैं इसका भय तुम्हें क्यों?''

यही तो सभी प्रश्नों का मूल है। हमारे लिए अपनी परछाई क्यों न रहे? इस प्रश्न से सुलगता यह कवि कहता है-

''यह आकाशव्यापी पंछी
किस देश का गीत गाएँगे?
चोंच में अपनी
किस स्वराज्य का नक्शा ले आएँगे।''

यह प्रश्न उत्तर माँग रहे हैं। और उत्तर भाग निकले हैं। ''मैंने कभी भी गैर-जिम्मेदाराना बात नहीं की। इन लडकियों को देख, मेरी वासना कभी जागी नहीं।'' ऐसा

कहनेवाले कवि के मन में प्रश्न उपस्थित होता है।

"इतने तिरस्कार से क्यों थूकती है यह लड़की
सूरज के साथ-साथ खंडित होती यह धरती।"

और ऐसा ही कलेजे को भिड़नेवाला प्रश्न 'मनुष्य कहकर' में कवि पूछता है कि तुम्हे मुझे मनुष्य कहकर स्वीकारना क्या मंजूर है? फूलों के वृक्ष को फूलों के बजाय आजकल शस्त्र क्यों लग रहे हैं? यह राष्ट्र मेरा भी है, यह तुम क्यों नकारते हो? तुम हमें पीने का पानी भी भरने नहीं देते। फिर समान हक लेकर तुम्हारे साथ कैसे जीएँ? तुम्हारे साथ राज-काज कैसे करने दोगे? ये प्रश्न संस्कृति की बातें हाँकनेवालों का असली रूप उजागर करनवाले हैं। गरीबी और अस्पृश्यता ने कवि के कलेजे में दोहरी आग लगाई है। यहाँ की शोषण व्यवस्था केवल आर्थिक शोषण कर तृप्त नहीं होती, बल्कि उसे सामाजिक शोषण भी करना है। शायद यह व्यवस्था आर्थिक शोषण के लिए सामाजिक शोषण करती है। और सामाजिक शोषण के लिए आर्थिक शोषण करती है। कवि कहता है, माँ की कोख से मेरा जन्म लेना यह जुल्म कैसे हो सकता है?. यह मेरा कैसा देश? मैं जन्म से ही गुनहगार कैसे? कवि कहता है—

"तुम में और मुझ में फर्क ही क्या है?
भयंकर दरिद्रता के सिवाय।
यह अस्पृश्यता किसने निर्मित की?
इस देश के टुकड़े हों ऐसा दर्शन किसने निर्मित किया?
देश में ही इस देश के दुश्मन किसने निर्मित किए?
मेरे बाप-दादाओं ने कैसे विश्वास किया
इन खूंसट पुराण-पोथिओं पर?
क्यों कभी भी नहीं किया विद्रोह
इन ढकासलों परम्पराओं के खिलाफ?"

ये सभी प्रश्न शोषण की परम्पराओं से पूछनेवाले कवि को इस देश का वर्गीय रूप मालूम है। डॉ. बाबासाहब आंबेडकर ने भी इस देश के इतिहास में स्थित वर्ग संघर्ष को विश्लेषित किया है। समता और विषमता, बुद्धिवाद और अन्धश्रद्धा, आपसी सहभाव और तुच्छताभाव इन दो वर्गों का आपसी संघर्ष है। और इस संघर्ष का इतिहास ही इस देश का इतिहास है यह कवि को ज्ञात है। कवि ने इस छावनी से सम्बन्धित अपना पक्ष 'उद्रेक' में पूरी ताकत के साथ खड़ा किया है। यह कविता संग्रह एक बात हमारे मन पर प्रतिबिम्बित करती है, कि शोषण व्यवस्था के कारण ही कवि को प्रश्न महसूस होते हैं। और कवि द्वारा उपस्थित किए गये प्रश्न शोषण व्यवस्था को अपने अमानवीय अस्तित्व पर लगाई गयी आग के समान लगते हैं।

आज तक के सभी अन्यायों को अपराधी साबित करनेवाली कविता :

'उद्रेक' की कविता भूतकाल और वर्तमानकाल के सभी अन्याय-अत्याचार को गुनहगार के कटघरे में खड़ी करती है। सभी अन्यायों की दखल लेती हुई यह कविता इस समाज के इतिहास की कठोर जाँच करती है। यहाँ की समाज व्यवस्था का भयावह निठल्लापन कवि ने 'श्वापदे' इस कविता में व्यक्त किया है। यहाँ हर व्यक्ति राष्ट्र है। हर जाति राष्ट्र है। कवि को यहाँ के गाँव शहर तथा मनुष्यों की व्यवस्था स्वीकार नहीं है। और कवि को लगता है कि अपनी बीवी पेट में एक गुलाम को ही पाल रही है। और जन्म लेने के बाद वह गाँव के लोगों की थूक झेलने के लिए ही जीनेवाला है। यह अन्धकारमय भविष्य कवि व्यक्त करता है। क्योंकि—

''पाटिल के घर मुर्गा, करता है कानून का भक्षण
और मेरे घर डालते है मुर्गे के पंख
मुर्गा मारने के आरोप के लिए...''

ऐसी स्थिति है। अन्याय करने के लिए कोई वजह तो नहीं होती, पर वजह निर्माण की जाती है।

दुर्व्यवहार के कुछ उदाहरण कवि व्यक्त करता है। कवि ने 'एकात्मता' इस कविता में लिखा है, ''अब तो मैं आग में ही हूँ।'' और हमें मनुष्य से दूर किया गया। कवि ने कहा हैं—

''मुझमें और गाँववालों में इतनी दुश्मनी क्यों?
क्या हमने कभी जलाई इनकी झोपडियाँ
क्या कभी नग्न किया इनकी माँ बहनों को?
किसलिए हमें सता रहे हैं ये।''

इस प्रकार कवि हैरान है। 'पेट और पीठ बेचकर जीते समय, जिन्दगी गिरवी रखी है।' ऐसी वास्तविकता कवि रेखांकित करता है। कवि अपने समाज पर होनेवाले अन्याय की वजहों को बयान करते हुए कहता है—

''मै जब स्वावलम्बी बनता,
तब तुम्हारे स्वाभिमान को ठेस पहुँचती
मैं स्वाभिमान के साथ जब जीता
तुम मुझे कोर्ट कचहरियों में उलझाते,
गुंडों-बदमाशों की टोलियाँ भेजते।''

कवि ने बहुत ही स्पष्ट शब्दों में इतिहास में दर्ज अन्याय की महागाथा को इस प्रकार

व्यक्त किया है—

"चाबुक से लिखा है हुक्म
हमारी पीठ पर गुलामी का।"

और एक प्रखर सत्य कवि ने 'परवडता है तो देखो' इस कविता में व्यक्त किया है। "समूचा विश्व ही मेरा घर कहकर, रखेंगे मुझे गाँव के बाहर।" ऐसा यह बड़प्पन आग लगानेवाला ही है। इसीलिए कवि ने बहुत ही तीखे शब्दों में यह कहा है कि

"इन बहिष्कृत बस्तियों से देखो इस देश का चेहरा
कितनी विकृत-विकलांग है यह संस्कृति
देश की औद्योगिक तरक्की, नये भवन, नये रास्ते
परन्तु आदमी पुराना ही, पुराना ही मन, पुरानी ही जातीय नीति।"

और इसके साथ कवि ने बेरोजगारी की भी सक्षमता से दखल ली है—

"हम केवल टंकित हो गये
पकड़ वॉरंट के हुक्म में"

यह कितना भीषण है इसकी कल्पना आप कर सकते हैं। और कवि को यह भी ज्ञात है कि इतिहास में "मर गये होते हम ही। रोती है लोरी गानेवाली माँ, अपने बेटे को गोद में लेकर। भगवान! यहाँ जन्म क्यों दिया है कहकर!" वास्तविक रूप में परम्परागत माँ की यह बहुत पुरानी भावना है! परन्तु यहाँ का नरसंहारी यथार्थ देखकर कइयों को जन्म लेने की इच्छा तक नहीं। यह पराजय किसकी? और इस पराजय के शिल्पकार कौन? ये प्रश्न हमारे लिए भी उपस्थित होते हैं। और इनके उत्तर भी 'उद्रेक' में अभिप्रेत हैं ही।

व्यंग्य की ज्वालाओं की दाहकता :

दलित पीड़ितों को मजदूरी में रखने की मनु की बहुमतवाली मतपेटियाँ फोड़ने के लिए कवि कहता है। प्रजातन्त्र के प्रति लिखते हुए कवि कहता है—

1) "खोए हुए छोटे बच्चे जैसा यह प्रजातन्त्र,
जिसे माँ-बाप का नाम कहने नहीं आता।"

2) "सबसे पहले मैं एक जाति हूँ।
माँ के गर्भ में होते हुए
जीते हुए और मरने के बाद भी
जाति होती है साथ में, राष्ट्रीयता की तरह।"

3) "उनका भ्रष्टाचार भी देशभक्ति होता है
और हमारा हर शब्द देशद्रोही साबित होता है।"

4) "हमारा पुनर्जन्म पर विश्वास है

गाँधी जी भंगी के रूप में जन्मेंगे
हम भी हरिजन के रूप में जन्मेंगे
अगले जनम में
तुम हमारे जन्म में आओगे
इस जनम में तुम शिकायत मत करो
अगले जनम में हम शिकायत नहीं करेंगे।''

ऐसी व्यंग्य की आग 'उद्रेक' मे धधक उठी है। वह बहुत ही विशिष्टतापूर्ण है। शरणकुमार लिंबाले को इस आग को और भी अधिक भयंकर रूप से फैलाना चाहिए था। यह ताकत उनमें थी। परन्तु उन्होंने यह किया नहीं। इस बात पर मुझे उन पर गुस्सा करना था, ऐसा मुझे लगता है।

त्रासदियों को पराजित करनेवाला निश्चय :

डॉ. बाबासाहब आंबेडकर से प्रेरणा लेनेवाले शरणकुमार लिंबाले सभी सहकर खामोश नहीं बैठेंगे। उन्हें यह बदलना है। वास्तवान्तर करना है। उन्हें क्रांन्ति की आहट हुई है। शोषण संस्था इन्सानियत को स्वीकार कर इन जख्मों को बाँधे, वरना ये जख्म बेसूर हो जाएँगे, दंगे होंगे, ऐसा इशारा लिंबाले देते हैं। कवि को लगता है कि हजारों की भीड़ में एकजुट हुआ यह असन्तोष है। कवि अपने जख्मों को लेकर बेचैन बस्तियों में घूमता है—

'मैं ही होता हूँ तमाम मुट्ठियों में'

ऐसे कवि कहता है, और इतना ही नहीं... ''अब मेरा विस्फोट होना चाहिए, बड़ा प्रलय होना चाहिए।'' ऐसा बहुत ही शान्तिपूर्वक भाषा में कवि ने कहा है। यह निश्चय है समाज रचना को समग्रता से बदलने का, समग्र जातिसंस्था और इससे सम्बन्धित घृणा के जहर को जनमानस से पूरी तरह से नष्ट करने का घोषणापत्र है। कवि शोषकों को बहुत ही साफ-सुथरी भाषा में पूछता है कि तुम इस विस्फोटक अवस्था को नकारनेवाले हो क्या? और तुम यदि यह अवस्था नकारनेवाले नहीं हो, तो—

''मैं उखाड़ता जाऊँ धर्मग्रंथ रेल पटरियों की तरह
आग लगाता जाऊँ तुम्हारे लापरवाह अधिकार को सिटीबस की तरह''

इसकी क्या वजह है? कवि यह कौन से अधिकार से कह रहा है? तो वह कहता है कि —

''मेरे हक सूरज की तरह उग रहे हैं
यह सूर्योदय क्या तुम नकारोगे?''

यह प्रश्न पूछनेवाले कवि की, विषमता के इतिहास के साथ बनती नहीं। इसीलिए उन्हें अभिप्रेत इतिहास निर्माण करने का निश्चय कवि ने किया है। शोषण व्यवस्था की

सीमा तथा उसकी पराजय की व्यवस्था पर ऊँगली उठाते हुए कवि कहता है—

''तुम पथराव कर थकने के बाद
तमाम पत्थरों के ढेर मेरे पैरों के पास होंगे
और तब लेकिन
तुम निहत्थे होगे।''

'उठो युगों' इस कविता में कवि ने कहा है कि

''लाठीचार्ज, गोलीबारी के भय से भागनेवाले
हम
अब पैर जमाए खड़े हैं
हमें शस्त्र दो
इस उन्मत सत्ता के खिलाफ लड़ने के लिए।''

वास्तविक रूप में यहाँ क्रोध चरम पर है। पर उसे हमें समझ लेना चाहिए। क्योंकि क्रान्ति होने ही वाली है। जाति-वर्गविहीन तथा समतामूलक तीसरी दुनिया तो जन्म लेने ही वाली है। इसलिए 'क्रान्ति को मेरा आना सूचित कर दो' ऐसे कवि कहता है। कवि ने लिखा है—

''यह धक्के किसी भूकम्प के विस्फोट के नहीं,
यह मिट्टी की हुंकार है।''

इस प्रकार कवि क्रान्ति का नक्शा आगे करता है। यह एक संतप्त अवस्था की, सुलगते हुए मन के वक्त की भाषा है। परन्तु कवि को ऐसी रक्तक्रान्ति अभिप्रेत नहीं है। वे खुद को बाबासाहब आंबेडकर के सुपुत्र ही मानते हैं। इस देश पर उनका असीम प्रेम है। यहाँ आलोक बिखरनेवाली परम्पराओं पर उनकी निष्ठा है। उनकी निष्ठा इन्सानियत पर ही है। इसीलिए आखिरकार वह इन्सानियत के सब्बमंगल के लक्ष्य तक खुद को ले जाते हैं।

यह सब जद्दोजहद मनुष्य के समग्र के सम्मान के लिए:

माँ, पत्नी तथा प्रियतमा पर सुन्दर कविता लिखनेवाला यह कवि है। 'उत्पात' इस कविता में उनके कहे के अनुसार अन्य सब नष्ट हो जाएँ और केवल मनुष्य ही मनुष्य के गले मिले! यह उनका बहुत ही प्यारा सा ख्वाब है। उन्होंने 'मनुष्य की हैसियत से' इस कविता में कहा है, वह बहुत ही सुन्दर है—

''कितनी जेलों की दीवारों के उस पार।
कितने सात समन्दर पार अलग पंक्ति में रहते हैं
आप संसदीय प्रजातन्त्र में?

गिरा दो जेलों की दीवारें
गिरा दो घर-आँगन की दीवारें
गिरा दो जाति-धर्म की दीवारें
हम एक बार हो जाय दीवार-विहिन
और बाँट लेंगे हम-तुम इन्सानियत...।''

मुझे लगता है इन्सानियत की पुनर्स्थापना की यही है प्रज्ञान शैली। कवि उखड़ता है, क्रोधित होता है। यह सब सच भी है। झूठ कुछ भी नहीं परन्तु वह आखिरकार जाता है एक प्रबुद्ध तत्व के पास। यही है प्रज्ञान। प्रज्ञान असीम और विशाल है। हम सभी पूरी तरह दीवार विहिन हो जाएँ, ऐसा कवि को लगता है। मनुष्य की प्रतिष्ठा के लिए, मनुष्य के शिल्पकारों ने निर्माण किए सुन्दर मनुष्य को हम बाँट लेंगे, ऐसे कवि कहता है। यह अटल ही है।

कुछ प्रतीक तथा कुछ शब्दों का उद्रेक में आना मूलतः आवश्यक नहीं था। परन्तु उस काल-समय और उसके पश्चात के कई लेखक और कवियों के लेखन में ऐसे शब्द मिलते भी हों, फिर भी उस अन्तर्विरोध का इस स्तर पर भी क्यों न हो 'उद्रेक' से सम्बन्ध नहीं आना चाहिए था। फिर भी यह 'उद्रेक' सच्चा है। 'उद्रेक' के कवि की आंबेडकर निष्ठा सच्ची है। मनुष्यत्व की प्रस्थापना करने की एक असीम प्यास इस कविता में बाँध दी गयी है। क्या इस बहाने यह प्यास? इस प्रश्न के उत्तर के रूप में अत्याचार की कहानी बहुत ही स्पष्ट भाषा में कवि ने कही है। फिर भी मनुष्य की प्रस्थापना ही उद्रेक की प्राप्ति, प्रज्ञान और उसकी सर्वोच्च शैली भी है। शरणकुमार लिंबाले इसके आगे भी कविता लेखन करें। इस प्रज्ञानशैली का अगला सफर देखने के लिए महाराष्ट्र के साथ मैं भी उत्सुक हूँ। एक बात का वे ध्याने रखें कि कविता लेखन अगर वे पुनः नहीं शुरू करेंगे तो उन पर गुस्सा करनेवाला मैं पहला व्यक्ति रहूँगा। यों तो उन पर गुस्सा करने की स्थिति वे मुझपर नहीं आने देंगे यह उम्मीद जताते हुए मैं यहाँ रुकता हूँ। धन्यवाद!

अनुवाद : डॉ विजयकुमार रोड़े

'नरवानर' : दलित राजनीति के विचलनों की कथा

डॉ. सतीश यादव

हजारों साल की लादी गयी गुलामी के बाद इस देश के 'दलित' समूह ने पहली बार मुक्ति का अनुभव किया जिसका नेतृत्व प्रज्ञासूर्य डॉ. बाबासाहब आंबेडकर जी ने किया था। वर्णव्यवस्था ने जिन्हें नकारा था, जाति व्यवस्था ने उसे ठुकराया था, दास्यत्व में जी रहे समाज को समाज परिवर्तन की लड़ाई में आंबेडकर जी ने उतारा। इस उपेक्षित जनसमूह ने पहली बार अपनी अस्मिता और अस्त्वि की लम्बी लड़ाई लड़ी। आन्दोलन, संगठन और प्रबोधन का मार्ग अख्तियार कर ही वंचित मनुष्य आत्मसम्मान की जिन्दगी जी सकता है। वे कौन से कारक तत्व हैं जिनकी वजह से यह बहुत बड़ा जनसमूह भयंकर उपेक्षा और पशुतुल्य जीवन जीने के लिए विवश है, इसकी समीक्षा की। आंबेडकर जी एक ही समय में सामाजिक, राजनीतिक, धार्मिक, आर्थिक, तथा सांस्कृतिक संघर्ष की लड़ाई लड़ रहे थे। उनका एक ही सपना था - समता, स्वतन्त्रता, बन्धुता और सामाजिक न्याय साकार हो। इसके लिए रूढ़िवादी समाज से वे लोहा ले रहे थे। दलित समाज को 'राजनीति' के गुर सिखाए, राजनीति सत्ता तक पहुँचने का माध्यम है, साधन है, यह उनकी धारणा थी, और उसी के मुताबिक वे संघर्ष कर रहे थे।

इस पूरी पृष्ठभूमि में मराठी के लब्धप्रतिष्ठ साहित्यकार, आत्मकथाकार, कवि, समीक्षक डॉ. शरणकुमार लिंबाले जी का उपन्यास 'नरवानर' को देखना आवश्यक है। प्रस्तुत रचना पढ़ते समय कुछ प्रश्न हमारे दिमाग को झंकृत करते हैं, जिनके जबाब ढूँढना आवश्यक हो जाता है। 'नरवानर' रचना क्या दलितों की राजनीति का जीवन्त दस्तावेज है? क्या वह व्यक्ति और सत्ता के संघर्ष को अभिव्यक्त करता है? क्या वह सत्य - असत्य के बीच में स्थापित अवैध सम्बन्धों को खोजने की कोशिश करता है? क्या यह उपन्यास ब्राह्मणों के दलित बनने की कथा कहता है? या एक अर्थ में ब्राह्मणों के दलितीकरण का यहाँ प्रयास है। दूसरे अर्थ में ब्राह्मणों का दलित बनना समाज व्यवस्था में अनुकूल परिवर्तन की सूचना है? दलित आन्दोलन, दलित राजनीति और

दलित साहित्यकारों की मानसिकता को दर्शाना इस उपन्यास का उद्देश्य है? या प्रस्तुत आंन्दोलन दलित राजनीति के बिखराव, विचलनों और टूटने की कथा कह रहा है? या 1956 से 1996 के बीच दलित राजनीति में जो उठा - पटक हुई, उतार - चढ़ाव आये, राजनीति के बदलते चेहरे को दर्शाना, उघाड़ना लेखक का उद्देश्य है? सत्ता का क्रूर चेहरा और आदमी की पीड़ा का ऑडिट ये उपन्यास कर पाया है? बदलते परिप्रेक्ष्य में दलितों की बदलती मानसिकता, नेतृत्व की कमजोरियाँ, आन्दोलन की खामियाँ बताना लेखक का प्रयोजन है?

इन सारे सवालों को केद्र में रखकर 'नरवानर' रचना पर विचार करें तो कुछ विचार सूत्र प्राप्त होते हैं।

मूलतः प्रस्तुत उपन्यास 'नरवानर' दलितों की चार दशकों की राजनीति को केन्द्र में रखकर लिखा गया है। बाबासाहब राजनीति को समाज परिवर्तन का एक सशक्त माध्यम मानते थे। दलितों को सत्ता की सीढ़ी पर पहुँचना चाहिए, ऐसी उनकी मान्यता थी। सत्ता के सारे सूत्र दलितों के हाथों में आएँ, वह व्यवस्था को संचालित करने का माद्दा रखे, ऐसी उनकी धारणा थी। इसी का नतीजा है कि, वे आजीवन दबोचे गये, कुचले गये, नकारे गये, उपेक्षितों के लिए उड़ते रहे, संघर्ष करते रहे। डॉ. आंबेडकर जी के महानिर्वाण के बाद दलितों की जो दूसरी पीढ़ी आन्दोलन के माध्यम से राजनीति करने लगी, उसके बदलते चेहरे को यहाँ बेनकाब किया है। राजनीति समाज उन्नति का सशक्त माध्यम बने, सत्ता के द्वार आम दलितों के लिए खुले हों, ऐसी उनकी धारणा थी। किन्तु परिवेश बदला, समय बदलता गया और राजनीति का वास्तविक चेहरा भी बदलता गया।

दलित - आन्दोलन आरम्भ में दलितों की अस्मिता की लड़ाई लड़ रहा था, उसके जमीनी प्रश्नों से दो हाथ कर रहा था। उसके हिस्से में आये हुए अपमान, उपेक्षा, वर्ण नीचता और व्यवस्था की विसंगतियों से वह संगठित होकर लड़ रहा था। किन्तु जैसे - जैसे दलित राजनीति में सक्रिय होता गया, सत्ता में अपना हिस्सा माँगने लगा। अस्मिता, अस्तित्व और रोटी के प्रश्न को लेकर वह लड़ रहा था। अपने दलित होने की पहचान को मिटाकर जीवन के हर क्षेत्र में आत्मविश्वास से कदम उठाता गया। किन्तु राजनीति में दलितों में 'महत्त्वाकांक्षा' 'अहंकार' जैसी प्रवृत्तियाँ पनपने लगी— 'मैं ही असली नेता, मेरा आन्दोलन ही सच्चा आन्दोलन,' 'मैं जो कहता हूँ वही सही,' 'मैं ही दलितों का बड़ा नेता,' परिणामतः धीरे - धीरे वैचारिक मतभिन्नताओं के चलते दलित संगठन ने अनेक गुटों का रूप धारण कर लिया। सबकी श्रद्धा आंबेडकरवाद पर थी। सब 'आंबेडकर' को केन्द्र में रखकर राजनीति करना चाहते थे। किन्तु उद्देश्य में भिन्नता थी। एक गुट भावनात्मक और अस्मिता के प्रश्न को लेकर मैदान में कूद पड़ा, तो दूसरा दलितों के रोटी के प्रश्न को लेकर लड़ने का दावा कर रहा था। एक दूसरे को नीचा

दिखाने का एक भी अवसर वे छोड़ नहीं रहे थे, उलटा दलित जनता को आंबेडकर जी के नाम पर बाँटने का काम कर रहे थे। वास्तव में आंबेडकर जी ने अपने जीवन में 'साधन शुचिता' को बहुत महत्त्व दिया था। अवसरवादिता, समझौतापरस्त वृत्तियों को जीवन में उन्होंने कभी भी आश्रय नहीं दिया। किन्तु 1956 के बाद के दलित राजनेता अवसरवादिता, समझौतापरस्ती और महत्त्वाकांक्षा का शिकार होते गये। कोई आंबेडकर और गाँधी, कोई आंबेडकर और मार्क्स और कोई आंबेडकरवाद और हिन्दुत्ववाद का समीकरण बनाकर राजनीति करने लगा। इस भाग— दौड़ में, आपाधापी में दलित जनता क्या चाहती है इसकी तरफ किसी का ध्यान नहीं गया।

प्रस्तुत उपन्यास की कथावस्तु चार प्रकरणों में विभाजित है। पहले प्रकरण में एक कर्मठ ब्राह्मण युवक का दलितीकरण कैसे होता है, यह दिखाया गया है। दूसरे प्रकरण में आंबेडकर जी के पश्चात का उभरता दलित आन्दोलन, दलित नेतृत्व, रिपब्लिकन पार्टी, दलित पैंथर, नामान्तर की घटनाएँ आती हैं। जिसमें दलित आन्दोलन का वर्णसत्ता और शासन सत्ता में संघर्ष चित्रित है। तीसरे प्रकरण में एक कर्मठ ब्राह्मण युवती जो विधवा का जीवन जी रही थी, उसका दलित की पत्नी के रूप में नया जीवन शुरू करने की कथा बयान की है। अन्तिम और चौथे प्रकरण में दलित राजनीति टूटते, बिखरते और भ्रष्ट नीतियों का अवलंब करती दिखाई देती है।

लेखक की बुनियादी चिन्ता उपन्यास में यही है कि, दलित राजनीति अन्य दलों की राजनीति की तरह सत्ता राजनीति से जा जुड़ी है और अपना क्रान्तिकारी रूप खोती जा रही है। सत्ता राजनीति के घृणित दलाल गोपीचंद और माणिकचंद जैसे लोग अपने तरह - तरह के कुचक्रों, नेताओं की भ्रष्ट नीति, कार्यकर्ताओं को लुटते देख वे भी उन्हें बरगलाने और भटकाने में लगे हुए हैं। खुद दलित कार्यकर्ता भी इसके लिए जैसे तैयार से दिखते है (निकममामा और विजय पगारे पात्र इसी का प्रकटीकरण है।)

वस्तुतः दलित नेतृत्व ने आंबेडकर के एक ही वक्तव्य को याद रखा - "शासनकर्ता की जमात बनो। सत्ता और अधिकार के स्थानों पर कब्जा करो।' दलितों के विविध राजनीतिक गुटों ने ये देखा कि, अविलम्ब सत्ता तक कैसे पहुँचा जा सकता है। रोहिदास, मिलिंद, दयानंद किणीकर, गौतम गांगुर्डे आदि इसी राजनीति की उपज है। लेखक ने दलित आन्दोलन के राजनीतिक तथा साहित्यिक अन्तर्विरोधों पर गम्भीरता से विचार किया है। कई बार ये अन्तर्विरोध आन्दोलन में गतिरोध पैदा करते हैं, तो कई बार आन्दोलन को नयी दिशा देने का काम भी करते हैं।

उपन्यास में छात्र - नेताओं के विभिन्न संगठनों के खड़ा होने और दलित आन्दोलन के व्यापक होने का बारीकी से वर्णन किया गया है। जहाँ छात्र - नेताओं को लगता है कि, "हमारे दलित नेताओं ने रिपब्लिकन पार्टी को मटियामेट किया है। बाबासाहब

की पार्टी को बेचा है। पूरे समाज को कांग्रेस के अधीन कर दिया है।'' ''हमारे नेता बाबासाहब के नाम पर जी रहे हैं, उनके पास बाबासाहब के समान त्याग और विराटता नहीं है''। ''रिपब्लिकन पार्टी के गुट बनानेवाले आंबेडकर विरोधियों को सही पाठ पढ़ाना होगा।'' इत्यादि बातें करनेवाले दलित पैंथर के छात्र नेता जब सत्ता की सीढ़ी पर चढ़ने का अवसर आता है, वही करते दिखाई देते हैं, जो उनके पूर्व दलित नेताओं ने किया था। इसी अंन्तर्विरोध को लेखक ने बड़ी बखूबी से वर्णित किया है, जो सच्चे दलित कार्यकर्ताओं को बेचैन कर देता है। धीरे-धीरे दलित आन्दोलन में अवांछित तत्वों का प्रवेश होने लगता है। जब ईश्वर इंगले जैसे दागी प्रवृत्ति के लोग पार्टी नेता बन बैठते हैं। उनके इशारे पर पार्टी चलती है। दयानंद किणीकर जैसे दलित लेखक, विचारक इसका विरोध करते हैं। किन्तु उन्हें ही पार्टी से बाहर किया जाता हैं। सत्ता राजनीति की परिणति तब होती है, जब दलित आन्दोलन महाराष्ट्र में कांग्रेस का साथ देते हुए सत्ता तक अपनी पहुँच बना लेता है। अर्थात रोहिदास सत्ता में समाज कल्याण मन्त्री बन जाता है। जिस कांग्रेस को आंबेडकर ने 'एक जलता-मकान है' कहा था। किन्तु धीरे-धीरे उनके नेता भी खुद को भ्रष्ट होने से नहीं बचा पाते और उनके साथ अनेकों कार्यकर्ता भी सत्ता के गलियारों में दलाल की तरह घूमते नजर आते हैं। विजय पगारे एक राजनीतिक दलाल के रूप में उभरता है, जिसका अर्थ ही इतना भर रह रह गया कि, आन्दोलन और सत्ता पैसे कमाने का, जीवननिर्वाह तथा मौज-मस्ती करने का माध्यम बन गया है। लेखक का यह वक्तव्य बहुत बेचैन कर देता है जब वे कहते हैं- ''सत्ता कभी भी निष्कलंक नहीं होती, वह व्यभिचार, भ्रष्टाचार और अपराधीकरण के पाँवों से चलती है, समर्थन करती है राष्ट्र और जनता का।'' लेकिन वही सत्ता जब छूट जाती है तो व्यक्ति, नेता खुद का अस्तित्व खो देता है, अकेला पड़ता है। न जन है, न स्वजन है, बस अकेले पड़ते जाने की दर्दनाक पीड़ा। मन्त्री रोहिदास मन्त्रालय में अकेले बैठे हैं– ''मैं अन्दर गया, वहाँ भयावह शांति थी, मुझे समझ में नहीं आ रहा था, क्या कहूँ, क्या बोलूँ? मैंने उनकी तरफ देखा, उनकी नजर से नजर मिलाई, पाषाण सरीखे लगी। उनकी नजर में मैंने मन्त्रालय देखा। जिस मन्त्रालय के खून्टे को हजारों चीतों को बान्ध रखा था। मैं घबराया। सभी चीते मर गये थे।'' सत्ता तक पहुँचने के बाद दलित नेतृत्व कैसे अकेला पड़ता गया। जमीनी सच से कोसों दूर, जनता से हजारों मील दूर। परिणामतः एक यातनामय अन्त किन्तु लेखक को विश्वास है, 'नीले तूफान' पर। ये रुकेगा नहीं, पूरी ताकत के साथ पुनः खड़ा होगा, एक नयी चेतना लेकर।

प्रस्तुत उपन्यास में कुल दस स्त्रियाँ भिन्न-भिन्न रूपों में प्रस्तुत हुई हैं। इन दस में से दो स्त्रियाँ पाठकों पर प्रभाव छोड़ती हैं। दलित कार्यकर्ता, लेखक, कवि दयानंद की सहकर्मी रमा बाबर, जो दलित आन्दोलन में सक्रिय है। दलितों के हकों के प्रति जागरुक

है। दयानंद और उसके स्नेहभरे सम्बन्ध हैं। प्रस्तुत स्त्री पात्र में संघर्ष, लड़ाकूपन तथा अपनी क्षमता पर पुरा भरोसा है। दूसरी स्त्री है - भावना, भावना के पहले पति ने आत्महत्या की है। जीवन निराशा और अन्धकार से भर जाता है। ऐसे समय में दयानंद विधवा भावना का स्वीकार करता है। भावना भी पति के रूप में उसे स्वीकारती है। अर्थात भावना के सामने दूसरा विकल्प नहीं है। किन्तु दयानंद की प्रतिभा और आन्दोलनकारी व्यक्तित्व से आकर्षित होती है। प्रस्तुत उपन्यास में सुरेखा भाभी, रश्मि, प्राचार्य की बेटी आदि स्त्रियाँ भोग के रूप में आती हैं। लक्ष्मी तथा आम्रपाली वे स्त्रियाँ हैं जो पुरुष की सहचारिणी बनकर आयी हैं।

कुल मिलाकार यह कहा जा सकता है कि, लेखक शरणकुमार लिंबाले जी जिस चिन्ता से प्रेरित होकर प्रस्तुत उपन्यास की सर्जना करते हैं, वे अपने आप में स्पष्ट है। अर्थात दलित नेता, कार्यकर्ता तथा आम आदमी को आत्मविश्लेषण से गुजरना पड़ेगा। अपने भीतर झाँककर देखना पड़ेगा कि बाबासाहब दलित आन्दोलन को जहाँ छोड़कर आये थे, हम उसे किस दिशा में ले जाना चाहते हैं। दलित आन्दोलन का एक प्रमुख आयाम 'राजनितिक पक्ष' है। किन्तु भारतीय समाज को दलित आन्दोलन ने अन्याय - अत्याचार के खिलाफ लड़ने की ऊर्जा दी, आक्रमकता दी और एक विश्वास दिया कि, हम अधोगामी व्यवस्था को चुनौती दे सकते हैं। राजनीतिक क्षेत्र में जरूर कुछ खामियाँ रही हों। किन्तु दलित आन्दोलन के सामाजिक उत्थान का प्रयास, सांस्कृतिक लड़ाइयाँ, धार्मिक उन्माद को नकारने का साहस और आर्थिक उन्नति की पहल भारतीय समाज को हमेशा प्रेरणा बिन्दुओं का कार्य करती रहेगी।

प्रस्तुत उपन्यास की प्रमुख विशेषता है— भाषा। प्रस्तुत भाषा में ठेठपन है। जड़बद्ध संस्कारों के जहाँ होश उड़ जाते हैं, शिष्टता और लिजलिजेपन को यहाँ कोई स्थान नहीं है। बड़े बेबाक होकर लेखक एक युग के अवसान को रेखांकित करता जाता है। कहीं - कहीं अपशब्द फूहड़पन और अश्लील शब्दों का प्रयोग भी हैं, किन्तु ये अभिव्यक्तियाँ उन समाज तबकों की है, जिन्हें हमेशा वंचना और उपेक्षा का शिकार होना पड़ा। तकलीफदेह वास्तविकताओं और जीवन - यथार्थ को व्यक्त करने के लिए एक सर्जक जिस भाषा का इस्तेमाल करता है; वह यही भाषा का रूप है। आखिरकार यह निश्चित कहा जा सकता है कि, शरणकुमार दलित आन्दोलन के विचलनों और भटकाव के दर्द को जिस आत्मक्षोभ और पीड़ा बोध के साथ व्यक्त करना चाहते हैं, उसमें उन्हें सफलता मिली है। और सबसे महत्त्वपूर्ण बात यह है कि, यह उपन्यास हमें बेहद बेचैन करता है। दलितों की चार दशकों की राजनीति का मात्र पटाक्षेप नहीं है, बल्कि वह भीतर तक कुरेदता है, अन्तर्मुख भी कर देता है।

□□

'हिन्दू' : दलित आन्दोलन के भटकाव का दस्तावेज

विजय बहादुर सिंह

भारतीय समाज इन दिनों जिस उथल-पुथल से गुजर रहा है उसका प्रतिबिम्बन समकालीन उपन्यासों में दिखाई दे रहा है। न केवल हिन्दी बल्कि बांग्ला और मराठी में भी उपन्यास-लेखन नयी मर्यादाओं की तलाश में लगा है और एक अस्थिर डाँवाडोल समय के बीच जिदपूर्वक उन मूल्यों को बचा लेना चाहता है, जिनके बगैर किसी भी मानव सभ्यता और समाज का बचना बेमानी माना जाएगा। इस दृष्टि से देखें तो उपन्यास हमारे समय की सबसे संवेदनशील विधा है। सम्भवतः सबसे ज्यादा बेचैन, विचारपरक और संवाद परक विधा भी।

समकालीन भारतीय जीवन और समाज भीतरी तौर पर जिस भयावह बिखराव, धर्म और जातिगत इर्ष्याएँ, हिंसक द्वेष और उससे पैदा हुई आक्रमकता के हवाले हुआ है, उपन्यास लेखन की चिन्ताएँ और गहरी हो उठी हैं। निस्सन्देह इससे हमारी परम्परागत साहित्यिक दृष्टियाँ सहमत नहीं हो पातीं और यह भी कहते हुए सुना जाता है कि यह भी क्या कोई लेखन है। पर नये पाठकों को यह नहीं भूलना चाहिए कि, उथल-पुथल के जिस दौर से वे गुजर रहे हैं, उसमें किसी ढाँचे को बनाए रखना या फिर नये ढाँचे के निर्माण की ओर बढ़ना सहज सम्भव नहीं रह गया है । यह तब और भी विचारणीय हो उठता है जब हम तसलीमा नसरीन का 'लज्जा' और शरणकुमार लिंबाले का उपन्यास 'हिन्दू' पढ़ते हैं।

इन उपन्यासों पर ध्यान जाते ही मुझे हिन्दी कथाकार भगवान सिंह और उनके विवादास्पद उपन्यास 'अपने अपने राम' पर हुई साहित्यिक बमचख याद आती है। भगवान सिंह ने तब एक बातचीत में कहा था कि, यह अभियान युग का लेखन है। ऐसे वक्त में कलात्मक स्थिरता का आग्रह बेमानी होगा। देखना यह होगा कि, सामाजिक गतिशीलता को कोई लेखक पहचान पाता है या नहीं, उन स्थितिशील या यथास्थितिवादी परिस्थितियों और उनसे चिपके सामाजिक समूहों को भी, जिनके चलते सामाजिक

गतिशीलता को खतरा बना ही रहता है। इसलिए वह कथाकार जिसकी गहरी और बेधक दृष्टि सक्रिय नहीं होगी, सामान्य कथाकार की तरह कहानी को कहता हुआ अपने लेखन को उस रूप में प्रयुक्त नहीं कर पाएगा जिससे सामाजिक असंगतियों पर प्रहार सम्भव हो सके और उसके पाठक इस प्रहार के ऐतिहासिक औचित्य का तर्क भी समझ सके।

बांग्ला लेखिका तसलीमा नसरीन ने जिस प्रकार अपनी पहचान 'लज्जा' जैसे उपन्यासों के बल पर बनाई, उसी तरह मराठी के दलित लेखक शरणकुमार लिंबाले की आत्मकथा 'अक्करमाशी' ने उन्हे राष्ट्रीय पहचान दी। किन्तु शरण वहीं रुक नहीं गये। उन्होंने अपने समय को, उसके जलते-घुँघुआते जटिल और द्वंद्वपूर्ण यथार्थ को चिह्नित करने के लिए कथा का रास्ता चुना और अपनी कई एक कहानियों और अब 'हिन्दू' जैसे उपन्यासों के मार्फत अपनी चिन्ताओं को रेखांकित करने की पहल प्रदर्शित की।

कथाकार की ये चिन्ताएँ उपन्यास की भूमिका से लेकर उसके अन्तिम पृष्ठों तक दर्ज हैं। भारतीय समाज का जो वर्तमान चेहरा है, उसे प्रतिबिम्बित करते हुए लेखक ने जो विवेचन प्रस्तुत किया है वह गौरतलब है।

मुसलमान जिस तरह भारत से अलग होने के लिए निकले थे ठीक उसी प्रकार महार भी हिन्दू धर्म से अलग हो रहे थे। विभाजन के कारण मुसलमान तथा धर्मांतरण के कारण महार हिन्दुओं से हमेशा के लिए अलग हो चुके थे। हिन्दू समाज भी हड़बड़ा कर जाग गया था। वह आक्रमक हो चुका था और अन्तर्मुख भी। जो आक्रमक हुए, वे हिन्दुत्ववादी हो गये और जो अन्तर्मुख हुए वे धर्म निरपेक्षवादी। जो आक्रमक भी नहीं हुए और न अन्तर्मुख ऐसों की संख्या सर्वाधिक थी। ये स्थितिशील थे। यही स्थितिशील जनसंख्या चुनाव लहरों पर आरूढ़ होती थी। यही स्थितिशीलता जैसे-जैसे अस्थिर होने लगी, वैसे-वैसे भारतीय राजनीति भी अस्थिर होने लगी। भारत का स्थितिशील '(यथास्थितिवादी)' चेहरा बदल रहा था। और उसका सीधा प्रभाव चुनाव परिणामों पर पड़ रहा था।''

उपन्यास यहीं रुक नहीं जाता। आजादी के बाद की सत्ता की राजनीति को रेखांकित करते हुए लिखा गया-'सत्ता एक ही वर्ग के पास थी।' इस कारण घरानेशाही, भ्रष्टाचार और अपराधीकरण बढ़ रहा था— सत्ता पर एकाधिपत्य हो जाने के कारण अनेक प्रश्नों की तीव्रता बढ़ रही थी।''

''भूमंडलीकरण के कारण लोगों की मानसिकता में भी बदलाव आ चुका था। मौज मजा की वृत्ति के कारण रुचिवैचित्र्य को महत्त्व प्राप्त हो चुका था। लोकप्रतिनिधि चुनते समय इस रुचि वैचित्र्यता के दर्शन हो रहे थे। विश्व की महासत्ताएँ ढह रही थीं। इस कारण छोटी सत्ताओं को आत्मबल प्राप्त हो रहा था। छोटी पार्टियाँ शक्तिशाली बन रही थीं। बड़ी पार्टियों में अन्तःकलह बढ़ रहा था। इसी कारण राजनीति में निर्दलीय और आयारामों गयारामों का वर्चस्व बढ़ रहा था।''

निस्सन्देह यहाँ इतिवृत्तकरिता भी नहीं है। कथाकार ने जैसे राजनीतिक टिप्पणीकार का फर्ज सँम्भाल लिया है और उपन्यास का स्वाभाविक कथा-प्रवाह अवरुद्ध-सा हो उठा है। पर हमें यह क्यों भूलना चाहिए कि यह एक सुव्यवस्थित और स्थिर समय का लेखन नहीं है। बहुत कुछ बनने और पैदा होने की प्रक्रिया में है, बहुत कुछ नष्ट होने और अपदस्थ होने की प्रक्रिया में होकर भी स्वयं को पुनर्स्थापित करने की आखिरी लड़ाई जैसी भी हो, वह लड़ रहा है। उपन्यास से बाहर भी इन लड़ाइयों को हम देख सकते हैं। ये केवल वर्चस्व को जारी रखने भर की लडाइयाँ नही हैं। उस कथित सनातन व्यवस्था को बचाए रखने की भी हैं जिन्हे राजेंद्र यादव जैसे कथाकार चिन्तक वर्चस्ववादी संजाल की संज्ञा देते हैं।

जिस उथंल-पुथल और अस्थिरता की ओर मैं बार-बार संकेत कर रहा हूँ उसका एक रूप वह राजनीतिक आतंकवाद है जिसका चेहरा असन्तोष, क्षोभ, हिंसा और आक्रमकता से भरा हुआ है किन्तु लिंबाले अपने उपन्यास में इस राजनीतिक आतंकवाद (दहशतगर्दी) की बात नहीं करते। वे उससे आगे जाते हुए उस 'सामाजिक दहशतगर्दी' की ओर हमारा ध्यान केन्द्रित करते हैं जिसके चलते दलित और पिछड़ों का जीवन संकटग्रस्त हो उठा है। न केवल जीवन, बल्कि वह सामाजिक, राजनीतिक भविष्य भी जिसके लिए डॉ. आंबेडकर जी ने लड़ाइयाँ लड़ीं और बाद में धर्म-परिवर्तन भी कर लिया, किन्तु सत्ता-राजनीति ने अपने दोगलेपन और खूँखार सवर्ण समूहों ने अपने वंशानुगत शोषण और अन्यायी चरित्र के चलते जैसी रणनीतियाँ अख्तियार की हैं और मुखौटे पहन लिये हैं, उपन्यास इन्हें सिरे से नंगा करता है और बुनियादी तौर पर यह भी सम्प्रेषित करता है कि समकालीन भारतीय समाज राजनीतिक दहशत की चपेट में भी है। उपन्यासकार का यह कथन इस दृष्टि से गौरतलब है "राजनितिक दहशत ने इस देश के सौहार्द को खून में डुबो दिया। इस दहशत के विरोध में चर्चा से शुरू हुई।...परन्तु पिछले हजारों वर्षों से सामाजिक दहशतगर्दी दिन-दहाड़े हो रही है। उस पर अलबत्ता चर्चा नहीं होती। दलितों पर हजारों वर्षों से अन्याय-अत्याचार हो रहे हैं, उसकी ओर गम्भीरता से नहीं देखा जाता।"

तब क्या यह उपन्यास हजार वर्षों के उसी सामाजिक अन्याय और आतंक की कहानी कहता है या फिर कोढ़ में खाज जैसा हो उठे उस अतिवादी कट्टर हिंन्दुत्व के सम्भावित दुष्परिणामों की चिन्ताओं से भी चिन्तित है जो पहले से भी अधिक संगठित, हिंस्त्र और अमानवीय हो उठा है। लेखक लिखता है— 'इस देश का हिन्दू अब उग्र रूप धारण कर रहा है। जातीय दंगे, सामाजिक तनाव और असुरक्षा के कारण मैं बेचैन हो जाता हूँ। बढ़ती अपराधी वृत्ति, बेरोजगारी और भ्रष्टाचार के कारण मैं भीतर-ही-भीतर छटपटाने लगता हूँ। यही बेचैनी, यही छटपटाहट मेरे लेखन के मूल में है।' अन्ततः

अपने उपन्यास लेखन के उद्देश्यों को रेखांकित करते हुए वह लिखता है, "हिन्दू समाज का विषम ताना-बाना और विकृत जाति व्यवस्था इन दोनों का पोस्टमार्टम करने हेतु ही यह 'हिन्दू' उपन्यास लिखा गया है।" लेखक की यह दृढ़ धारणा है कि, इस देश की जाति व्यवस्था का जो कलंक है, उसे मिटाए बगैर यह देश सुन्दर नहीं हो सकेगा।

लेखक के इस वक्तव्य को पढ़ने के बाद यह अनुमान लगा सकना मुश्किल नहीं है कि, इसके सृजन की पृष्ठभूमि और प्रेरक परिस्थितियाँ क्या हैं?

महाराष्ट्र में दलित लेखन और उससे पूर्व सक्रिय हुई दलित राजनीति इन्हीं परिस्थितियों और पृष्ठभूमि की देन है। किन्तु आज भी आजादी के इतने दशकों बाद भी, स्थितियाँ नरम और उदार नहीं बन पड़ी हैं। बल्कि नित नये रूप और चेहरे बदल कर सामाजिक चेतना के विकास और क्रान्तिकारी बदलाव के रास्ते में बाधा-पथ के रूप में खड़ी हैं।

उपन्यास इन बाधा-पथों का चित्रण और खुलासा बहुत बेबाकी से करता है। कहानी की शुरुआत ही इतनी सुनियोजित, सुविचारित और आत्मालोचनपरक है कि दलित आन्दोलन के वे तमाम अन्तरद्वंद्व और दुविधाएँ, निश्चय-अनिश्चय के घटित होते संशय और उनके दुष्परिणामों का लेखाजोखा यहाँ जिस अनगढ़त तल्खी और आक्रमक भाषा में प्रस्तुत किया गया है; उससे लेखक की बेचैनी और छटपटाहट ही नहीं उसके गुस्से की सघनता और गहराई का अन्दाज भी लग जाता है।

उपन्यास के कथानक की जैसी परिकल्पना की गये है, उसका सार संक्षेप अन्तिम पृष्ठों पर लिखी गई इन पंक्तियों में है—

"उन्हें आन्दोलन की याद आ गयी। साठ प्रतिशत जली हुई स्त्री की तरह इस आन्दोलन की अवस्था हो चुकी है। आन्दोलन के ऑपरेशन की जब जरूरत है, तब उस पर मरहम पट्टी की जा रही है।"

इसी के आगे का एक प्रसंग है— 'माणिकचंद के हाथ का किस लेनेवाला हिजड़ा मुझे याद आया। तालियाँ बजानेवाले हिजड़े याद आये। मुझे तालियों की आवाज सुनाई देने लगी। मेरे पैंट में गिरगिट घुस गया है, ऐसा मुझे लगा। मैंने पैंट झटक दी। शैला सातपुते दूर सरक गयी। मुझे जाँघो मे चिपचिपाहट का अहसास हुआ।...मेरा लिंग बदल रहा था। छाती उभर रही थी। मैंने शैला सातपुते को देखा उसकी साडी मुझे पसन्द आयी। साड़ी पहनने की मेरी इच्छा होने लगी। मन होने लगा कि गज़रा भी बाँधू।" आगे के पैराग्राफ का यह वाक्य इस सन्दर्भ में महत्त्वपूर्ण है। नपुंसक होने की यह प्रक्रिया आज की नहीं है। लम्बी है । कथाकार का यह व्यंगात्मक और विचारपूर्ण लहजा फिर बदलता है। कथानायक की पत्नी लक्ष्मी की तेजतर्रार आवाज उसकी चेतना में कौंधने लगती है "तुमने खुद को बेचा है और बाबासाहब को भी बेचने निकले हो।" उसकी वह तेज

आवाज मुझे हमेशा निरुत्तर कर देती थी।

उपन्यास इस बोध को अत्याधिक सघन और गहरा करता है। दलित आन्दोलन, उसके पतन और बिखराव के कारणों की खोजबीन करता हुआ। कथाकार मिलिंद कांबले के चरित्र चित्रण के बहाने उन तमाम दलित नेताओं और कार्यकर्ताओं के राजनीतिक और चारित्रिक भटकावों को रेखांकित करता है जो समकालीन दलित राजनीति करते हुए भी अनेक प्रकार की विसंगतियों और विचलनों की गिरफ्त में है।

रमा बाबर, राहुल बनसोडे और याकूब शेख तो अपनी जगह जैसे हैं, हैं ही, पर सदानंद कांबले को पुतले की तरह खड़ा कर उसके पीछे से दलित विरोध की राजनीति कर अपना स्वार्थ साधने में प्रवीण माणिकचंद और गोपीचंद जैसे राजनीतिक दलाल या सत्ता के भड़ुए जो कुछ कर रहे हैं, वह कम चिन्ताजनक और सुखद नहीं है। उपन्यास के बत्तीसवें पृष्ठ पर जब गोपीचंद और माणिकचंद मिलिन्द से यह कहते हैं कि समाज में हमेशा तनाव होना चाहिए, दंगे होने चाहिए नहीं तो उन जैसों का महत्त्व कैसे बढ़ेगा, इसलिए झगड़े कराओ, फूट डालो, जो कुछ भी करो पर नहीं फँसना चाहिए। तब वह सोचता है कि, "मै राख हूँ, अपने ही प्रेत की।"

ऐसा क्यों सोचता है वह, जब यह सवाल उठता है तब इसका उत्तर भी ऊपर की पंक्तियों में मिल जाता है कि सम्भवतः उसने प्रतिकार का स्वभाव खो दिया है, व्यवस्था का हिस्सा बन चुका है। उसकी आँखों में स्थित चिनगारियाँ बुझती दिखाई देने लगती हैं। इन चिनगारियों का बुझना यहीं तक सीमित नहीं है। वह दलित राजनीति की पताका थामे याकूब शेख और राहुल बनसोडे आदि में भी है। याकूब शेख का यह कहना कि हमें आन्दोलन कहाँ चलाना होता है? वास्तव में बाबासाहब के नाम पर हम अपना नेतृत्व चलाना चाहते हैं। बनसोडे खीझ कर कहता है "हम केवल विवाद कर सकते हैं," 'आन्दोलन तो निकम मामा ही चला सकता है।' तब रमा बाबर का यही तर्क उचित जान पड़ता है कि, 'आन्दोलन खुद की ताकत पर चलना चाहिए।'

लेखक की बुनियादी चिन्ता उपन्यास में यही है कि दलित राजनीति भी अन्य दलों की राजनीति की तरह सत्ता राजनीति से जा जुड़ी है और अपना क्रान्तिकारी रूप खोती जा रही है। सत्ता राजनीति के घृणित दलाल गोपीचंद और माणिकचंद जैसे लोग अपने तरह-तरह के कुचक्रों से इसे बरगलाने और भटकाने में तो लगे हुए हैं ही, खुद दलित कार्यकर्ता भी इसके लिए जैसे तैयार से दिखते हैं।

उपन्यास इन अनेक चिन्ताओं को जिस भाषा में प्रस्तुत करता है, वह तेजाबी है। यह एक ऐसी अभिव्यक्ति है जिससे होकर गुजरने पर जड़बद्ध संस्कारों के होश उड़ जाते हैं और लिजलिजे शील और शिष्ट व्यवहारों को पसीना छूटने लगता है। साहित्यिक भाषा के मुहावरे जो हमें प्रायः रमाने और शान्तचित्त करने में अग्रणी भूमिका निभाते थे,

यहाँ गायब है। विपरीत इसके कथानक और चरित्रों से गुजरते हुए हम बार-बार अचकचाते और झटका-सा खाते महसूस करते हैं। हमारा बना-बनाया मानस जैसे किसी गोलीबारी से उध्वस्त होकर बिखरने लग जाता है और हम बमुश्किल इस भाषा से आँख मिला पाने की हिम्मत जुटा पाते हैं । कुछ उदाहरण जरूरी जान पड़ रहे हैं 'रात सवर्णों की ओर से काले पहाड़ की तरह खड़ी थी!' "यह माँस तात्या कांबले के शव का है और मैं उसे पूरी सोच के साथ खा रहा हूँ।" "मुझे अपने से घृणा आयी। ... मेरे जीने पर कुत्ते को मूतना चाहिए।" अपने 'मूड' को लेकर सोचते हुए लेखक लिखता है 'शिश्न जैसे ढिला-ढाला हो जाय, वैसा मेरा मूड भी ढीला-ढाला हो रहा था।'

यों तो दलित लेखन से पहले बंगाल की भूखी पीढ़ी ने भी इस प्रकार की अभिव्यक्तियों को अपनाया था और काव्य भाषा जैसे अनावृत्त-सी हो उठी थी किन्तु दलित लेखन में इस प्रकार की अभिव्यक्तियों का होना उन सामाजिक सन्दर्भो में खोजा जाना चाहिए जहाँ ये अपशब्द फूहड़ और अश्लील नहीं माने जाते। यह भी व्यथित सम्भ्रात जन जब अपनी तमाम अनीतियों और कुकर्मों को छिपाने के लिए भाषा को लगभग गन्दी और बेजान कर डालते है, तकलींफदेह वास्तविकताओं और जीवन-यथार्थ को व्यक्त करने के लिए तब जो भाषा किसी सर्जक के पास बचती है, वह शायद यही है।

शरणकुमार लिंबाले ने यह उपन्यास जिस आत्मक्षोभ और पीड़ा में लिखा है, उसका प्रभाव भी उतना ही हिलाकर रख देनेवाला है। कहने को भले ही यह संकीर्ण और आक्रमक हिन्दुत्व की हिंस्र गतिविधियों से प्रेरित होकर लिखा गया हो और वैचारिक स्तर पर सदियों से चले आ रही सामाजिक दहशतगर्दी को प्रतिबिम्बित करता हो किन्तु अनजाने ही यह दलित चेतना के उन विचलनों और बिखराओं को भी फोकस करता है जो बेहद तकलीफदेह हैं। एक और रूप में यह उपन्यास माणिकचंद और गोपीचंद जैसे घृणित सत्ता दलालों और संवेदनशून्य अमानवीय चौतरफा चरित्रों की कहानी भी कहता है जो यहाँ से वहाँ तक किसी सर्वातिशायी उपस्थिति के रूप में समूची समकालीन राजनीति पर अपना कब्जा जमा कर मुनाफा समेट रहे हैं।

उपन्यास हमें इस समूचे यथार्थ पर सोचने को बाध्य करता है और भारतीय सत्ता राजनीति के उन तमाम चेहरे की ओर इशारा करता है जो समकालीन राजनीति के समूचे प्रवाह को लोकविरोधी बना रहे हैं।

अन्ततः यह उपन्यास मिलिंद कांबले की, आत्मकथा और आत्मधिक्कार से उपजा आत्मचिन्तन-सा है। इसी रूप में कहीं अधिक महत्त्वपूर्ण भी नयी सामाजिक संरचना और क्रान्ति के लिए भारत के दलितों को पुनः आत्मसाक्षात्कार और आत्मचिन्तन करने की जरूरत है। दलित आन्दोलन कैसा हो, उसकी रणनीतियाँ क्या हों, सामाजिक जीवन

व्यवहार कैसा हो, खुद आपसी समझदारियाँ कैसी हों, इस पर बगैर सुचिन्तित विचार किए हुए ये भटकाव खत्म नही होंगे और दलित जीवन दलित ही बना रहेगा।

सन्दर्भ -

1. दलित साहित्य का सौन्दर्यशास्त्र - शरणकुमार लिंबाले
   अनुवाद - रमणिका गुप्ता, वाणी प्रकाशन, दिल्ली प्रथम संस्करण, 2000, पृ. 31
2. वही
3. वही, पृ. 68-69,
4. वही, पृ. 91
5. वही, पृ. 98-99

□□

बहुजन : खोज भीड़ की मानसिकता की

डॉ. सूर्यनारायण रणसुभे

डॉ. शरणकुमार लिंबाले मराठी के प्रतिभासम्पन्न साहित्यकार हैं। उनकी साहित्यिक पहचान उनकी आत्मकथा 'अक्करमाशी' के प्रकाशन से हुई। परन्तु केवल आत्मकथा लिखकर वे रुके नहीं। कविता, कहानी, उपन्यास तथा समीक्षा। बहुत वर्षों पहले डॉ. शरणकुमार लिंबाले ने यह तय किया था कि दलित समाज और जीवन में इधर जो बदलाव आ रहा है, उसे लेकर वे तीन उपन्यास लिखेंगे। इनमे से दो उपन्यास इसके पूर्व प्रकाशित हुए हैं और उनके हिन्दी अनुवाद 'नर-वानर' तथा 'हिन्दू' शीर्षक से उपलब्ध हैं। इसी कड़ी में 'बहुजन' यह तीसरा उपन्यास है। इन तीनों उपन्यासों में दलित राजनीति केन्द्र में है। महाराष्ट्र की राजनीति में सन 1960 से दलित सक्रिय हैं। या तो सत्ता में अथवा विरोधी दल में। परन्तु धीरे-धीरे सत्ता की राजनीति से वे दूर निकल गये, अपने भीतरी अन्तरद्वन्दों अथवा विसंगतियों के कारण अथवा आपसी फूट के कारण। पूंजीवादी शक्तियाँ तथा सवर्ण राजनीति उन्हें कैसे अपने इशारे पर नचा रही हैं तथा इन दोनों के अधीन जाकर वे कैसे अपने स्वतन्त्र अस्तित्व को मिटाते जा रहे हैं, इसे अत्यन्त तटस्थता के साथ वे इन उपन्यासों में रखते हैं।

प्रस्तुत उपन्यास 'बहुजन' में दलित राजनीति की अपेक्षा बहुजनों की राजनीति का बेबाक चित्रण किया गया है। इस उपन्यास की विशेषता यह है कि यहाँ केन्द्र में 'बहुजन' है। बहुजन का अर्थ यहाँ जाति विशेष से नहीं है अपितु समाज में स्थित एक ऐसी इकाई से है जो संख्या में अधिक (बहु) है परन्तु बावजूद इसके सत्ता से काफी दूर है। आर्थिक सुरक्षितता से भी दूर है। इस उपन्यास में प्रमुख रूप से दो वर्गों का चित्रण हुआ है। एक सत्ताधारी वर्ग, सत्ता के निकट गया हुआ वर्ग, आर्थिक दृष्टि से समृद्ध वर्ग, यह वर्ग सत्ता के निकट अथवा सत्ता पर जाने के लिए धर्म का अत्यन्त धूर्तता के साथ उपयोग करते रहता है। दूसरा वर्ग झोपड़ियों में, सामान्य घरों में जीनेवाला है। इसमें सभी जाति-धर्म के लोग आते हैं। यह वर्ग अपने अस्तित्व के लिए संघर्षरत रहता है। इस वर्ग की

समाज से इतनी ही अपेक्षा है कि वह सुरक्षितता से, स्वाभिमान से, निर्भयता से जी सके। इन दो वर्गों को जोड़नेवाली दो परस्पर विरोधी ताकतें समाज में सक्रिय हैं। उनमें से एक ताकत संवेदनशील युवक-युवतियों की है जो रचनात्मक कार्यों से, शिक्षा के संस्कारों से, इस अभावग्रस्त वर्ग को स्वाभिमान से जीने योग्य वातावरण बनाने के लिए प्रयत्नशील है। यह इकाई आज समाज में स्वयंसेवी संस्थाओं (एन. जी. ओ.) अथवा छोटी-बड़ी संघटनाओं के माध्यम से सक्रिय है। बहुजन की सुरक्षितता हेतु, उन्हें सामाजिक न्याय दिलाने हेतु वे सत्ता से संघर्ष मोल लेने तैयार हैं। तो दूसरी ताकत झोपड़पट्टी, बस्ती या गली के दादा लोगों की है। ये दादा लोग अपनी विध्वसांत्मक ताकत से, आतंक निर्माण कर, दंगे-फसाद करवाकर, लोगों की बुरी प्रवृत्तियों को खाद-पानी देकर बहुजनों पर अपना वर्चस्व बनाए रखना चाहते हैं। राजनेता तथा धर्म के नेता इन दादाओं के माध्यम से सत्तासीन होने हेतु बहुजनों को अपनी ओर आकृष्ट कर लेना चाहते हैं। रचनात्मक कार्य करते हुए जनजागरण करनेवालों के प्रति राजनीतिज्ञ सहानुभूति जतलाते हैं, उनके काम की प्रशंसा करते है परन्तु वे नहीं चाहते कि उनका कार्य बढ़े। क्योंकि इन दादा लोगों के हितसम्बन्ध प्रस्थापित व्यवस्था में ही सुरक्षित होते हैं। फिर दूसरी बात इन दादाओं को अपने नियन्त्रण में रखना सत्ताधारियों को बहुत आसान होता है। इस कारण सत्ताधारी-चाहे वे जिस किसी पार्टी के हों—दादाओं का ही साथ देते रहते हैं। 'बहुजन' उपन्यास में 'विकास मोर्चा' के कार्यकर्ता तथा झोपड़पट्टी के दो दादा—कलशेट्टी तथा बलशेटवार इनमें जो संघर्ष चल रहा है, उसी को केन्द्र में रखा गया है। इन दो इकाइयों में जो संघर्ष चल रहा है, वह संघर्ष इस देश के किसी भी प्रदेश के किसी भी हिस्से में चल रहे संघर्ष का प्रतीक है। इन दादा लोगों के सहयोग से सत्ता पर आने की पूरी कोशिश राजनीति में सक्रिय लोग कर रहे हैं। और उसी समय इस व्यवस्था के विरोध में पूरी निर्भयता से खड़े होकर नयी समाज-व्यवस्था के लिए संघर्ष करनेवालों का एक छोटा सा गुट बहुजनों का प्रबोधन कर रहा है। इस प्रकार का दृश्य भारत के प्रत्येक शहर और बस्ती में दिखलाई दे रहा है। राष्ट्रीय स्तर पर जो घटनाएँ घटित होती हैं, उनकी जड़ों में देश के किसी हिस्से में जो छोटी-छोटी घटनाएँ घटित होती रही हैं, वे होती हैं। ऐसी छोटी-छोटी घटनाएँ धीरे-धीरे सभी ओर फैलती जाती हैं और वे बड़ी घटनाओं में परिवर्तित हो जाती हैं। फिर किसी दिन इस बड़ी घटना का विस्फोट हो जाता है। और इस विस्फोट से राष्ट्रीय स्तर पर कुछ नीतिविषयक निर्णय लिए जाते हैं। दूसरे शब्दों में हम यह कह सकते हैं कि देश के किसी कस्बे में अथवा झोपड़पट्टी या किसी गाँव मे जो सामाजिक, राजनीतिक अथवा धार्मिक घटनाएँ घटित होती हैं, उसी में से किसी महत्त्वपूर्ण निर्णय का जन्म होता है। इस कारण इस उपन्यास में महाराष्ट्र के किसी एक चीनी कारखाने के निकट खड़ी हुई झोपड़पट्टी का भले ही चित्रण किया गया हो तो भी

यह झोपड़पट्टी इस देश के बहुजनों की मानसिकता को नंग-धडंग रूप में उजागर करती है। बहुजनों की इसी मानसिकता से इस देश की राजनीति आकार ले रही है; इसे ध्यान में रखना जरूरी है। बहुजनों की इस मानसिकता को तैयार करने के मूल में यहाँ की पूँजीवादी तथा धर्म की ताकतें कारणीभूत हैं, इसे हम भूल नहीं सकते। इस देश के बहुजनों के भी विविध स्तर हैं। एक स्तर उन मध्यवर्गीय बहुजनों का है, जो आत्मकेन्द्रित जीवन जी रहा है तथा बहुजन के नाम पर सारी सुविधाएँ अपनी ओर खिंच ले रहा है। इस प्रकार का बहुजन इस उपन्यास में कहीं पर भी नही है। श्रमिकों में जो बहुजन है अथवा बहुजनों का जो श्रमिक वर्ग है वह इस उपन्यास के केन्द मे है। यह बहुजन खुद को असुरक्षित महसूस करता है। किसी के संरक्षण में जीने की उसकी वृत्ति है। ईमानदारी से श्रम करते हुए वह जी रहा है। परन्तु किसी न किसी कारण वह इन दादाओं के चक्रव्यूह में फँस जाता है। यह दादा ही मेरा भला करेगा, इसी आशा से वह जीते रहता है। उसे इस बात का अहसास है कि उसका शोषण हो रहा है, औरों पर अन्याय किया जा रहा है, पर वह मजबूर है। इन दादाओं के खिलाफ कोई अगर खड़ा हो रहा है तो भीतर से वह खुश होता है। परन्तु खुलकर उसकी सहायता के लिए वह खड़ा नहीं हो पाता। इसके लिए किसी प्रकार के त्याग करने की उसकी वृत्ति नहीं है। जिसकी ताकत अधिक उसके पीछे जाना यही उसकी मानसिकता है। ऐसे इस बहुजन के आचरण की गहरी जाँच-पड़ताल इस उपन्यास में की गयी है। उनके आचरण का विवेचन- विश्लेषण यहाँ नहीं है अपितु अत्यन्त तटस्थता के साथ उनकी आचरणगत विसंगति को दो एक वाक्यों द्वारा संकेत किया गया है। इस प्रकार के आचरणगत परिवर्तन के मूल में न किसी मूल्य के प्रति आग्रह होता है, न कोई विवेक। बहुजनों के निर्णयों के मूल में भी कोई ठोस तर्क नहीं होता। उनके निर्णय किसी भी क्षण अचानक बदल सकते हैं। इसी कारण तो इस देश के लोकमत सम्बन्धी सभी माध्यमों के अन्दाज (चुनाव के निर्णय के सम्बन्ध में) हर बार गलत साबित हुए हैं। उदा. झोपड़पट्टी में से परस्पर विरोधी विचारों के दो मोर्चे निकलते हैं। एक मोर्चा विकास गठबन्धन का अर्थात प्रगतिशीलों का दूसरा सनातनियों का अर्थात हिंदुत्ववादियों का। ये दोनों मोर्चे नाके पर एक दूसरे के सम्मुख आ जाते हैं। पुलिस दोनों मोर्चों को नाके पर रोक देती है। लेखक के शब्दों में "विकास मोर्चे में स्थित लोग 'हम सब एक हैं' का नारा लगा रहे थे तो शिवशक्ति में शामिल लोग 'गर्व से कहो कि हम हिन्दू हैं' का नारा दे रहे थे।

विकास मोर्चे में आ रहे अनेक हिन्दू 'गर्व से कहो कि हम हिन्दू हैं' का नारा देते हुए शिवशक्ति के मोर्चे में शामिल हो गये थे।" (पृ. 204) लेखक का यह एक वाक्य ही बहुजनों के अचानक बदलनेवाले आचरण पर प्रकाश डालता है। इस वाक्य से वे यह स्पष्ट करना चाहते हैं कि देश के बहुजनों की निष्ठाएँ कितनी फुसफुसी हैं। क्षणभर

पहले जो प्रगतीशील थे वे अचानक हिन्दुत्ववादी हो जाते हैं और जो हिंन्दुत्ववादी थे वे प्रगतिशील। यह जो गली, बस्ती और झोपड़पट्टी का यथार्थ है, वही यथार्थ दिल्ली से लेकर प्रदेश की राजनीति में सक्रिय नेताओं का भी है। इस कारण बहुजनों की निष्ठा की ईमानदारी को जाँचना बहुत कठिन है। ठीक इसी प्रकार इस उपन्यास में आये हिन्दुत्ववादी राघवेंद्र स्वामी झाहिरा नामक एक बांग्लादेशी सौन्दर्यवती की ओर आकृष्ट हो जाते हैं और उसके लिए धर्म बदलने का निर्णय भी ले लेते हैं। इस प्रकार का निर्णय लेते समय उनमें कोई द्वंद्व नहीं, कोई छटपटाहट नहीं। अर्थात् इस धर्म-परिवर्तन के मूल में जिस प्रकार झाहिरा का सौन्दर्य है, ठीक इसी प्रकार कानून के फन्दे से बचने की धूर्त कोशिश भी है। इसका अर्थ यह हुआ कि, अस्तित्व पर संकट आने के बाद सारी श्रद्धाएँ, निष्ठाएँ, प्रतिबद्धता आदि को मनुष्य बहुत सहजता से फेंक देता है। मनुष्य चाहे झोपड़पट्टी में रहता हो अथवा आलीशान महल में जब भी उसके अस्तित्व पर संकट आ जाता है, तब वह सहजता से मूल्यों को फेंक देता है। इस देश के सभी वर्गों के सम्मुख एक ही प्रश्न महत्त्वपूर्ण है और वह है सुरक्षितता का, अस्तित्व बनाए रखने का। डॉ. शरणकुमार इन दो घटनाओं द्वारा शायद यह संकेत करना चाहते हैं कि धर्म के प्रति अथवा प्रगतिशील विचारों के प्रति जिस प्रकार की निष्ठा अथवा प्रतिबद्धता लोगों में होनी चाहिए, वह यहाँ नहीं है। इन निष्ठाओं को बनाए रखने के लिए यहाँ के लोग किसी भी प्रकार की कीमत अदा करना नहीं चाहते। सभी स्तर के लोगों में अवसरवादिता की वृत्ति बढ़ती जा रही है। इसी कारण राजनीति दलितों की हो अथवा सवर्णों की अथवा बहुजनों की, विचार के रास्ते गतिशील होने के बजाय वह अवसरवादिता की दिशा में बढ़ रही है।

पिछले 30-40 वर्षों से इस देश के शहरों, महानगरों और कस्बों में जो नयी बस्तियाँ उभर रही हैं, उनमें दादा लोग तैयार हो रहे हैं। इन दादाओं के माध्यम से उनका, उनकी गैंग के आचरण का, झोपड़पट्टी मे जीनेवाले स्त्री-पुरुषों के आचरण का, झोपड़पट्टी से दूर तथा सुख-सुविधाओं में जीनेवाले धर्मप्रमुख का, मन्दिर के पुजारी का, उनके सहयोगियों का और इन सबको (दादा से लेकर सामान्य आदमी तक को) सक्रिय करनेवाले पूंजीपतियों के आचरण और निर्णय प्रक्रिया का, दलित नेतृत्व के आचरण का और इस पूरी व्यवस्था के विरोध में दृढ़ता से खड़े प्रगतिशील विचारों के युवक-युवतियों के आचरण का यहाँ अत्यन्त तटस्थता के साथ चित्रण किया गया है। उपन्यास में घटनाओं की शृंखला ही है। पिछले दशक में इस देश के विभिन्न विभागों में सामाजिक, राजनीतिक और धार्मिक क्षेत्र में जो घटनाएँ घटित हुईं उनका उपयोग पूरी कलात्मकता के साथ यहाँ किया गया है। वर्तमान में घटित घटनाओं का सृजनात्मक स्तर पर इतना प्रभाव पूर्ण उपयोग इस उपन्यास की विशेषता है। वर्तमान में घटित घटनाओं के मूल

में जो राजनीतिक षडयन्त्र होते हैं अथवा जो धार्मिक हितसम्बन्ध होते हैं और उस कारण चरित्रों मे जो आचरणगत परिवर्तन हो जाता है, उसे प्रस्तुत करते जाना काफी चुनौतीभरा काम होता है। वर्तमान में घटित छोटी-छोटी घटनाओं से लेकर विस्फोटक घटनाओं की अत्यन्त कलात्मक प्रस्तुति यहाँ की गयी है। इन घटनाओं की सूची देखिए : धरती में से गणेश की मूर्ति का प्रगट होना (इसके मूल में स्थित वैज्ञानिक कारण यहाँ बतलाए गए हैं।) नये मस्जिद तथा नये मन्दिर का निर्माण, हिन्दू युवती और मुसलमान युवक का प्रेम, दोनों का घर से भाग जाना और इस कारण उसी बस्ती में हिन्दू-मुस्लिम दंगे की शुरुआत, सदानंद कांबले इस दलित नेता की ओर से रिश्वत स्वीकारना तथा दूरदर्शन के सभी चैनलों से इस घटना को प्रसारित करना, (बंगारू लक्ष्मण का सन्दर्भ) राजनीतिक नेताओं को भगा ले जाना, सामुदायिक विवाह के मंच का राजनीतिक उपयोग, बाल-विवाह का विरोध करनेवाली कार्यकत्री का हाथ काटना, (मध्यप्रदेश के मुख्यमन्त्री बाबूलाल गौड़ के काल में घटित घटना) मन्दिर प्रमुख के सहायक का दिन में मन्दिर परिसर में खून, धर्मप्रमुख को पुलिस द्वारा पकड़ना (शंकराचार्य जी का सन्दर्भ), झोपड़पट्टी दादा का न्यायालय में भीड़ द्वारा पत्थरों से मारकर उसकी हत्या करना (नागपुर हाइकोर्ट में घटित घटना), झोपड़पट्टी में धर्म तथा जातिनुसार बस्तियाँ तथा उनके नामपट्ट (उस्मानपुरा, भीमनगर, हनुमान नगर) बंदर की प्रेतयात्रा और वह जहाँ मृत हुआ वहाँ मन्दिर बाँधने का निर्णय (उ. प्र. में घटित घटना), अपने बिस्तर पर मनुष्य की अस्थियाँ तथा भस्म रखकर आध्यात्मिक शक्ति द्वारा अदृश्य हो जाने का आभास निर्माण करने का प्रयत्न (जैन साध्वी का बहुचर्चित जलगाव का प्रकरण) - पिछले कुछ दशकों में इस देश के विभिन्न हिस्सों में ये ऐसी जो घटनाएँ घटित हो चुकी हैं, उनका सृजनात्मक उपयोग इस उपन्यास में किया गया है। प्रकारातन्र से यह उपन्यास पिछले कुछ दशकों में घटित विभिन्न घटनाओं के मूल में स्थित सत्य की खोज करने का प्रयत्न करता है। इससे भी अधिक महत्त्वपूर्ण यह है कि इन घटनाओं से इस देश के बहुजनों (बहुसंख्यक जन) के आचरण में जो परिवर्तन होता गया है, उसका तटस्थ चित्रण यहाँ किया गया है। इन घटनाओं का राजनीतिक उपयोग कैसे किया जाता है, इसका पर्दाफाश भी यहाँ किया गया है।

इस उपन्यास में कुल तेरह स्त्रियाँ भिन्न-भिन्न रूपों में प्रस्तुत हुई हैं। इन तेरह में से तीन स्त्रियाँ पाठकों के मन पर अमीट प्रभाव छोड़ जाती हैं। इनमें से बलशेटवार नामक झोपड़पट्टी दादा की रखैल झाहिरा। विलक्षण सौन्दर्यवती इस स्त्री को बलशेटवार ने मुंबई के एक वेश्यालय से रू. 25000 तथा दो युवतियों के बदले में खरीदकर अपने साथ रख लिया है। बलशेटवार की यह रखैल भी है और प्रेयसी, पत्नी भी। इन दोनों का एक दूसरे के प्रति अत्यधिक प्रेम है। यह झाहिरा मूलतः बांग्लादेश की है, दुर्भाग्य के

किसी क्षण में वह अपने देश की सीमाओं का उल्लंघन करती है और मजबूरी से कोठे पर आ जाती है। बलशेटवार जेल में जाने के बाद उसकी जो असहाय स्थिति हो जाती है, जो असुरक्षितता तथा अकेलापन वह महसूस करती है, उसका चित्रण गहरी संवेदनशीलता के साथ लेखक ने किया है। इस कारण उपन्यास के उत्तरार्ध में उसके प्रति पाठकों में अपार सहानुभूति और करुणा पैदा हो जाती है। एक वेश्या की ओर मानवीयता की दृष्टि से देखना और उसे उतनी ही तटस्थता के साथ प्रस्तुत करना काफी कठिन होता है। झाहिरा का अकेलेपन का दुःख, मात्र व्यवस्था से आया हुआ नहीं है, यह एक स्त्री का दुःख है। कभी प्रेमचंद ने लिखा था, कि स्त्री बहुत सुन्दर हो और गरीब घर में जन्मी हो तो उसके दुःख का कोई अन्त नहीं होता। इसकी गवाह झाहिरा का चरित्र है। अपना देश मैं छोडकर आयी, इसका उसे दुःख है और पश्चाताप भी। पुरुष की जहरीली नजर का उसे पता है। बलशेटवार ने उसे सुरक्षितता दी थी। अपने कुकर्मों से वह जेल गया है। उसके जाने के बाद गली के दूसरे दादा उसे परेशान कर रहे हैं। उसे जो छला जा रहा है, वह उसके सुन्दर शरीर के कारण ही। इसीलिए वह यह झोपड़पट्टी छोड़कर हमेशा के लिए निकल जाती है। संयोग से उसकी भेंट स्वामी राघवेंद्र से हो जाती है। स्वामी राघवेंद्र उसकी ओर आकृष्ट हो जाते हैं, उसके शरीर के ही कारण। इस तरह उसके सभी दुःखों के मूल में उसका शरीर ही है। वह उसके ही जीवन का सत्य न होकर अखिल मनुष्यजाति के स्त्री-जीवन का सत्य है। झाहिरा का आगे क्या हुआ, इसका कोई संकेत उपन्यास में नही है। सुन्दर, असहाय, निर्धन स्त्री की एक ही नियति होती है, पुलिस विभाग के लोग उसे भोग कर बांग्लादेश को वापिस भेज देंगे अथवा उसे फिर से कोठे पर जाना होगा। इस बुद्धिमान तथा सहज मानवीयता के गुणों से सम्पन्न स्त्री की यह नियति और उसका अकेलापन पाठकों को बेचैन कर देता है।

इस उपन्यास में छः बूढ़े मित्र बीच-बीच में आते हैं। ये सभी इसी बस्ती में रहते हैं, अपने बहू-बेटे के साथ। आबा, कासिम, दाद्या, अब्बू और सुरजित। हिन्दू, मुस्लिम, सिख और बौद्ध। कुल आठ स्थानों पर इनकी प्रतिक्रियाएँ लेखक ने दर्ज की है। रोज शाम को ये सब टहलने निकलते हैं। वास्तव में इन बूढ़ों द्वारा लेखक ने इस देश के निष्पाप और संवेदनशील वर्ग की प्रतिक्रियाएँ दर्ज की हैं। अपने आसपास जो घटित हो रहा है, उस ओर यह पीढ़ी पूरी तटस्थता से देख रही है। जो घटित हो रहा है, उसके प्रति इनके मन में प्रचंड ऐसी चिढ़ है। परन्तु वे कुछ भी नहीं कर सकते। इसी कारण वे इस देश के आम आदमी के प्रतीक बन जाते हैं। इन बूढों के प्रति लेखक ने तीन शब्दों का प्रयोग किया है- 'बूढे नटखट थे, चालाक थे, छँटे हुए थे।'' (पृ. 26) इस मनुज-विरोधी व्यवस्था के खिलाफ हम कुछ नहीं कर सकते, परन्तु किसी को तो इसके खिलाफ कुछ करना चाहिए— ऐसा उन्हें लगता है। एक दूसरे की धर्मश्रद्धा के प्रति उनमें

आदर है। धर्म अथवा जाति के नाम पर वे एक दूसरे से लड़ते नहीं। परन्तु अपनी सुरक्षितता के लिए वे धर्म तथा जाति के अथवा दोनों के कोश में जाने से कतराते भी नहीं। इन बूढ़ों के आचरण में ऐसे अनेक अन्तरविरोध हैं। ये अन्तरविरोध इस देश के समूह जीवन का हिस्सा हैं। इनकी प्रतिक्रियाएँ इतनी स्वाभाविक और सच्ची हैं कि शायद हम भी ऐसी ही प्रतिक्रिया देते। जैसे—

"बूढों को विद्रोह करना चाहिए। म. गाँधीजी बूढ़े ही तो थे।"

हिन्दू बूढ़ा कहता कि "मुसलमानों को दाढ़ी रखना बन्द करना चाहिए। इस दाढ़ी के कारण उनकी भिन्न आयडेंटी का अहसास होता है।" तो मुस्लिम बूढ़े ने कहा, "हिन्दुओं का शिखा रखना, मस्तक पर तिलक लगाना बन्द कर देना चाहिए।" (पृ. 65)

"नये सुधार हो रहे है, नया ज्ञान-विज्ञान आ रहा है। दुनिया अधिक सुन्दर होती जा रही है। परन्तु हम उस सुन्दर दुनिया को देखने नहीं रहेंगे। अपने दिन अब खत्म होते जा रहे हैं।" (पृ. 207)

इस झोपड़पट्टी के निवासी अन्याय के विरोध में संगठित हो रहे हैं। विकास मोर्चा के कार्यकर्ता उनमें आत्मविश्वास निर्माण करने में सफल हुए हैं। इनमें से ही एक समूह ने इस झोपड़पट्टी दादा की हत्या कोर्ट में जाकर की थी। उपन्यास के अन्त में बंटी नामक दादा जेल से छूटकर आया है। फिर से उसकी दादागिरी शुरू होने की सम्भावना है। परन्तु घटित कुछ और ही होता है।

"बूढ़े घर की ओर निकले। ऊँटों का काफिला जैसे जाता है, वैसे जा रहे थे। उनके पैर अपने आप रुक गये। मानो कोई उनके गले में फन्दा डालकर उन्हें खींचते हुए ले जा रहा हो।"

"वे बेचैन हो गये। उन्होने बंटी को बस में से उतरते हुए देखा था। बंटी जमानत पर छूटकर आया है। बूढों ने अपना अगला पैर दृढ़ता के साथ उठाया। वे घर की ओर जाने के बजाय विकास मोर्चे के कार्यालय की ओर निकले थे।"

"दिन दहाड़े कोर्ट रूम में घुसकर कुख्यात अपराधी कलशेट्टी की हत्या करनेवाले अस्सी लोगों का समूह भड़क गया था। उनके कान तप्त हुए थे। उनकी आँखों से आग बरस रही थी। रमा बाबर उन्हें समझा रही थी, "कोई भी कानून अपने हाथ में नहीं लेगा।" (पृ. 217)

और उपन्यास का अन्तिम वाक्य है— "बस्ती में चल उठी इस संतप्त लहर को महसूस कर बंटी घबरा गया था। झोपड़पट्टी के दादाओं को अब लोगों से डर लगने लगा था।" (पृ. 217)

उपन्यास का यह अन्तिम वाक्य देने के मूल में उद्देश्य इतना ही है कि जब समूह मन से 'डर' खत्म हो जाता है, जब समूह निर्भय बन जाता है, तब क्या घटित होता है।

समता, स्वतन्त्रता, धर्मनिरपेक्षता तथा जनतान्त्रिक मूल्यों पर बहुत बड़ा विश्वास इस उपन्यास के कथानक द्वारा, चरित्रों द्वारा व्यक्त किया गया है। इस देश में स्थित जटिल और अनन्त ऐसे प्रश्नों में से रास्ता बहुजन ही निकालेंगे, ऐसा विश्वास यहाँ व्यक्त किया गया है। इसके लिए इनके निरन्तर प्रबोधन की जरूरत है।

□□

दलित-कथा : व्यथा की कथा

निशिकांत ठकार

दलित-कथा व्यथा की कथा है। वैसे तो हर सार्थक कथा वेदनामूलक होती है, लेकिन दलित-कथा की अपनी विशिष्ट संवेदना है। उसकी पीड़ा नियतिदान नहीं है। वह मनुष्य के सामाजिक अन्याय, अत्याचार और शोषण की अमानुषी रूढ़ियों से उपजी पीड़ा है। अन्धी व्यवस्था की यन्त्रणा से उत्पन्न यातना है।

हिन्दी साहित्य में दलित-लेखन-परम्परा को भक्तिकाल तथा उससे भी पूर्व सिद्ध-नाथ-साहित्य तक खोजा जा सकता है, किन्तु यह परम्परा साधना तक सीमित है। भक्ति आन्दोलन ने 'जाति-पाँति पूछे नहीं कोई। हरि को भजे सो हरि का होई' कहकर एक क्षेत्र में तो समानता निर्मित की; किंतु अन्ततः यह आन्दोलन विभिन्न मतों और सम्प्रदायों में बिखर गया। अठराहवीं शती से फिर धार्मिक-सामाजिक क्षेत्रों में कट्टरता बढ़ने लगी और परम्परा खंडित हो गयी।

भक्ति आन्दोलन दक्षिण से आया था। अब फिर एक बार ऐसा ही एक आन्दोलन बीसवीं शताब्दी के उत्तरार्ध में मराठी से हिन्दी में आया है। हिन्दी में दलित-लेखन की कलम लगाई जा रही है। अभी तक हिन्दी में सामाजिक अन्याय के विरोध में जो दलित संवेदना का लेखन मिलता है वह प्रायः उदारमतवादी, प्रतिबद्ध, मानवीय तथा प्रगतिशील संवेदना का सवर्ण-लेखन है। दलितों का लिखा हुआ भुक्तभोगी मौलिक साहित्य नहीं के बराबर है। कबीर, प्रेमचंद, नागार्जुन, धूमिल आदि की परम्परा के बावजूद बकौल डॉ. नामवर सिंह, "हिन्दी में दलित आन्दोलन नहीं चला।" उन्होंने इस तथ्य को भी स्वीकार किया कि "दलित-लेखन दलित व्यक्ति से भी सम्भव है। जब कोई दलित साहित्यकार साहित्य में प्रवेश करता है तो उसके साथ ही उसकी दुनिया आती है। उसका परिवेश आता है। यह सब कुछ सामान्य साहित्यकार से भिन्न होता है—उसे भिन्न होना ही चाहिए। प्रेमचंद का साहित्य दलित साहित्य के समकक्ष रखकर देखें तो यह अन्तर स्पष्ट होता है।"

उन्नीस सौ साठ के पहले मराठी में भी दलित साहित्य की कोई सशक्त परंम्परा नहीं थी। डॉक्टर बाबासाहब आंबेडकर ने अपने भाषण, लेखन और कार्य से दलित जातियों को जगाना शुरू कर दिया था। उनके तथा महात्मा फुले के प्रबोधन से ही आधुनिक दलित साहित्य की पृष्ठभूमि मजबूत हो चली थी। बहिष्कृत दलित समाज को अपनी अस्मिता की पहचान होने लगी। हजारों वर्षों तक एक मानव समाज गुलामी की बदतर जिन्दगी धर्म और पाप-पुण्य के नाम पर जी रहा था। पशु से भी हीन दशा में चुपचाप अन्याय, अत्याचार सह रहा था। उसके श्रम पर सवर्ण समाज की व्यवस्था प्रस्थापित थी। वह मानवीय सभ्यता और संस्कृति की सभी ऊँची उपलब्धियों से वंचित था। वह अछूत था। उसकी परछाई से भी परहेज किया जाता था। इसमें किसी सवर्ण को कोई अस्वाभाविकता प्रतीत नहीं होती थी। रूढ़ियों ने इस अमानुषता को सहज स्वीकार्य बना दिया था। यह जहर भारतीय समाज की संस्कृति में घुल-मिल गया था। दलित जातियाँ भी इसकी आदी हो गयी थी, इनके खिलाफ विद्रोह करना पाप समझती थी। हजार रूपों में शोषित इस समाज को बाबासाहब आंबेडकर ने जगाया, चेताया, शिक्षा का महत्त्व समझाया। दुनिया को बदलने के लिए, उसकी प्रस्थापित विषम व्यवस्था को तोड़ने का आह्वान किया। इस क्रान्तिकारी आन्दोलन के उग्र सामाजिक सन्घर्ष का एक हथियार था दलित साहित्य। वह इस आन्दोलन का फल भी था। साठ के पहले के तीन दशकों में उसका वह पूर्वरूप दिखाई देता है जो प्रचारवादी है, मध्यवर्गीय साहित्यिक रुचियों से सीमित है। किन्तु साठोत्तर कालखंड में जैसे चिनगारी को हवा मिल जाती है और राख की ढेरी के नीचे दबे स्फुल्लिंग भड़क उठते है। डॉ. आंबेडकर के महानिर्वाण के पश्चात उनकी सूर्य-संतति को जैसे अपनी शक्ति का साक्षात्कार हो जाता है। आरम्भ में लघु पत्रिकाओं के, युवा तथा वाम आन्दोलनों से जुड़कर और बाद में उनसे समानांतर दलित युवा रचनाकारों को अभिव्यक्ति के खतरे उठाने का अनुकूल वातावरण मिल जाता है। दलित साहित्य के आन्दोलन के रूप में मराठी की साहित्यिक संस्कृति में एक तूफान-सा आ जाता है और वह सारे मध्यवर्गीय साहित्यिक प्रतिमानों, मापदंडों, मूल्यों तथा आस्वाद के रूपवादी धरातलों को तोड़-मोड़कर उन पर फिर से विचार करने के लिए बाध्य करता है।

दलित-कथा की पूर्व परम्परा

साठोत्तर कालखंड के पचीस-तीस वर्ष पहले भी दलित चेतना की कहानियाँ प्रकाशित होती रहीं। अस्पृश्य लेखक तो लिखने ही लगे थे, लेकिन अदलित लेखकों में श्रीपाद महादेव माटे ने मानवीय करुणा और सहानुभूति से युक्त, उपेक्षितों के अन्तरंग को पहचानने का जो प्रयास अपनी कहानियों में किया था, उसका स्थान मराठी कथा

साहित्य के विकास में अनन्य है। माटे सक्रिय लेखक थे; फिर भी दलित तो नहीं ही थे। आरम्भ के दलित कथाकारों की प्रतिभा क्षीण थी। डॉ. आंबेडकर का संघर्ष और मुक्ति का, शिक्षा और संगठन का सन्देश आम दलित तक पहुँचाने का माध्यम कथा बन गयी। बाबासाहब ने जो पत्र-पत्रिकाएँ अपने आन्दोलन के दौरान चलाईं, उनमें यह साहित्य प्रकाशित होता था। तब उसे 'दलित साहित्य' का नामाभिधान प्राप्त नहीं हुआ था। तीस-पैंतीस के आसपास इस कहानी का आरम्भ होता है, जिसका स्वरूप प्रचारात्मक, जागरणात्मक था। इन कहानियों के विषय प्रायः हिन्दू धर्म की बुरी रूढ़ियों का विरोध था। दरिद्रता, अज्ञान, छुआछूत प्रथा, कर्ज, आदि विषयों की इन कहानियों का परिवेश प्रायः ग्रामीण ही था। फिर भी कथित ग्रामीण कथा से उसने अपनी अलग पहचान बनाना शुरू कर दिया था।

दलित-जीवन का सशक्त चित्रण करनेवाले पहले बड़े लेखक थे अण्णाभाऊ साठे। साठे ने विविध कहानियाँ लिखीं। उनमें रंजकता के बावजूद समाज के निम्न स्तर के शोषितों, पीड़ितों के जीवन का संसार दिखाई देता है। यह विषय मध्यवर्गीय साहित्यधारा से भिन्न था। उन्होंने जो जीवन जिया, उसी का चित्रण किया, उसमें कल्पना का अंश नहीं था। उनके पात्रों को रोटी कपड़ा-मकान की मूलभूत जरूरतों के लिए खून-पसीना एक करना पड़ता था और सामाजिक अवमानना को भी झेलना पड़ता था। इसी परिवेश में विद्रोह के बीज बोए जाते हैं। आनेवाले परिवर्तन की आहट इन कथाओं में सुनी जा सकती है। साठे प्रतिबद्ध रचनाकार थे और आंबेडकर के आन्दोलन से भी प्रभावित थे। वे शोषण के और धर्म-पाखंड के विरोधी थे। उनकी कहानियाँ लोकप्रिय हुईं, क्योंकि उन्होंने दलितों के उन्मुक्त जीवन का चित्रण किया। उन पर आदर्शवाद का भी प्रभाव था। उन्होंने अनुभव किया कि भारतीय समाज को जानने के लिए वर्ग-विश्लेषण प्रर्याप्त नहीं है।

इस कालखंड के एक और महत्त्वपूर्ण लेखक है बंधुमाधव। उनके आरंभिक कथा-लेखन पर समकालीन रोमांटिक चेतना का प्रभाव था। उन्होंने शुरू में प्रणय और शृंगार की कहानियाँ लिखीं, लेकिन डॉ. आंबेडकर के आन्दोलन ने उन्हें चेताया और उनकी कथा सार्थक होने लगी। उन्होंने अपनी कथाओं में अनिवार्य परिवर्तन का संकेत दिया। इसके लिए आवश्यक संघर्ष को अनुभव किया। अपनी अस्मिता के लिए, अपने मनुष्य होने की पहचान के लिए कथाओं में बलिदान, विद्रोह और संघर्ष के स्वर उग्र होने लगे। उनकी लिखी 'वतनी कथाओं' का इस पूर्व परम्परा में विशेष महत्त्व है। नये मानव की प्रतिष्ठा के लिए व्यवस्था को बदलने का संकेत उनकी मुक्त भावधारा की कहानियों में मिलता है।

शंकरराव खरात उसी बुजुर्ग पीढ़ी के लेखक हैं जिनकी आत्मकथा 'तराल अन्तराल'

का हिन्दी अनुवाद डॉ. केशव प्रथमवीर ने किया है। मराठी कथा की मुख्य धारा इस समय रोमांटिक और आदर्शवादी थी। इस प्रभाव से यथासम्भव बचते हुए खरात ने अपने परिवेश का यथार्थ चित्रण किया। साठोत्तर कालखंड में भी इनकी रचनाएँ मिलती हैं। उन्होंने खानाबदोश जनजातियों के चित्रण से कथा का परिक्षेत्र विस्तृत किया और दलित चेतना को व्यापक बनाया। इनके कथालेखन की प्रेरणा डॉ. आंबेडकर के विचारों में ही थी। सामाजिक सम्बन्धों का जितना ब्योरेवार चित्रण खरात ने किया है, उतना शायद अन्य किसी लेखक ने नहीं किया होगा। उनकी रचनाएँ समाजेतिहास के दस्तावेज हैं। उनकी कथाओं में यथार्थ की उग्रता है, किन्तु विद्रोह का स्वर संयत है।

साठोत्तर परिवर्तन

साठ से पूर्व दलित साहित्य लिखा जाता था, किन्तु उसे 'दलित साहित्य' के रूप में अलग से पहचाना नहीं जाता था। इस कालखंड की कथाओं में संघर्ष और विद्रोह के स्थान पर करुणा और सहानुभूति की मात्रा अधिक थी; फिर भी मध्यवर्गीय कथा-संसार की सीमाओं को तोड़कर आत्मस्थिति की यथार्थ संवेदना को जगाने का काम इस कथा-साहित्य ने अवश्य किया।

साठोत्तर कालखंड में दलित साहित्य अपने तेवर उग्र रूप में प्रकट करने लगा। विद्रोह, संघर्ष, निषेध और क्रान्ति की आवाज बुलन्द करने लगा। नामदेव ढसाल के 'गोलपीठा' काव्य-संग्रह ने साहित्यिक संस्कृति में विस्फोट कर दिया। कथा के क्षेत्र में यही कार्य बाबूराव बागुल ने किया। बागुल की कहानियाँ विद्रोह के स्वर से विक्षुब्ध हैं। भीषण सामाजिक यथार्थ को उन्होंने उत्तेजनापूर्ण भाषा में प्रस्तुत किया। कविता को अपर्याप्त अनुभव करके बागुल कथा की ओर आये। आंबेडकर जी के विचारों के साथ ही महात्मा फुले, मार्क्स और बुद्ध के विचारों से उन्होंने अपना चिंतन विकसित किया। उन्होंने अनुभव किया कि भारतीय जीवन में क्रान्ति लाने के लिए मार्क्स के साथ आंबेडकर को भी जोड़ना आवश्यक है। जाति के विरुद्ध संघर्ष ही भारतीय क्रान्ति की सही लड़ाई हो सकती है। इस जीवनदृष्टि को लेकर उन्होंने 'जब मैंने जाति छिपाई' और 'मौत सस्ती हो रही है' जैसी बेचैन कर देनेवाले यथार्थ की, सोचने को विवश कर देनेवाली, विद्रोही नायकों की, समग्र मुक्ति की बिंदास कहानियाँ लिखीं तब मानो दलित कथा का सही जन्म हो गया। उन्होंने दलित चेतना को पहचानकर दलित-कथा के विस्तार और विकास के लिए दरवाजे खोल दिये।

बागुल से प्रेरणा लेकर दलित कथाकारों की नयी पीढ़ी सामने आयी, जिसमें पुरानी पीढ़ी के बंधुमाधव भी फिर से सक्रिय हो उठे। सातवें-आठवें दशक में यह कथा विकसित हुई, जिसमें योगीराज वाघमारे, वामन होवाल, सुखराम हिरवाले, केशव मेश्राम,

अर्जुन डांगले आदी हस्ताक्षर महत्त्वपूर्ण हैं।

दलित आन्दोलन और बदलते यथार्थ के साथ-साथ इस कहानी के विषय और कथ्य भी बदलते गये। पीड़ितों के दुःख-दर्द की करूण कहानियों के स्थान पर अब विद्रोह और संघर्ष के स्वर तीव्र होते दिखाई देते हैं। हिन्दी साहित्य में जैसे और जितने कथा-आन्दोलन हुए उतने मराठी साहित्य में नहीं हुए। नयी कहानी का आन्दोलन ही प्रधान रहा और वही कथा-साहित्य की मध्यवर्ती धारा बन गया। उसमें दलित चेतना को स्थान नहीं था। आगे भी इस कथा का विकास, व्यक्तिप्रधान मनोविश्लेषणात्मक, अस्तित्ववादी, मध्यवर्गीय मानसिकता की या रहस्यवादी फंतासी की प्रतीकवादी कहानियों में होता रहा। आधुनिक जीवन की यातनाओं का चित्रण उसमें मिलता है, लेकिन उसमें सामाजिकता, प्रतिबद्धता और क्रान्ति की चेतना का अभाव है। दलित-कथा ने इस दृष्टि से मराठी कथा को विस्तृत और सार्थक बना दिया। पढ़े-लिखे दलित युवकों की नयी पीढ़ी आंबेडकर के सन्देश को साक्षात् करती हुई संघर्ष को बुलन्द करने लगी। साठोत्तर साहित्यिक वातावरण ने इस ज्वाला को भड़का दिया। जब लघु पत्रिकाओं का निराशावादी, नपुंसक आन्दोलन चल रहा था, तब मुक्त नवलेखन से प्रेरणा लेकर लेकिन उसके निराश-नपुंसक स्वर को नकारकर दलित चेतना जाग्रत हो उठी और समाज को झिंझोड़ने लगी। स्वाधीनता की प्राप्ति के बाद दलितों का भी मोहभंग हो गया था, बल्कि अब उनपर होनेवाले अत्याचारों ने नये रूप धारण कर लिये थे। इस विषम परिस्थिति मे दलित रचनाकार और भी उग्र हो उठा। इसी पृष्ठभूमि पर दलित कथाकारों ने अपनी हजारों वर्षों की पीड़ा को ऊर्जा में रूपान्तरित कर दिया। वह जनतन्त्र, समाजवाद, क्रान्ति, नवजागरण, अस्मिता आदि शब्दों की परिभाषा पहचानने लगा था। अब आँसू नहीं, संतप्त आँसू भी नहीं, अब विद्रोह, निषेध, गुस्सा, अनार्की के तेवर प्रस्थापित व्यवस्था के विरोध में उभरने लगे। आर्थिक और सामाजिक अन्याय के साथ अब उसे अपने सांस्कृतिक अन्याय और शोषण की भी पहचान हो गयी। इन्हीं भावों के चित्र दलित-कथा में मिलते हैं।

नवें दशक की कथा

अस्सी के आसपास नवें दशक में दलित कहानी समकालीन जीवन के समानान्तर जाने लगी। ग्रामीण जीवन में जिस समाज को बहिष्कृत, अछूत बनाकर मनुष्यता से वंचित रखा गया था वह विषय अब भी समाप्त नहीं हुआ है, लेकिन अब वह नया नहीं रह गया है। शहर की झोपड़पट्टी में यह समाज तो नरक-यातना भोग रहा है, उसके चित्रण का दौर भी पूरी तरह से समाप्त हो गया है, ऐसा नहीं है। लेकिन इन विषयों के साथ ही अब पढ़े - लिखे, नौकरीपेशा मध्यवर्गीय जिन्दगी के तनाव वह झेल रहा है।

पुनरुत्थानवाद के आन्दोलनों ने संघर्ष के नये क्षेत्र निर्मित किए हैं। नये जीवन के नये प्रलोभन भी सामने हैं। नयी समस्याओं का मुकाबला करना है। अपने जीवन के अन्तर्विरोधी का भी उसे साहस से सामना करना है। शरणकुमार लिंबाले, योगेंद्र मेश्राम, भीमसेन देठे, उर्मिला पवार, आदि नयी पीढी के कथाकारों के सामने अब जटिल तथा मिश्र और तनावपूर्ण समकालीन जीवन की चुनौतियाँ हैं। अपने समाज के पाखंडी नेता, उनकी गुटबाजियाँ, दलितों में ही एक जाति से दूसरी की दुश्मनी, इस परिस्थिति के साथ ही आधुनिक जीवन के अन्तर्द्वद्व और आत्मसंघर्ष के बारे में भी सोचना है। दलित नारी की दोहरी वेदना को भी अभी शब्द मिलना बाकी है।

शरणकुमार लिंबाले की कथासृष्टि

बाबा नागार्जुन ने एक बार स्त्री-जन्म लेकर अवैध सन्तान उत्पन्न करने की कामना की थी। कवि उस दर्द को अनुभव करना चाहता था। अवैध सन्तान का, वह भी निम्न अछूत जाति की माँ के गर्भ से उत्पन्न होने का दर्द क्या है, इसे शरणकुमार ने अपने ही जीवन में अनुभव किया और कठोर संघर्ष के बाद अपनी रचनाशीलता की बदौलत समाज में सम्मान प्राप्त किया। अपनी यातना-यात्रा को 'अक्करमाशी' में बताने के बाद उन्होंने समकालीन अनुभवों के लिए कहानी का माध्यम स्वीकार किया। आश्चर्य नहीं कि उनकी अधिकांश कहानियाँ आत्मकथात्मक शैली में लिखी हुई हैं।

शरणकुमार की इन कहानियों में बदलते हुए यथार्थ रूप अंकित हुए हैं। 'हरिजन मास्टर' या और एकाध कहानी में बचपन के ग्रामजीवन के दलित संवेदना के अनुभव अब भी ताजा होते हैं। हरिजन मास्टर की कहानी विद्रोह नहीं, करुणा ही उपजाती है, किन्तु सोचने के लिए भी विवश करती है। नया दलित कथाकार दलित पाठकों के लिए ही नहीं लिखता; वह सारे पाठकों के लिए लिखता है और कथाओं से दिल को नहीं, दिमाग को परेशान करता है। 'त्रिमुख' के निराधार बालक की तरह उसका भी दृढ़ आधार आंबेडकर की विचारधारा ही है, जिससे उसे लगता है कि वह 'सूरज की पनहियाँ' पहनकर चल रहा है। 'नाग पीछा कर रहे हैं' में बदले हुए ग्रामीण यथार्थ का चित्र समकालीन न्याय-व्यवस्था का भी पर्दाफाश कर देता है, तो 'समाधि' में आज भी देहातों में धर्म के नाम पर हो रहे पाखंड की पोल खोल दी जाती है। लेकिन शरणकुमार की कहानियों का यथार्थ शीघ्र ही नगरबोध में विकसित होता हुआ दिखाई देता है।

'मालिक का रिश्तेदार' कहानी में दूर देहातों से लाए गये बच्चों का होटल मालिक किस प्रकार शोषण करते हैं, मजदूरों के संगठन कैसे चलते हैं, इसका बड़ा ही सच्चा चित्रण मिलता है। इन कहानियों में अपने व्यक्तिगत जीवन का भोगा हुआ यथार्थ ही निस्संग रूप में व्यक्त होता है। 'भोगा हुआ यथार्थ' एक घिसा-पिटा वाक्यांश हो गया

है हिन्दी कथा-आलोचना के क्षेत्र में। लेकिन उसका सार्थक प्रयोग दलित-कथा के सन्दर्भ में ही हो सकता है। कई कहानियों में लेखक स्वयं अपने यथार्थ रूप में ही पात्र बना हुआ है। इनका नायक स्वयं दलित कार्यकर्ता और लेखक है। नौकरीपेशा, मध्यवर्गीय मानसिकता से आक्रान्त पढ़ा-लिखा युवक है। 'साहित्य सम्बोध' से दलित साहित्य को फैशन के तौर पर और अपने आपको प्रगतिशील दिखाने के लिए सहलानेवाले सफेदपोश अध्यापक-समीक्षक की असलियत का पता चलता है, जहाँ उसकी तथाकथित गन्दी पुस्तक को घृणा से देखा जाता है। साहित्यिक संस्कृति के दम्भों को शरणकुमार बेबाक खोल देते हैं।

'भीतर-बाहर बलात्कार' आत्मानुसन्धान और आत्मस्वीकृति की कहानी है। दलित युवती पर हुए बलात्कार का संगठन कैसा लाभ उठाते हैं, इस अनुभव के साथ ही नायक को अपनी नौकरानी पर किए बलात्कार की याद आ जाती है। वह अपने को माफ नहीं कर सकता। इस निर्ममता के बावजूद उसकी खामोशी बहुत-कुछ मध्यवर्गीय बनी रह जाती है। इसी मध्यवर्गीय मानसिकता में जीते हुए वह 'रोटी का जहर' में भिखारी को लात तो मारता है, लेकिन फिर भी उसे अपनी रोटी में जहर भरा प्रतीत होता है। समकालीन जीवन के सारे अनुभव तनावों से भरे हैं।

आरक्षण की नीति के फलस्वरूप दलित युवक अब कार्यालयों में नौकरियाँ पा रहे हैं, पदोन्नति भी मिल रही है, कुछ काले साहब बने हुए हैं, कुछ ने इसी बल पर सवर्ण औरतों से विवाह कर लिए हैं; लेकिन कुछ हैं जो इस मध्यवर्गीय समझौते से भरी मानसिकता में जीते हुए भी विद्रोह की चिनगारी को जीवित रखना चाहते हैं। वातावरण उन्हें निगलना चाहता है। कार्यालय में भिन्न जातिवाले से मित्रता होती है, लगता है कि 'नशे में छुआछूत' नहीं रहेगी, लेकिन अपने दलित मित्र को अपवाद बनाकर छुआछूत बरकरार रहती है। ऐसे दलित को भी अपने गँवार बाप पर शर्म आती है। 'हम नहीं जाएँगे' कहानी का नायक अन्य दलितों की तरह आंबेडकर की तसवीर नहीं लगाता, क्योंकि उसे वह दलितों के जनेऊ की तरह लगती है। पश्चाताप की अवस्था में दलित 'साहब' फिर झोपड़पट्टी में रहने के लिए जाना चाहते हैं तो वाल्मीकि की तरह उसके बच्चे भी उसके निर्णय मे शामिल नहीं होते। मध्यवर्गीय मानसिकता के कारण इन कहानियों का नायक उग्र आन्दोलनों से दूर हटता जाता है। वह इस अन्तर्द्वंद्व से भी पीड़ित है। उसे लगता है कि सवर्णों की भावनाएँ दुखाकर दलितों की समस्याएँ सुलझने की अपेक्षा और भी उलझ जाएँगी। सामंजस्य बहुत जरूरी है। विद्रोह के स्थान पर सौम्य भाषा का प्रयोग होने लगता है, लेकिन समझदारी के कारण नहीं, सुविधाभोग के लालच और आत्मसुरक्षा के कारण।

'औरतों में' कथाकार अपने को, अपने यथार्थ को कई बार देखता है, तब औरत

की जिन्दगी की दुर्दशा की तसवीरें अनायास उभरती हैं। पूर्वपरिचिता सोनी को वेश्या रूप में पाकर भी उससे प्रेम और विवाह करने को तैयार नायक को ग्राहक मानकर पुलिस पकड़ ले जाती है। दलित युवक के सवर्ण युवती से प्रेम की परिणति साम्प्रदायिक दंगे में होती है। युवक की माँ की अन्त्येष्टि और युवती की बारात दोनों वह एक साथ देखता है। 'वहाँ खिड़की नहीं होगी' में इस प्रेम की मौन-कोमल अभिव्यक्ति होती है। तो 'न घर का' में सवर्ण युवती मित्रता तो रखती है, किन्तु जाति के कारण विवाह करने के लिए तैयार नहीं है, बावजूद इसके कि युवक की माँ लड़की की ही जाति की है। 'नसरीन' में भावुक प्यार साम्प्रदायिकता का शिकार बन जाता है। तरल कोमल संवेदनाओं को व्यक्त करनेवाली इन कहानियों की यथार्थ की भूमि उतनी ही ठोस और कठोर है। कथाकार के कविमन का यथार्थ से द्वंद्व इनमें महसूस किया जा सकता है।

दरअसल इन सभी कहानियों का आशयसूत्र तनावों से भरा द्वंद्व ओर अन्तर्द्वंद्व ही है। दलित साहब की सवर्ण पत्नी की सन्तान अपने को 'न घर का न घाट का' की स्थिति में पाती है। माँ के घर की संस्कृति भिन्न है, पिता के माता-पिता इन्हें अपना नहीं मानते। इस खींचातानी में सन्तान को जिन यातनाओं से गुजरना पड़ता है, उनका अनुमान ही किया जा सकता है। यह 'लहरों के राजहंस' वाली अस्तित्ववादी अवस्था नहीं है। यह तो 'न घर का न घाट का' वाली अमानुषी वास्तविकता है।

इस प्रकार की व्यक्ति को अकेलेपन की ओर ले जानेवाली आधुनिक जीवन की स्थितियों से क्या दलित-कथा का अस्तित्व खतरे में पड़ जाएगा? मुझे ऐसा नहीं लगता। ये कहानियाँ अपनी सामाजिकता से ही उपजी है। बल्कि नयी स्थितियों में यह कथाकार अपने अन्तर्विरोधों को निर्ममता के साथ पहचानने लगा है। वह अब भी प्रतिबद्ध है। आंबेडकर की विचारधारा की ऊर्जा समाप्त नहीं हुई है। बौद्ध दर्शन और मिथकों से उसे नया आधारतल प्राप्त होने की सम्भावना है। यह कथा अब भी दलित-कथा है, क्योंकि इसकी चेतना दलित चेतना है। इसकी भाषा, इसके अनुभव और इसके पात्र-चरित्र आम कहानी से अलग हैं। इसका संघर्ष अब भी जारी है; इज्जत के साथ जीने के लिए संघर्ष, अस्मिता और आत्मसम्मान के साथ जीने के लिए संघर्ष। नये यथार्थ में व्यथा के चेहरे बदल रहे हैं, लेकिन है यह फिर भी व्यथा की ही कथा।

□□